기업경쟁력 강화를 위한

# 지식재산(IP) 경영시스템

김성호 지음

이프레스

# 머리말

세계 기술 전쟁은 미·중 갈등에서 보는 것과 같이 더욱 치열해질 것이고 지식재산(Intellectual Property, IP)은 갈수록 더욱 중요해질 것이다. 10여 년 전 우리는 이미 삼성과 애플의 특허 분쟁에서 그 중요성을 실감했다.

우리와 같이 무역의 비중이 매우 크고 유럽 내 영향력이 매우 큰 독일의 최근 지식재산(IP) 정책은 330개 규정을 담고 있는 독일산업표준(DIN) 77006을 제정하여 IP 경영을 기업이 스스로 "자기 적합성 선언[1]"을 통해 효율적으로 운용하도록 하고 있다. 이를 통해 기업 간 IP 침해를 간접적으로 통제하고자 하는 취지도 엿보인다.

더욱이, EU 공급망 실사 지침(CSDDD)[2]에 따르면 "환경" 및 "인권"을 요구하는 소위 "ESG 경영"을 요구하고 있으며 IP도 공급망의 일부 자산으로 간주될 수 있어서, IP 기반 사업구조, 보호 체계, 가치평가 및 운영이 ESG의 책임경영 기준에 직접적 영향을 미칠 수 있다.

기업 측면에서 보면 지식재산이 보호되어야 하는 것은 말할 것도 없지만 ESG 경영과 같이 기업 경쟁력을 강화하기 위한 지식재산의 경쟁력 창출은 물론이거니와 이에 따른 이익을 가져올 수 있는 지식재산권의 활용은 이제는 간과할 수 없는 중요한 경영 과정의 일부로 인식되어야 한다. 이런 측면에서 보면 독일이 ISO 경영시스템의 일환으로 소위 '지식재산 경영시스템'을 규정한

1) 기업(제조자)이 스스로 또는 시험·검사 기관의 확인을 받아 적합을 선언하는 제도로, 그 취지가 동일함.

2) Corporate Sustainability Due Diligence Directive

DIN77006이 주는 의미는 매우 크다.

현실적으로 생각해 보면, 우리 기업이 유럽 진출을 위해 독일의 산업전시박람회 등에 참여하고 시장개척단 등 다양한 방법으로 바이어와 접촉할 때, 우리 기업이 이러한 국제 수준의 ISO와 같은 지식재산 경영시스템의 '자기 적합성 선언'을 바이어로부터 요구받는다면 어떻게 할 것인가?

지금부터 준비가 필요하다는 것이다.

독일에서부터 촉발된 지식재산 경영시스템은 다음으로 요약할 수 있다.

"과거에 지식재산이 단순히 법적 보호의 대상으로만 인식되었으나, DIN77006 도입을 통해 앞으로는 IP가 비즈니스 모델과 전략에 필수적인 요소로 통합되어야 한다는 것이다. 이를 통해 IP가 단순한 법적 보호를 넘어, 지식재산의 품질이 기업의 경쟁력 강화와 혁신의 중심이 되도록 지식재산 경영을 ISO의 품질경영시스템의 연장선에서 국제적 수준의 양식화 및 규격화를 요구하고 있다."

결론적으로 말하면, 기업 경영을 지식재산의 창출, 보호, 활용의 프로세스에 맞춰 기업이 스스로 구축하고 운영할 것을 촉구하는 것이다.

이러한 이유로 본서는 DIN77006의 내용을 소개하고 이를 바탕으로 우리 기업이 해야 할 '지식재산 경영시스템'의 본질적 내용에 대해 살펴보려 한다. 또한, 이를 통해 국내 대학에서 하고 있는 지식재산 관련 전공 및 과목에 기업을 위한 지식재산 경영의 새로운 패러다임이 이식되기를 바라는 간절한 마음도 숨길 수 없다. 더욱이, 기업의 대표가 이러한 상황을 이해하고 그래서 지식재산 경영시스템을 기업 내로 강력하게 도입하고 경영과 일체화하는 것이 무엇보다도 절실하다는 결심을 끌어내고자 하는 것도 본서 출간의 목적이자 본 저자의 간절한 바람이기도 하다.

본서는 위와 같은 상황 인식하에 특히 독자의 대상을 기업의 대표님, IP 실무자님을 우선으로 하고 있으나, 향후 이러한 일을 담당하고 싶은 모든 분을 대상으로 하고 있다. 특히, 대학에서 지식재산 관련 전공에서 공부하는 학생들이 나중에 기업 진로를 생각한다면 매우 유익한 내용으로 생각된다.

아무쪼록 본서의 출간으로 '지식재산 경영'이 '지식재산 경영시스템'으로의 인식 전환이 기업에서부터 일어나기를 간절히 바라며, 이를 통해 기업의 경쟁력이 한층 강화될 것으로 믿어 의심치 않는다.

끝으로 요즘같이 출판 환경이 여러모로 어려움에도 불구하고 본서가 세상 밖으로 나올 수 있었던 것은 전적으로 이프레스 출판사 최용구 대표님의 배려와 깊은 이해가 있었기에 가능한 것이었다. 지면을 통해 진심으로 감사의 마음을 전하고 싶다.

2025년 5월

저자 씀

# 차례

## PART 02 지식재산(IP) 경영

PART 01

# 지식재산(IP)의 이해

CHAPTER 01

# 지식재산의 현황

1. 지식재산의 의의
2. 지식재산권의 체계

# CHAPTER 01 지식재산의 현황

지식재산은 인간의 창조적 활동을 통해 얻어진 지식, 정보, 아이디어 등 비물질적인 자산으로, 법적 보호를 통해 소유권을 인정받는 재산이다. 지식재산권이란 인간의 이러한 지적 창작물에 관한 권리와 표식에 관한 권리를 총칭하는 말이다. 이 장에서는 지식재산의 의의와 지식재산 체계에 대해 살펴보도록 한다.

## 1. 지식재산의 의의

### 1) 지식재산권의 정의와 범위

세계지적소유권기구(WIPO) 설립조약 제2조 제8항은 "지식재산권이라 함은 문학, 예술 및 과학적 저작물, 실연자의 실연, 음반 및 방송, 인간 노력에 의한 모든 분야에서의 발명, 과학적 발견, 디자인, 상표, 서비스표, 상호 및 기타의 명칭, 부정경쟁으로부터의 보호 등에 관련된 권리와 그 밖에 산업, 과학, 문학 또는 예술 분야의 지적 활동에서 발생하는 모든 권리를 포함한다."라고 규정한다.

즉 저작권, 저작인접권, 특허권, 과학적 소유권, 디자인권, 상표권, 상호권이나 서비스표권, 부정경쟁방지법에 의하여 보호되는 원산지 표시나 영업비밀 등 일체의 것, 소위 종래 산업채산권(공업소유권)과 저작권이 모두 지식재산권에 포함된다.

### 2) 지식재산권의 중요성

지식재산권은 창작자의 권리를 보호함으로써 창조적 활동을 촉진하고, 혁신을 통해 경제적 가치를 창출하는 데 기여한다. 이는 기술 발전과 문화산업 성장을 도모하는 중요한 요소이다. 이로 인해 기업 경영에 있어서 지식재산에 대한 중요성은 날로 높아지고 있다. '지식재산'이란 기업이 보유한 지식과 정보, 기술, 능력 등의 총칭으로서, 예를 들어 기술 및 경영 노하우, 소비자 정보, 소비자의 신뢰성, 브랜드, 나아가 기업 문화(기업의 사원들이 공유하는 사고방식 및 행동 양식) 등 여러 가지가 포함된다.

다시 말하면, 지식재산은 사람, 물건, 돈 등의 유형자산과는 달리 형태가 없는 무형자산이다. 이는 손에 쥐고 볼 수 없다는 의미이며 보이지 않는 자산이라고도 할 수 있다. 특히, 최근에 지식재산에 대한 관심과 중요도가 더 높아지고 있는 이유는 무형의 눈에 보이지 않는 자산이 기업의 가치를 크게 좌우하며, 기업을 성장시키고 경쟁 우위를 차지하는 데 있어서 중요한 결정 요인이 되기 때문이다.

오늘날 지식재산은 디지털 환경에서 더욱 중요해지고 있으며, 글로벌 경제 경쟁력에서 핵심적인 역할을 하고 있다. 다양한 산업에서 지식재산의 보호와 관리가 기업의 성공과 직결된다.

### 3) 4차 산업혁명 시대의 지식재산 경영

4차 산업혁명 시대는 인공지능(AI), 빅데이터, 사물인터넷(IoT), 블록체인, 5G 등의 기술이 산업 전반에 융합되는 시기로, 지식재산(IP)은 기업 경쟁력의 핵심 자산으로 떠오르고 있다. 지식재산 경영은 단순히 권리를 보호하는 것을 넘어 전략적이고 통합적으로 관리하며, 기업 가치를 극대화하는 데 초점을 맞춰야 한다.

### (1) 지식재산 경영의 핵심 방향

#### ① 지식재산의 융합에 따른 특허전략 수립

AI, IoT 등 융합기술의 경우 다학제적 특허 출원이 필요하며 연구개발(R&D) 단계부터 지식재산 창출과 보호를 전략적으로 설계하고 기술 개발 초기에 특허 전략을 수립하여 경쟁 우위를 고려해야 한다.

#### ② 디지털 시대의 IP 보호

AI 기반의 특허데이터 분석, 침해 탐지, 지식재산 포트폴리오의 최적화 등 도구적 방법을 잘 활용하여 디지털 콘텐츠에 의한 지식재산의 법적 보호를 강화한다.

#### ③ 데이터 및 비물질 자산 보호

데이터베이스 구축 및 데이터의 법적 권리화(데이터베이스권), 데이터와 알고리즘, 기술 문서 등 기업의 핵심 기밀 보호를 위한 체계적 관리가 필요하다.

#### ④ 글로벌 시장 경쟁력 강화

주요 시장에서의 권리 등록 등 지식재산을 국제적으로 보호하고 글로벌 지식재산 전략을 수립한다. 이와 함께, 국제 기술 표준에 포함되는 표준특허(Standard Essential Patent) 확보로 시장 장악력을 강화한다.

### (2) 구체적인 실행 전략

#### ① 지식재산 창출 및 관리

경우에 따라서, 외부 연구기관이나 기술기반의 스타트업과도 협력하여 공동 IP를 창출하고 자사의 핵심 기술 특허와 비핵심 특허를 분리하는 등 특허포트폴리오를 효율적으로 관리하여 자산 활용도를 높인다. 필요시 핵심 기술에 대해 라이선싱(사용권 부여) 모델을 통해 수익을 창출한다.

② 침해 예방 및 분쟁 대응

경쟁사의 특허와 기술 트렌드를 실시간 분석하여 침해를 예방하고 침해 가능성이 높은 기술에 대해 사전 경고를 발송하여 분쟁을 방지한다.

③ 디지털 전환에 맞는 IP 보호

저작권, 상표권의 디지털 기록 및 트래킹을 통해 위조를 방지하고 데이터 권리에 관한 각국의 법규를 준수한다.

④ 내부 조직과 협력체계

특허, 저작권, 상표 등을 통합 관리하는 부서를 구성하고 지식재산 전담 조직을 강화한다. 이와 더불어 전 직원 대상 지식재산권 관련 교육 프로그램을 운영한다.

### (3) 기업의 모범 사례

① 특허 전략의 글로벌 리더 삼성전자

전 세계 주요 시장에서 매년 수많은 특허를 관리하며, 4차 산업혁명의 핵심 기술인 AI, IoT, 5G 분야에서 표준 특허 확보 전략을 추진하고 연구개발팀과 특허전략팀이 협업하여 경쟁 우위를 점하고 있다.

② 데이터 중심의 특허포트폴리오 구축의 IBM

매년 미국에서 가장 많은 특허를 출원하며 AI 및 클라우드 기술에서 강력한 특허포트폴리오를 보유하고 있고 비핵심 특허를 타사에 라이선싱하여 지속적인 수익을 창출하고 있다.

③ 블록체인을 활용한 상표 관리의 나이키

블록체인 기반의 "CryptoKicks"[1) ]시스템으로 자사 신발의 진품 여부를 검증하는 시스템을 도입하였으며 디지털 전환 시대에 상표 및 디자인 보호를 강화

1) 참조: https://www.highsnobiety.com/p/nike-rtfkt-cryptokicks-nft-sneaker-mnltlh

하고 있다.

### (4) 4차 산업혁명 시대 지식재산 경영의 시사점

기술 혁신을 촉진하면서 동시에 여러 IP를 철저히 보호하는 융합적 접근이 필요하며 데이터가 핵심 자산으로 떠오르면서, 이를 보호하고 상업화하는 전략이 중요해졌다.

IPR(지식재산권)을 단순 보호 수단이 아니라 사업화와 경쟁력 확보의 도구로 활용하면서 국제 시장에서의 지식재산권 보호와 협력을 통해 분쟁을 최소화 할 필요가 있다. 또한, 블록체인, AI 등 최신 디지털 기술을 접목하여 지식재산 관리와 보호의 효율성을 극대화하는 것도 중요하다.

이러한 전략은 4차 산업혁명 시대에 지식재산권을 핵심 경쟁력으로 전환하는 데 필수적인 요소이다.

## 2. 지식재산권의 체계

기업이 보유한 지식재산은 특허나 상표 등의 형태로 권리화된다. 이와 같이 권리화된 지식재산은 '지식재산권'이라고 불리며, 이는 '지적 창작물'과 '영업상의 표시'로 크게 구분된다. 전자에는 특허, 실용신안, 디자인, 영업상의 비밀 등이 포함되며 후자에는 상호, 상표, 지리적 표시가 포함된다.

이 중에 기업에 가장 영향을 미치는 지식재산권은 특허, 실용신안, 상표, 디자인 등 산업재산권으로서 예를 들면 우리 생활과 밀접한 휴대전화의 경우 특허는 '수명이 길고 소형 경량화된 리튬이온전지에 대한 발명' 등이 그러하고, 실용신안은 '전화기 속에 들어가는 콤팩트한 안테나 구조에 관한 고안' 등을 들 수 있다. 또 '전화기를 보다 단순하게 한 형상, 모양, 색채 등의 특별한 디자인'은 디자인으로서, '전화기에 붙여진 상품 로고나 마크'는 상표로서 각각 중요한 기능을 담당하고 있다.

한편, 최근의 특허에는 비즈니스 기법, 진행 방식에 관한 비즈니스 모델 특허도 포함됨으로써, 기업 내의 발명자는 연구 개발자에만 한정되지 않고 기업 내의 관리, 기획 등에 종사하는 직원도 발명자의 대상이 되고 있다.

또한, 4차 산업혁명 시대의 주요 사업들이 지식기반으로 콘텐츠의 중요성이 드러나고 이에 따라 그 어느 때보다도 저작권의 중요성이 커지고 있다. 이밖에 산업재산권과 저작권의 경계 구분이 모호한 지식재산권을 신지식재산권이라고 하여 통상의 지식재산권과 구별되며, 여기에는 컴퓨터 프로그램 저작권, 반도체 설계권, 데이터베이스권, 영업비밀 등이 있다.

〈표 1-1〉 지식재산권의 체계

| 분류 | 세부 종류 | 설명 | 보호기간 |
|---|---|---|---|
| 산업재산권 | 특허권 | 새로운 발명(기술, 제품, 방법)을 보호 | 출원일로부터 20년 |
| | 실용신안권 | 소규모 개선 발명 보호 | 출원일로부터 10년 |
| | 디자인권 | 물품의 외형, 색채, 모양 등 창작된 디자인 보호 | 등록일로부터 15년 |
| | 상표권 | 상품/서비스 식별을 위한 기호, 문자, 도형 보호 | 10년(갱신 가능) |
| 저작권 | 저작재산권 | 복제, 배포, 공연 등 경제적 이익에 대한 권리 | 창작자 사후 70년 |
| | 저작인격권 | 공표권, 성명표시권 등 창작자의 명예와 동일성 보호 | 양도 및 포기 불가 |
| | 저작인접권 | 연주자, 제작자 등 저작물 전달자 보호 | 창작자 사후 70년 |
| 신지식재산권 | 컴퓨터 프로그램 저작권 | 소프트웨어에 대한 저작권 보호 | 창작자 사후 70년 |
| | 반도체 설계권 | 반도체 집적회로 설계 데이터 보호 | 창작자 사후 10년 |
| | 데이터베이스권 | 데이터베이스의 구조와 내용 보호 | 15년 |
| | 영업비밀 | 비공개 조건 하에 기밀 정보 보호 | 비공개 유지 시 지속 가능 |

## 1) 산업재산권

산업재산권은 특허, 실용신안, 디자인, 상표 등을 포함하며, 기술적 발명과 상업적 표지를 보호하여 혁신과 경제적 발전을 촉진한다.

### (1) 특허

#### ① 의의

특허는 발명을 통해 창출된 새로운 기술적 사상을 일정 기간 독점적으로 사용할 수 있는 권리로, 경제적 및 기술적 발전을 도모하는 데 목적이 있다.

- **보호 대상:** 발명(제품, 방법, 기술 등)
- **법적 근거:** 특허법

#### ② 요건

특허를 받을 수 있는 요건은 다음과 같다.

- **산업상 이용 가능성:** 발명이 산업에서 실질적으로 이용될 수 있어야 함
- **신규성:** 발명이 공지되거나 공용되지 않은 새로운 것이어야 함
- **진보성:** 기존 기술에 비해 진보적인 기술적 사상이 포함되어 있어야 함
- **기술성:** 자연법칙을 이용한 기술적 창작이어야 함

#### ③ 효력

독점적, 배타적 권리로서 타인의 사용을 금지할 수 있으며 발명자 또는 양도받은 자가 특허 발명을 독점적으로 실시할 수 있다. 권리 존속 기간은 출원일로부터 20년이다.

### (2) 실용신안

#### ① 의의

실용신안은 발명보다는 소규모의 기술적 고안에 대한 권리로, 산업상 유용한 아이디어나 개선된 기술을 보호한다.

- **보호 대상:** 기구, 장치, 물품의 형상, 구조 등에 관한 창작

• **법적 근거**: 실용신안법

② 요건

실용신안을 받을 수 있는 요건은 다음과 같다.

• **산업상 이용 가능성**: 실용신안이 산업에서 실질적으로 활용할 수 있어야 함
• **신규성**: 기존에 공지된 기술과 다른 새로운 고안이어야 함
• **진보성**: 기존 기술보다 약간의 개선이 이루어져 있어야 함

③ 효력

독점적으로 보호받으며 타인의 무단 사용을 금지할 수 있다. 권리 존속 기간은 출원일로부터 10년이다.

**[그림 1-1]** 휴대폰 중의 지식재산권의 적용 예

출처: 이국환(2008). 제품개발과 기술사업화전략

### (3) 디자인

#### ① 의의

디자인권은 물품의 외형, 색채, 모양 등 시각적으로 나타나는 창작적 디자인을 보호하는 권리이다.

- **보호 대상:** 물품의 외관에 관한 창작
- **법적 근거:** 디자인보호법

#### ② 요건

디자인을 받을 수 있는 요건은 다음과 같다.

- **신규성:** 기존에 알려지지 않은 새로운 디자인이어야 함
- **창작성:** 기존 디자인과 비교하여 창의적인 특징이 있어야 함
- **심미성:** 시각적 아름다움이나 미적 가치를 제공해야 함
- **공업상 이용 가능성:** 대량 생산이 가능해야 함

#### ③ 효력

디자인의 독점적 사용 및 제3자의 모방을 금지한다. 권리 존속 기간은 등록일로부터 15년이다.

### (4) 상표권

#### ① 의의

상표권은 상품 또는 서비스의 출처를 식별하기 위한 기호, 문자, 도형 등을 보호하는 권리이다.

- **보호 대상:** 상표 등
- **법적 근거:** 상표법

### ② 요건

상표권을 받을 수 있는 요건은 다음과 같다.

- **식별력**: 상품이나 서비스를 식별할 수 있는 고유한 표지여야 함
- **비유사성**: 기존 상표와 혼동을 초래하지 않을 것
- **공익 저해 금지**: 공공질서나 미풍양속에 반하지 않아야 함

### ③ 효력

상표 사용에 대한 독점적 권리를 부여하고 제3자의 유사 상표 사용을 금지한다. 권리 존속 기간은 10년이며 갱신 가능하다.

**〈표 1-2〉** 산업재산권의 요건 및 보호기간

| 구분 | 설명 | 주요 요건 | 보호기간 |
|---|---|---|---|
| 특허권 | 새로운 발명 (기술, 제품, 방법)을 보호 | 산업상 이용 가능성, 신규성, 진보성, 기술성 | 출원일로부터 20년 |
| 실용신안권 | 소규모 개선 발명 및 고안 보호 | 산업상 이용 가능성, 신규성, 진보성 | 출원일로부터 10년 |
| 디자인권 | 물품의 외관, 색채, 모양 등 창작된 디자인 보호 | 신규성, 창작성, 심미성, 공업상 이용 가능성 | 등록일로부터 15년 |
| 상표권 | 상품/서비스 식별을 위한 기호, 문자, 도형 보호 | 식별력, 비유사성, 공익 저해 금지 | 10년(갱신 가능) |

## 2) 저작권

저작권은 창작자가 저작물에 대해 가지는 권리로, 저작물의 무단 이용을 방지하고 창작자가 경제적 이익을 얻을 수 있게 한다. 저작권은 창작자의 권리를 보호하기 위해 다양한 종류로 나뉘며, 크게 저작재산권, 저작인격권, 그리고 저작인접권으로 구분된다. 각각의 주요 내용은 아래와 같다.

### (1) 저작재산권

#### ① 정의

창작물의 경제적 이용에 대한 권리로, 창작자가 해당 저작물로부터 금전적 이익을 얻을 수 있도록 보장하는 권리이다.

#### ② 주요 권리 종류

- **복제권**: 저작물을 복사하거나 재생산할 권리
- **공연권**: 저작물을 대중 앞에서 공연할 권리
- **공중송신권**: 방송이나 인터넷을 통해 저작물을 공중에 송신할 권리
- **배포권**: 저작물을 판매하거나 배포할 권리
- **대여권**: 저작물을 유료로 대여할 권리
- **2차적 저작물 작성권**: 원저작물을 바탕으로 새롭게 수정하거나 번안할 권리

보호기간은 창작자 사후 70년간 유지된다.

### (2) 저작인격권

#### ① 정의

창작자의 명예와 인격을 보호하기 위한 권리로, 경제적 이익과 관계없이 창작자의 인격적 권리를 보장한다.

#### ② 주요 권리 종류

- **공표권**: 저작물을 일반에게 공개할지를 결정할 권리
- **성명표시권**: 저작물에 창작자의 이름을 표시하거나 익명으로 할 권리
- **동일성 유지권**: 저작물의 내용을 창작자의 의사와 다르게 변경하거나 왜곡하지 못하도록 할 권리

특징으로는 양도나 포기가 불가하며, 창작자의 생존 기간 동안만 보호된다.

### (3) 저작인접권

① 정의

저작물의 실질적 이용 및 전달에 기여한 자의 권리를 보호한다. 대상은 실연자, 음반 제작자, 방송 사업자 등이 된다.

② 주요 권리 종류

- **실연자의 권리:** 배우, 가수, 연주자가 자신의 실연을 보호받는 권리
- **음반 제작자의 권리:** 음반 제작자가 음원 복제, 배포 등에 대해 보호받는 권리
- **방송 사업자의 권리:** 방송 사업자가 자신의 방송 신호를 보호받는 권리

보호기간은 실연자는 실연 후 50년, 음반 제작자는 음반 발행 후 70년, 방송 사업자는 방송 송신 후 50년 유지된다.

〈표 1-3〉 저작권의 주요 권리 및 보호기간

| 구분 | 설명 | 주요 권리 | 보호기간 |
|---|---|---|---|
| 저작재산권 | 경제적 이용권 | 복제권, 공연권, 공중송신권, 배포권, 대여권 등 | 창작자 사후 70년 |
| 저작인격권 | 창작자의 인격과 명예를 보호하는 권리 | 공표권, 성명표시권, 동일성 유지권 | 양도/포기 불가 (생존 시 보호) |
| 저작인접권 | 저작물 전달에 기여한 실연자, 제작자, 방송 사업자 보호 | 실연자권, 음반 제작자권, 방송 사업자권 | 실연 후 50~70년 |

## 3) 신지식재산권

신지식재산권은 전통적 지식재산 외에 데이터, 소프트웨어, AI 등 새로운 형태의 지식재산을 보호하는 권리이다. 디지털 시대에 맞춰 등장한 이 권리는 새로운 기술 발전을 보호한다.

신지식재산권은 전통적 지식재산권에서 확장된 새로운 형태의 지식재산권으로, 기술 및 정보화 시대에 부합하는 권리 보호를 목적으로 한다. 주요 권리와

그에 대한 설명은 아래와 같다.

### (1) 컴퓨터 프로그램 저작권

#### ① 의의

컴퓨터 프로그램의 소스 코드와 구조, 설계 등을 보호하기 위한 권리이다.

- **대상**: 소프트웨어, 알고리즘 등
- **법적 근거**: 저작권법

#### ② 요건

- **창작성**: 기존 프로그램과 차별화되는 독창적 창작물이어야 함
- **표현의 고정화**: 프로그램의 코드나 구조가 명확히 고정된 형태로 존재해야 함

#### ③ 효력

프로그램의 복제, 배포, 변형 등을 통제할 수 있다. 보호기간은 창작자 사후 70년 유지된다.

### (2) 반도체 설계권(회로 배치설계권)

#### ① 의의

반도체 집적회로의 배치 설계를 보호하기 위한 권리이다.

- **대상**: 집적회로의 3D 설계 및 배치 데이터
- **법적 근거**: 반도체 집적회로 설계 보호법

#### ② 요건

- **창작성**: 기존 설계와 다른 독창적 요소가 있어야 함
- **고정성**: 설계 배치가 반도체에 구현 가능한 형태여야 함

#### ③ 효력

반도체 설계 배치의 무단 복제 및 사용을 금지한다. 보호기간은 창작 후 10년 유지된다.

### (3) 데이터베이스권

#### ① 의의

데이터베이스의 구조 및 내용을 보호하며, 데이터의 수집, 정리, 배열에 기여한 권리를 보장한다.

- **대상:** 체계적으로 구성된 데이터베이스
- **법적 근거:** 저작권법

#### ② 요건

- **체계성:** 데이터가 체계적으로 배열되고 관리될 수 있어야 함
- **독립성:** 데이터가 각각 독립적인 정보로 구성되어야 함

#### ③ 효력

데이터베이스의 복제, 배포, 수정 등을 금지할 수 있다. 보호기간은 제작 후 15년 유지된다.

### (4) 영업비밀

#### ① 의의

사업상 중요한 비공개 정보(기술, 경영 정보 등)를 보호한다.

- **대상:** 제조 공정, 마케팅 전략, 고객 명단 등
- **법적 근거:** 부정경쟁방지법

### ② 요건

- **비밀성**: 공개되지 않고 기밀로 유지되어야 함
- **경제성**: 사업에 실질적인 경제적 가치를 제공해야 함
- **관리성**: 비밀 유지 관리가 이루어져야 함

### ③ 효력

영업비밀을 부정하게 취득하거나 사용한 자에 대한 민형사적 대응이 가능하다. 보호기간은 비공개 유지 시 지속 보호된다.

〈표 1-4〉 주요 신지식재산권의 요건 및 보호기간

| 구분 | 설명 | 주요 요건 | 보호기간 |
|---|---|---|---|
| 컴퓨터 프로그램 | 소프트웨어의 소스 코드와 설계를 보호 | 창작성, 표현의 고정화 | 창작자 사후 70년 |
| 반도체 설계권 | 반도체 집적회로의 배치 설계 보호 | 창작성, 고정성 | 창작 후 10년 |
| 데이터베이스권 | 데이터베이스의 구조와 배열 보호 | 체계성, 독립성 | 제작 후 15년 |
| 영업비밀 | 비공개 상태의 기밀 정보 보호 | 비밀성, 경제성, 관리성 | 비공개 유지 시 지속 |

CHAPTER **02**

# 국내외 지식재산권 주요 이슈

1. 지식재산권 분쟁 현황
2. 국내외 지식재산 정책의 흐름

# CHAPTER 02 국내외 지식재산권 주요 이슈

이 장에서는 지식재산권 분쟁 현황과 국내외 지식재산 정책의 흐름, 독일 DIN77006로부터 촉발된 지식재산 경영시스템의 도입에 대한 동향을 살펴보도록 한다.

## 1. 지식재산권 분쟁 현황

### 1) 지식재산권 유형별 침해 현황

다음은 관세청에서 발표한 최근 5년간 지식재산권 침해 현황이다. 전반적으로 꾸준한 증가세에 있음을 알 수 있다.

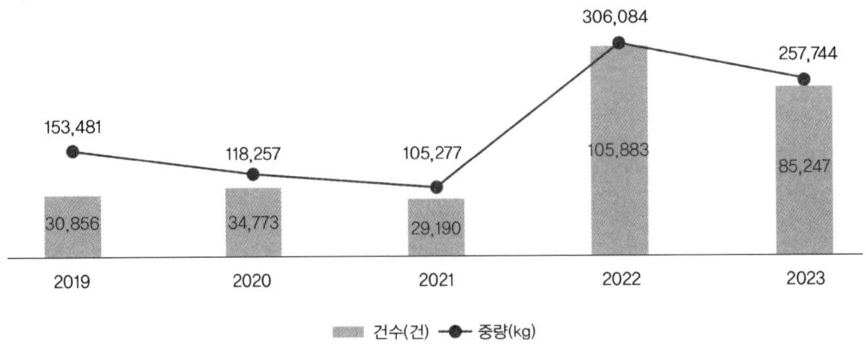


**[그림 2-1]** 최근 5년간 지식재산권 침해 물품 현황

출처: 관세청.

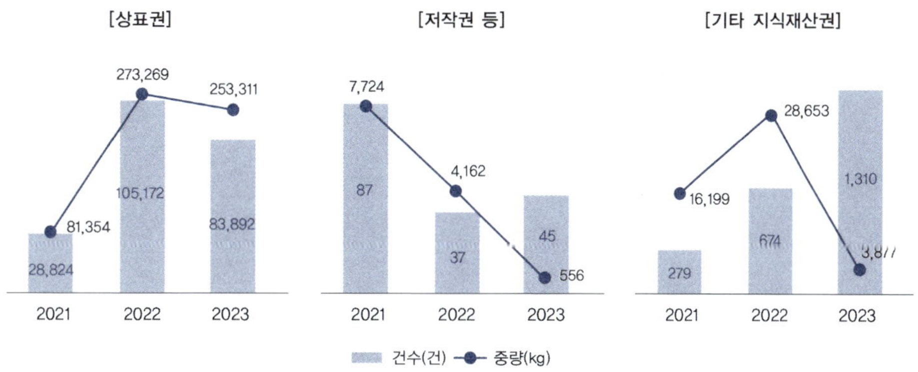


**[그림 2-2]** 최근 5년간 지식재산권 유형별 침해 물품 현황

출처: 관세청.

특허권, 상표권, 저작권, 신지식재산권 등 각 지식재산권 유형에 따라 다양한 침해 사례가 발생하고 있으며, 불법 복제, 상표 도용, 영업비밀 유출 등이 주요한 문제로 대두되고 있다.

지식재산권 유형별로 발생할 수 있는 대표적인 침해 사례와 이를 통해 얻을 수 있는 시사점을 정리하면 다음과 같다.

### (1) 특허권 침해 예시

A사가 B사의 특허 기술(특히 제조 공정)을 무단으로 사용하여 유사 제품을 생산 및 판매하거나, 또는 B사의 기술 문서(특허)를 바탕으로 거의 동일한 제품을 경쟁사 C가 개발해 출시하는 경우를 예로 들 수 있다.

특허 출원 시 세부 사항을 명확히 기재하여 모방을 방지하고 경쟁사의 기술 개발 활동을 지속적으로 확인해야 한다. 만약 침해 발생 시 신속히 소송이나 가처분 신청을 통해 권리를 구제한다.

### (2) 상표권 침해 예시

한 중소기업이 유명 브랜드의 상표와 유사한 로고와 이름을 사용해 소비자 혼란을 유발하거나 모조품 제조업체가 유명 브랜드의 상표를 제품에 부착해 판매하는 경우를 예로 들 수 있다.

상표를 통해 소비자 신뢰를 구축하는 것이 중요하며 주요 국가별로 등록을 진행하고 정기적으로 갱신해야 한다. 또한, 소비자들이 위조품을 구별할 수 있는 홍보가 필요하다.

### (3) 저작권 침해 예시

영화, 음악 등의 저작물을 저작권자의 허가 없이 복제하거나 파일을 공유하는 경우를 예로 들 수 있으며, 한 블로거가 다른 작가의 글과 이미지를 허가 없이 자신의 사이트에 게시하는 경우가 해당된다고 볼 수 있다.

따라서, 온라인 환경에서의 저작권 보호 시스템이 필요하며 저작권에 대한 대중의 인식 및 준법 의식 향상이 필요하다. 아울러, 디지털 권리 관리(Digital rights management, DRM)[2] 등 기술적 조치를 활용한 보호도 필요하다.

### (4) 신지식재산권 침해 예시

한 회사가 경쟁사의 소프트웨어를 불법 복제하여 사용하거나 경쟁업체가 다른 회사의 데이터베이스 구조를 복제해 유사 서비스를 제공하는 경우를 예로 들 수 있다. 많은 경우 직원이 이직하며 이전 회사의 기밀 정보를 경쟁사에 제공하는 경우가 해당된다고 볼 수 있다.

이를 방지하기 위해 데이터 및 소프트웨어를 보호하기 위한 보안 체계를 강화하고 영업비밀 관리에 대한 내부 지침을 수립하고 교육을 시행하는 것이 필요하다. 또한, 근로자와의 비밀 유지 계약 및 경쟁 금지 계약을 통해 법적 보호를 강화한다.

전체적으로 보면 지식재산권 인식을 확대하여 기업과 개인 모두 지식재산권 보호의 중요성을 인지하고 이를 존중해야 한다. 그뿐만 아니라, 법적 보호 체계를 활용하여 침해 시 법적 구제 수단을 적극적으로 사용해야 한다. 또한, 국제

---

2) 출판자 또는 저작권자가 그들이 배포한 디지털 자료나 하드웨어의 사용을 제어하고 이를 의도한 용도로만 사용하도록 제한하는 데 사용되는 모든 기술을 지칭하는 용어이다(위키백과).

적 관리 차원에서 글로벌 시장 진출 시 주요국에서의 권리 등록과 관리가 필요하다.

### (5) 디자인권 침해 예시

- 예시 1: 제품 외형 디자인 모방

한 기업이 경쟁사의 등록 디자인과 거의 동일한 외형을 가진 가전제품(예: 전기포트)을 출시하여 소비자들이 두 제품을 구분하지 못해 경쟁사 제품의 매출에 큰 영향을 미치는 경우를 예로 들 수 있다.

법원에서는 디자인 침해 여부를 판단할 때 "시각적 혼동 가능성"을 주요 기준으로 삼고 있으므로 등록 디자인의 주요 특징과 차별화를 강조하여 법적 보호를 강화해야 한다. 그러므로 디자인권자는 경쟁사의 신제품 출시를 지속적으로 감시해야 한다.

- 예시 2: 패션 디자인 도용

한 중소 패션 브랜드가 유명 디자이너 브랜드의 의류 디자인(특정 무늬, 패턴, 색감 배치 등)을 무단으로 복제해 유사 제품을 저가로 판매하는 경우가 예가 될 수 있다. 소비자들은 고가 브랜드의 제품과 혼동하거나 "짝퉁"으로 인식하여 구매할 수 있다.

패션 산업 내 디자인 등록을 활성화하여 패션 업계에서도 디자인 등록을 통해 법적 보호를 받을 필요성이 크다는 것을 인식해야 한다. 고가 브랜드는 소비자 혼동 방지를 위한 차별화된 홍보 전략을 마련해야 한다. 디자인 도용 발생 시 즉각적인 경고 및 법적 조치를 취해야 한다.

- 예시 3: UI/UX 디자인 복제

스타트업 C사가 독창적인 애플리케이션 인터페이스(UI)를 개발했으나, 대형 IT 기업이 이를 거의 동일하게 복제하여 유사 앱을 출시할 경우를 예로 들 수 있다.

UI/UX 디자인도 법적으로 보호받을 수 있도록 등록 절차를 활용해야 한다. 디지털 콘텐츠의 복제가 빈번할 수 있으므로 이와 관련된 디자인권 보호 제도를 강화해야 한다. 특히, 스타트업 등 소규모 기업이 디자인권 침해로부터 보호받을 수 있는 지원 체계가 필요하다.

• 예시 4: 자동차 부품 디자인 침해

한 부품 제조사가 유명 자동차 브랜드의 휠 디자인을 모방하여 시장에 판매할 경우를 예로 들 수 있는데, 소비자들은 해당 부품이 정품과 동일한 성능을 제공한다고 오인하기 쉽다.

자동차 부품과 같은 특정 산업 내 디자인 보호가 중요해지고 있다. 위의 예시처럼 자동차 관련 부품의 경우는 제품 신뢰성과 매우 밀접하므로 조심해야 한다. 특히 안전과 관련된 제품의 경우는 정품이 아니면 매우 위험할 수 있다는 인식이 있어야 한다. 따라서, 디자인 침해 사례를 선제적으로 감시하고 강력히 대응해야 한다.

기업은 디자인권 등록을 통해 보호받을 수 있는 법적 장치를 마련해야 하고 경쟁사의 유사 제품 출시와 소비자 혼동 사례를 감시하는 체계가 중요하다. 이에 따라, 디자인 침해 발생 시 신속히 경고장 발송 및 소송 절차를 진행해야 한다. UI/UX와 같은 디지털 디자인에 대한 보호 장치 등 디지털 및 신산업 보호 확대가 더욱 강화될 필요가 있다. 이와 함께, 글로벌 시장에서 디자인 보호를 위해 주요 국가에서의 등록과 침해 모니터링이 중요하다.

위 사례들은 디자인권의 중요성과 보호 체계의 필요성을 강조하며, 기업과 개인이 디자인 침해를 예방하고 적극적으로 대응해야 함을 시사한다.

### 2) 침해 예방 대책 방안과 사례

지식재산권 침해를 예방하기 위해서는 체계적인 법적 보호와 관리 시스템이 필요하며, 지속적인 모니터링과 국제적 협력을 통한 대응이 중요하다.

지식재산권 침해를 예방하고 보호하기 위해서는 체계적이고 종합적인 접근이 필요하다. 이에 대한 구체적인 방법을 예시적으로 설명한다.

### (1) 체계적인 법적 보호와 관리 시스템 구축

#### ① 지식재산권 등록

특허, 상표, 디자인 등은 반드시 국내외 주요 시장에서 등록한다. 신지식재산권(예: 소프트웨어, 데이터베이스)도 법적 요건에 맞춰 권리화한다.

#### ② 포트폴리오 관리

보유한 지식재산권을 체계적으로 관리하고, 만료일을 정기적으로 점검한다. 그뿐만 아니라, 기술 및 시장 변화에 따라 신규 등록이나 갱신 여부를 검토한다.

#### ③ 내부 지침 및 교육

직원들에게 지식재산권 관련 법적 요건과 침해 사례를 교육한다. 또한, 연구개발, 마케팅 부서 간 협업을 통해 지식재산 보호 방안을 수립한다.

### (2) 지속적인 모니터링 및 감시 시스템

#### ① 시장 감시

경쟁사 제품, 상표, 디자인을 정기적으로 조사하여 온라인 및 오프라인상에서 유사 제품(위조품 포함)의 판매 여부를 확인한다.

#### ② 기술적 도구 활용

인공지능(AI)을 활용한 데이터베이스 검색으로 유사 상표 및 디자인을 탐지하고, 웹 스크래핑 기술을 통해 저작권 침해 사례(불법 복제물)를 모니터링한다.

### ③ 전문 조사 기관 활용

법률 대리인이나 전문 조사 기관에 의뢰해 침해 가능성이 높은 사례를 분석한다.

구글의 경우, 자사 콘텐츠의 저작권 침해를 방지하기 위해 유튜브에서 AI 기반의 "Content ID"[3] 시스템을 운영하고 있으며, 나이키의 경우 전 세계 유사 상표와 디자인 침해를 감지하기 위해 글로벌 팀과 외부 법률 기관을 활용하고 있다.

## (3) 국제적 협력 및 대응 전략

### ① 글로벌 등록

특허협력조약(PCT), 마드리드 의정서(상표권), 헤이그 협정(디자인권)을 활용한 다국적 등록을 모색한다. 특히, 수출 주도 기업의 경우는 주요 시장(미국, 유럽, 중국 등)에 지식재산권 사전 등록이 매우 필요하다.

### ② 공조 및 협력

국가적 차원에서는 세계지식재산기구(WIPO)와 협력하여 국제 침해 사례의 해결을 모색한다.

### ③ 국제 시장 대응팀 구성

각국의 법적 요구사항을 파악하고, 현지 변호사 및 변리사 등 전문가를 활용해 신속한 대응 체제를 준비한다.

애플의 경우는 중국에서 디자인과 상표권 침해 사건이 발생했을 때 현지 법률팀과 협력하여 법적 분쟁을 해결하고 있다.

---

3) Content ID is a digital fingerprinting system developed by Google which is used to easily identify and manage copyrighted content on YouTube(위키피디아).

### (4) 기업의 다양한 모범 사례

#### ① 삼성전자

특허 전담팀을 운영하고 있으며 R&D와 연계하여 기술 개발 초기 단계부터 특허 출원 및 등록을 모색하고 미국, 유럽, 중국 등 글로벌 시장에서 자사 기술에 대한 모니터링을 실시하고 있다. 이러한 체계로 인해 애플과의 특허 소송에서 자체 포트폴리오를 기반으로 유리한 협상을 이끌어 내기도 했다.

#### ② 나이키

각국에서 디자인권을 체계적으로 등록하여 복제품 유통을 차단하고 있으며 특히, AI 기반의 데이터 분석으로 유사 디자인 제품을 탐지하고 있다. 이로인해, 주요 시장에서 복제품 제조업체를 대상으로 성공적인 법적 대응 체계를 보유하고 있다.

#### ③ 구글(유튜브의 Content ID 시스템)

저작권 감시 기술로 사용자가 업로드한 콘텐츠를 자동으로 스캔해 저작권 침해 여부 확인한다. 이를 통해 콘텐츠 제작자와 라이선스 계약 체결을 통해 합법적인 수익 창출을 지원하고 있다. 연간 수십억 달러의 저작권료를 권리자에게 분배, 저작권 보호 시스템의 선도적 사례가 되고 있다.

권리 등록 및 체계적인 관리를 통해 지식재산 침해를 사전에 방지하고 AI와 데이터 분석 도구 등을 활용한 침해 감시 시스템을 고려하는 것도 중요하다. 뿐만 아니라, 국제적 협력과 현지 법률 전문가를 통한 대응 체계도 강화할 필요가 있으며, 내부 직원과 협력사의 지식재산권 보호 인식을 높여 불필요한 침해를 예방하는 것은 더욱 중요하다.

### 3) 미·중 분쟁의 의미

미·중 간 지식재산권 분쟁은 두 경제 대국 간 기술 패권 경쟁을 보여주는 대표적 사례이다. 중국은 자국 내 기술 개발을 위한 강력한 보호 정책을 강화하고 있으며, 미국은 자국 기업의 지식재산 보호를 위해 적극적인 소송과 국제 협정을 추진하고 있다.

그러나 미·중 간 지식재산권(IP) 분쟁은 단순한 법적 충돌을 넘어 기술 패권 경쟁의 핵심 요소로 자리 잡고 있다. 두 국가의 기술 및 경제 전략이 충돌하는 가운데, 향후 전망을 다음과 같은 측면에서 살펴볼 수 있다.

#### (1) 기술 패권 경쟁 심화

##### ① 중국의 기술 자립 강화

중국은 제조 2025(Made in China 2025)와 같은 정책을 통해 첨단 기술(예: 반도체, AI, 바이오테크) 분야에서 자립도를 높이고 있다. 자국 기업과 기술을 보호하기 위해 국가보안법, 데이터보호법 등을 강화하고, 외국 기업의 시장 접근에 대한 규제를 늘리고 있다.

##### ② 지식재산권 보호 강화

중국 정부는 국제사회의 비판을 의식하여 자국 내 IP 보호 정책을 강화하고 있으며, 최근 몇 년간 특허 출원 및 등록 수에서 세계 최다 기록을 유지하고 있다.

##### ③ 미국의 공격적 대응

미국은 CHIPS and Science Act[4], Inflation Reduction Act(IRA) 등으로 자국 내 기술 생산과 혁신을 지원하며, 중국 의존도를 줄이려는 정책을 추진하고 있다. 또한, USTR(미국 무역대표부) 및 WTO 등을 활용해 중국의 불공정 무역

4) 반도체 지원법.

관행, 기술이전 요구, IP 침해를 지속적으로 문제 삼고 있다.

### (2) 글로벌 기술 공급망의 분열

• 디커플링(Decoupling) 가속화

미국은 중국 기업을 겨냥한 수출 통제(예: 반도체 장비 수출 금지, 화웨이 제재 등)를 강화하고 있다. 반면에, 중국은 자국 내 기술 개발을 가속화하고, 동남아시아 및 중동과의 협력을 통해 미국 제재의 영향을 최소화하려 한다.

글로벌 기술 공급망은 미국 중심 블록(미국, 일본, 한국, 유럽)과 중국 중심 블록(중국, 러시아, 개발도상국)으로 점차 분열될 가능성이 있다.

### (3) 국제 규범과 협정에서의 충돌

• 국제적 협력 강화

미국은 기존의 WTO, WIPO(세계지식재산권기구)와 같은 기구를 통해 중국의 IP 침해를 견제하려 한다. 또한, 중국은 글로벌 무대에서 영향력을 확대하며 개발도상국에 기술 지원과 투자를 제공, IP에 대한 새로운 규범과 협정을 제안하려 할 가능성이 높다.

• 새로운 양자/다자 협정 등장 가능성

미국은 TPP[5] 후속 협정(예: CPTPP[6]), IPEF[7]와 같은 틀에서 지식재산권 보호 기준을 강화하고, 동맹국과 협력을 통해 중국의 영향력을 견제하려 할 것이다. 이와 함께, 중국은 RCEP(역내 포괄적 경제동반자협정) 등을 활용해 자국의 입

---

5) 환태평양경제동반자협정(Trans-Pacific Strategic Economic Partnership, TPP): 아시아, 태평양 지역의 경제통합을 목적으로 출범한 자유무역협정의 한 형태.

6) Comprehensive and Progressive Agreement for Trans-Pacific Partnership: 일본 주도로 아시아·태평양 11개국이 출범시킨 경제 협정으로, 다양한 분야의 제품에 대한 역내 관세를 전면 철폐하는 것을 원칙으로 한다. 2018년 12월 30일 발효되었으며 2023년 7월 영국이 추가로 가입하면서 총 12개 회원국으로 이뤄져 있다(네이버 지식백과).

7) 인도-태평양 경제 프레임워크(Indian-Pacific Economic Framework): 미국 바이든 행정부의 주도로 탄생한 인도-태평양 지역의 경제 안보 플랫폼 및 국제기구다. IPEF는 관세 인하, 부분적인 규제 철폐에 방점을 두었던 다자/양자 FTA보다 더 범위가 넓은 경제협력체를 지향하고 있다.

장을 반영한 IP 규범을 확산시키려 할 것이다.

### (4) 중국 내 IP 보호 환경 변화

- **양면적 변화:** 중국은 자국 기업(예: 화웨이, DJI 등)을 보호하기 위해 IP 보호를 강화하고 있다. 이에 따라 외국 기업도 중국 내에서 IP 침해에 대해 소송을 제기할 가능성이 높아졌다. 동시에, 외국 기업의 기술 유출에 대한 우려는 여전히 크며, 중국 내 투자와 기술이전에 대한 신중한 접근이 필요하다.
- **특허 출원 경쟁:** 중국의 특허 출원 수는 미국을 이미 넘어섰으며, 혁신의 속도가 더욱 빨라질 것으로 보인다. 다만, 특허의 질(창의성, 혁신성 등)에 대한 평가는 여전히 논란이 있다.

### (5) 향후 전망과 결론

- **지속적인 기술 경쟁:** 미·중 간 기술 경쟁은 장기적으로 계속될 것이다. IP 분쟁은 이 경쟁의 주요 전선으로 남아 있을 가능성이 높다.
- **법적 분쟁 확대:** 더 많은 기업이 WTO 분쟁 해결 절차 또는 양국의 법적 시스템을 통해 IP 관련 소송을 제기할 가능성이 있다.
- **제3국의 역할 증가:** 동남아시아, 인도, 중동 국가들이 기술 공급망에서 중요한 역할을 맡게 될 것이며, 미·중 경쟁에서 중립적 입장을 유지하거나 이득을 취하려 할 것이다.
- **기술혁신과 협력의 기회:** 경쟁 속에서도 양국은 AI, 기후 기술, 의료 분야에서 일부 협력을 모색할 가능성이 있다. 이는 글로벌 문제 해결을 위한 협력의 틀을 제공할 수 있다.

결론적으로, 미 · 중 간 지식재산권 분쟁은 양국 간 기술 패권 경쟁의 핵심 요소로 남아 있을 것이다. 이는 기술, 경제, 외교 영역에서 복잡한 충돌과 협력의 조합을 만들어낼 가능성이 크다.

## 2. 국내외 지식재산 정책의 흐름

### 1) 기본 특허 정책 및 주요 정책

#### (1) 미국

① 기본 특허 정책

미국은 세계 최고 수준의 특허 시스템과 강력한 지식재산권 보호 체계를 갖추고 있다. 특허법원(CAFC)을 통해 특허 분쟁을 전문적으로 해결하며, 미국특허청(USPTO)은 신속하고 효율적인 특허 심사를 제공한다.

② 주요 정책

- **IP 강화 정책:** 기술혁신 기업 보호를 위해 강력한 특허 집행체계를 유지
- **기술이전 촉진:** 연방 연구소와 대학의 기술을 민간 기업에 이전
- **선행기술 검색 지원:** 심사 효율성을 높이기 위해 AI 기반 선행기술 검색 도입

③ 지식재산 경영 측면

미국은 특허 라이선싱과 IP 포트폴리오를 통해 글로벌 시장에서 수익을 창출하고 있다. 국제화 측면에서, 국제 특허 보호를 강화하는 특허협력조약(PCT) 활용이 활발하다.

#### (2) 중국

① 기본 특허 성책

중국은 빠른 특허 심사와 등록을 통해 세계 최대의 특허 출원국이 되었다. 국가 주도로 지식재산 보호를 강화하고, 특허 침해에 대한 처벌을 강화하고 있다.

② 주요 정책

- **특허보호 강화:** 지식재산권 침해에 대한 처벌을 대폭 강화

- **자국 기업 육성:** 중국 기술 기업이 해외 특허를 출원하도록 지원
- **R&D 보조금:** AI, 반도체 등 첨단 기술 특허 개발을 위한 연구 자금 지원

#### ③ 지식재산 경영 측면

중국은 자국 내 기술 기업의 경쟁력 강화와 해외 시장 진출을 목표로 하고 있다. 국제화 가능성은 미국과의 무역 갈등 등으로 제약이 있지만, 기술혁신과 자체적 시스템 확립에 집중하고 있다.

### (3) 유럽연합(EU)

#### ① 기본 특허 정책

EU는 단일 특허 시스템인 유럽 단일 특허와 중앙집중형 심사기관인 유럽특허청(EPO)을 운영한다. 이를 통해 회원국 간의 중복 출원을 줄이고 효율성을 높이고 있다.

#### ② 주요 정책

- **단일특허제도:** 단일 특허 등록으로 여러 국가에서 동시에 보호받을 수 있는 시스템 도입
- **기술 표준화 지원:** 혁신 기술에 대한 공통 표준 마련
- **AI와 데이터 보호:** AI 특허 출원 기준 마련 및 데이터 지식재산 보호 강화

#### ③ 지식재산 경영 측면

EU는 국가 간 협력을 통해 통합 시스템을 활용하며, 국제화 가능성은 매우 높은 수준이다. 특히, 다국적 기업과 협력해 기술 개발과 특허 활용을 극대화하고 있다.

### (4) 독일

#### ① 기본 특허 정책

독일은 고급 제조업과 엔지니어링 중심의 특허 정책을 운용한다. 독일특허청(DPMA)을 통해 자국 기업의 특허 확보와 국제 경쟁력을 지원한다.

#### ② 주요 정책

- **중소기업 지원:** 중소기업의 특허 출원을 돕기 위한 컨설팅과 보조금 제공
- **기술 집중화:** 고급 기술(자동차, 기계, 화학) 중심의 특허 출원 장려
- **국제 협력 강화:** 유럽 특허 시스템(EPO)과 협력을 통해 글로벌 시장에서의 기술 보호

#### ③ 지식재산 경영 측면

독일은 특허포트폴리오를 체계적으로 관리하며, 중소기업과 대기업의 협력을 통해 특허 활용도를 높이고 있다. 국제화 가능성은 기술 중심의 강력한 경쟁력을 바탕으로 매우 높다. 더욱이 지식재산 경영시스템에 대한 지침을 DIN77006의 제정 및 운영을 통해 기업의 지식재산 경영을 강화하고 있으며 독일의 유럽연합 내 위치를 고려하면 최소한 유럽 내 국제화가 예상된다.

### (5) 일본

#### ① 기본 특허 정책

일본은 정밀기술과 산업 특허 중심의 특허 정책을 운용하며, 일본특허청(JPO)을 통해 신속한 심사와 강력한 특허 보호를 지원한다.

#### ② 주요 정책

- **신속심사제도:** 심사 기간 단축을 위한 패스트 트랙 제도 운용
- **국제 표준화 추진:** 글로벌 시장에서 기술 표준화를 위한 정책 시행
- **대기업-스타트업 협력 강화:** IP를 활용한 기술이전 및 협력 지원

③ 지식재산 경영 측면

일본은 국내 특허를 기반으로 해외 시장에서 영향력을 확대하고 있다. 국제화 가능성은 일본 기업의 전통적 기술력과 국가 주도의 강력한 시스템으로 인해 매우 긍정적이다.

(6) 한국

① 기본 특허 정책

한국은 기술 기반의 산업 발전을 위해 특허청(KIPO)을 통해 효율적이고 신속한 특허 심사를 제공하고 있다. 특히 4차 산업혁명 관련 기술 특허에 집중하고 있다.

② 주요 정책

- **AI와 반도체 특허 강화:** 차세대 기술에 대한 특허 출원 장려
- **스타트업 지원:** 초기 기업이 IP를 기반으로 경쟁력을 확보할 수 있도록 지원
- **IP 금융 활성화:** 특허를 담보로 한 금융 시스템 확대

③ 지식재산 경영 측면

한국은 대기업과 중소기업 간의 협력을 통해 IP를 전략적으로 관리하고 있으며, 국제 특허 출원을 통해 국제 경쟁력을 강화하고 있다. 국제화 가능성은 기술 집약적 산업과 정부 지원 정책에 의해 매우 높다. 특히 지식재산 경영 인증제를 통해 중소기업을 지원하고 있다.

## 2) 지식재산 경영의 흐름

(1) 독일의 지식재산 경영 동향

최근 독일의 지식재산 경영은 혁신 촉진과 경제 경쟁력 강화를 목표로 다양한 분야에서 활발하게 전개되고 있다. 주요 동향은 다음과 같다.

### ① 최근 경향

• 특허 출원 증가와 기술 분야의 다양화

독일 특허상표청(DPMA)이 발표한 2023년 연간 통계에 따르면, 특허 출원 건수는 총 58,656건으로 전년 대비 2.5% 증가했다. 특히 전기 공학 분야에서의 출원이 6.1%로 가장 많이 증가했으며, 측정 기술, 생물학적 물질 분석, 광학, 제어 및 조절 기술 분야에서도 출원이 증가했다. 이는 독일 기업들의 혁신 활동이 경제적으로 어려운 시기에도 활발하게 이루어지고 있음을 나타낸다.

• 중소기업의 지식재산 활용 강화

독일 정부는 중소기업의 혁신 역량 강화를 위해 지식재산권 보호와 활용을 적극 지원하고 있다. 중소기업이 특허를 자금조달 수단으로 활용하거나, 특허 매매 및 라이선스 계약을 통해 수익을 창출할 수 있도록 독려하고 있다. 이를 통해 중소기업의 경쟁력을 높이고, 산업 전반의 혁신을 촉진하고자 한다.

• 국제 기술 표준 제정 참여 확대

독일은 국제 기술 표준 제정 과정에 적극 참여하여 자국의 입장을 반영하고 있다. 이는 수출 강국으로서의 지위를 유지하고, 글로벌 시장에서의 경쟁력을 확보하기 위한 전략으로, 기술 표준화가 혁신적인 기업의 경쟁력 향상에 결정적인 수단이 될 수 있음을 인식하고 있다.

• ESG(환경, 사회, 지배구조) 경영과 지식재산의 연계

독일은 ESG 경영을 강화하며, 지식재산 전략과의 연계를 추진하고 있다. 특히 환경친화적인 기술 개발과 사회적 책임을 다하는 혁신을 통해 지속 가능한 성장을 도모하고 있다. 이는 기업의 장기적인 경쟁력 확보와 사회적 가치 창출에 기여하고 있다.

이러한 동향은 독일이 지식재산을 국가 경쟁력의 핵심 요소로 인식하고, 이

를 통해 혁신을 촉진하며 경제 성장을 이루고자 하는 전략을 보여준다.

### ② 지식재산(IP) 경영시스템 표준 제정(DIN77006)

기업이 지식재산을 효과적으로 관리 운영하고 보호하며 활용할 수 있도록 지침을 제공하였다. 이 표준은 지식재산 관리의 품질을 보장하고, 기업의 전략과 연계하여 지식재산이 기업 가치 창출에 기여하도록 하는 것을 목표로 한다.

- **주요 역할과 기능:** DIN77006은 기업이 지식재산 경영시스템을 수립하고 운영하는 데 필요한 요구사항을 명확히 제시한다. 이를 통해 지식재산 관리가 기업의 전체 전략과 일치하도록 한다.
- **프로세스 정의 및 최적화:** 지식재산과 관련된 모든 프로세스, 예를 들어 IP 전략 수립, IP 창출, IP 리스크 관리 등을 정의하고 최적화하는 데 도움을 준다. 이를 통해 지식재산 관리의 효율성을 높이고, 기업의 운영에 긍정적인 영향을 미친다.
- **품질 관리와 지속적 개선:** DIN77006은 지식재산 관리의 품질을 보장하기 위해 '계획-실행-검토-개선(Plan-Do-Check-Act)' 사이클을 적용한다. 이를 통해 지속적인 개선과 품질 향상을 추구한다.

### ③ DIN77006 제정의 의의

- **법적 안정성 확보:** DIN77006을 준수함으로써 기업은 지식재산 관리에서 법적 안정성을 확보할 수 있다. 이는 지식재산 관련 분쟁이나 침해로부터 기업을 보호하는 데 도움이 된다.
- **경쟁력 강화:** 효과적인 지식재산 관리는 기업의 혁신 역량을 높이고, 시장에서의 경쟁력을 강화할 수 있다. DIN77006은 이러한 경쟁력 강화를 위한 체계적인 접근을 제공한다.
- **국제 표준과의 연계:** DIN77006은 ISO9001과 같은 국제 품질 관리 표준과 호환되도록 설계되어, 글로벌 시장에서의 신뢰성과 일관성을 높인다.

결론적으로, DIN77006은 기업이 지식재산을 전략적으로 관리하고 보호하며 활용할 수 있도록 돕는 표준으로, 법적 안정성 확보, 경쟁력 강화, 국제 표준과의 연계를 통해 기업의 지속 가능한 성장을 지원한다.

### ④ 시사점

유럽연합의 전 분야에 지대한 영향력을 끼치는 독일은 기업의 지식재산 경영 운용을 국제 품질경영시스템(ISO)에 준하는 자체 독일산업표준 DIN77006을 2020년에 제정하여 기업에 보급하면서 지식재산 경영을 강화하고 있는 것이다. 향후 전 유럽연합으로의 파급 효과, 그리고 이로 인한 국제화 가능성이 주목되고 있다. 이는 우리에게 시사하는 바가 매우 크다.

우리가 이미 알고 있는 미·중 갈등은 세계 헤게모니의 경쟁이지만 표면적으로는 무역 분쟁으로 한편, 숨어있는 지식재산권 분쟁으로 이어지고 있는 것이다. 이런 점에서 유럽연합의 지식재산 경영의 국제화는 머지않아 미국의 합류 가능성을 높여 줄 것으로 보인다.

다음은 예상되는 시사점을 살펴본 것으로 독일 DIN77006을 통한 지식재산 경영의 주요 내용에 대해서는 본서 10장에서 따로 살펴보기로 한다.

- 새로운 기준 제시

DIN77006은 IP 관리의 표준화된 기준을 제시함으로써, 기업들이 효율적이고 일관된 방식으로 IP를 관리할 수 있도록 하고 있다. 이를 통해 앞으로 더 많은 기업들이 DIN77006을 도입하여 IP 자산을 전략적으로 보호하고 활용할 가능성이 크다. 특히 기술 중심의 산업에서 IP 자산의 중요성은 더욱 커질 것이다.

지식재산은 과거에 단순히 법적 보호의 대상으로만 인식되었으나, DIN77006 도입을 통해 앞으로는 IP가 비즈니스 모델과 전략에 필수적인 요소로 통합될 것이다. 이를 통해 IP가 단순한 법률적 보호를 넘어, 기업의 경쟁력 강화와 혁신의 중심이 될 것이다.

디지털 경제에서 데이터, 소프트웨어, 알고리즘 등 무형 자산이 핵심 자산으로 자리 잡고 있으며 DIN77006은 이러한 무형 자산의 체계적인 관리와 보호에 대한 필요성을 강조하고 있다. 기업들은 점차 IP 관리 시스템을 디지털화하고 자동화할 것으로 예상된다.

• 파급 효과

DIN77006을 통해 기업의 IP 관리가 표준화되면, 경영 투명성과 효율성이 증가할 것이다. 표준화된 관리 프로세스는 IP의 창출, 보호, 활용, 그리고 침해에 대한 대응을 체계적으로 수행할 수 있게 하며, 경영진은 보다 명확한 기준을 바탕으로 IP 관련 의사 결정을 내릴 수 있게 된다.

• IP 침해 리스크 감소

IP 침해는 기업에 큰 손실을 초래할 수 있다. DIN77006의 도입으로 IP 관리를 체계화하고, 침해 대응 및 위기 관리 계획을 마련함으로써, 기업들은 법적 분쟁에 대한 준비를 더 잘할 수 있다. 이는 IP 분쟁 리스크를 줄이고, IP 침해 시 신속한 대응을 가능하게 할 수 있다.

• 혁신 촉진

기업들이 IP 관리에 대한 체계적인 접근 방식을 취하면, 연구개발(R&D)과 혁신 과정에서 IP 자산의 보호와 상업화가 더욱 원활해질 가능성이 높아질 수 있다. 이는 혁신적인 기술과 아이디어가 시장에서 보다 빠르게 적용되고 상업화될 수 있는 기회를 제공할 것이다.

• 국제화 가능성

DIN77006은 독일에서 개발된 표준이지만, ISO(국제표준화기구)와 같은 국제기구를 통해 확장될 가능성이 있다. 독일의 표준화는 유럽 전역에서 큰 영향력을 미치며, IP 관리의 표준이 전 세계적으로 확산될 수 있다. 이미 ISO와 협력중인 많은 국가에서 이 표준을 채택하거나 자체적인 표준으로 발전시킬 가능성이 크다.

IP는 본질적으로 국제적인 특성을 가지고 있으며, 기업들은 글로벌 시장에서 IP를 보호하고 활용해야 한다. DIN77006이 국제적으로 확산되면, 국가 간 IP 관리 시스템에 대한 상호 인정 체계가 구축될 가능성이 있다.

글로벌 기업들은 이미 다양한 국가에서 IP를 보호하고 관리하는 복잡한 과정을 겪고 있다. DIN77006은 글로벌 기업들에게 일관된 IP 관리 체계를 제공하여, 국제적인 IP 전략을 보다 쉽게 실행할 수 있게 도울 것이다. 이는 특히 다국적 기업들이 IP 관리를 글로벌 차원에서 표준화할 수 있는 기반을 마련할 수 있다는 것이다.

종합적으로 살펴보면 DIN77006은 지식재산 관리의 표준화와 체계적인 접근을 통해 기업의 혁신을 촉진하고, IP 리스크를 줄이는 데 큰 기여를 할 것이다. 향후 DIN77006이 국제 표준으로 자리 잡을 가능성이 크며, 이는 글로벌 기업들의 IP 관리에 있어 새로운 패러다임을 열어줄 것이다. 국제화가 진행된다면, 여러 국가 간 협력과 상호 인정 체계를 통해 지식재산권 보호의 효율성이 높아질 것으로 기대된다.

### (2) 일본의 지식재산 경영 동향

최근 일본의 지식재산 경영은 디지털 전환과 AI 기술의 발전에 발맞추어 지식재산의 창출, 보호, 활용을 강화하는 방향으로 전개되고 있다. 주요 동향은 다음과 같다.

#### ① 지식재산 추진계획 2023 수립

2023년 6월, 일본 지식재산전략본부는 '지식재산 추진계획 2023'을 발표했다. 이 계획은 경쟁력 강화와 새로운 가치 창출을 위한 지식재산 전략, 외부 지식재산의 적극적 활용을 통한 오픈 이노베이션 촉진, AI 기술 활용 촉진 및 사회 전반의 지식재산 창출 인센티브 유지 등을 목표로 하고 있다.

### ② 지식재산 · 무형자산 거버넌스 가이드라인 마련

2022년 2월, 지식재산전략본부는 '지식재산 · 무형자산의 투자 · 활용 전략 공시 및 거버넌스에 관한 가이드라인 Ver 1.0'을 공개했다. 이는 지식재산과 무형자산의 중요성이 높아지는 가운데, 기업들이 이러한 자산을 효과적으로 투자 · 활용하고 공시하며 거버넌스를 강화하기 위한 5가지 원칙과 7가지 행동 지침을 제시하고 있다. 이는 기업들이 지식재산을 경쟁력의 원천으로 삼아 적극적으로 활용하도록 유도하는 정책적 노력의 일환이다.

이러한 동향은 일본이 지식재산을 국가 경쟁력의 핵심 요소로 인식하고, 디지털 시대에 부합하는 지식재산 경영전략을 수립 · 실행하려는 의지를 보여주고 있다.

### ③ 제시한 5가지 원칙과 7가지 행동 지침

기업이 지식재산(IP)과 무형자산(Intangible Asset)을 전략적으로 관리하고 공시하며 이를 통해 지속 가능한 경쟁력을 확보하도록 유도하기 위한 구체적인 방향성을 제공한다. 이를 살펴보면 다음과 같다.

#### [1] 5가지 원칙

- **기업의 가치를 높이기 위한 자원으로서의 지식재산 관리:** 지식재산과 무형자산은 기업의 장기적인 가치 창출에 기여해야 한다는 점을 강조한다. 특히, 경영진이 이를 회사의 핵심 전략에 포함시키고 투자자와의 소통에서 이를 명확히 보여주도록 권장한다.
- **지식재산 관리와 경영전략의 일체화:** 지식재산 전략은 전체 경영전략과 연계되어야 하며, 이는 연구개발(R&D), 제품/서비스 개발, 시장 확대 등과 통합적으로 고려되어야 한다.
- **투명성과 신뢰성을 갖춘 공시와 정보 전달:** 기업은 지식재산 및 무형자산에 대한 관리 현황과 전략을 투자자와 관련 이해관계자에게 투명하게 공개해야 한다. 공시 내용은 정량적 데이터와 정성적 평가를 포함하여 신뢰를 구

축하는 데 초점을 맞춘다.

- **외부 자원과의 협력을 통한 오픈 이노베이션:** 기업 외부의 지식재산 및 무형자산을 적극 활용하고 협력을 통해 혁신을 가속화하는 것을 권장한다. 이를 위해 파트너십, 라이선싱, 공동 연구 등의 방식을 장려한다.
- **지속 가능한 성장과 사회적 책임 반영:** 지식재산 전략은 단기적인 이익뿐만 아니라 환경·사회·거버넌스(ESG) 요소를 반영하여 지속 가능한 성장을 목표로 해야 한다.

### [2] 7가지 행동 지침

- **지식재산 경영 책임자(CIPO) 또는 관련 리더 배치:** 지식재산 및 무형자산 관리의 중요성을 인식하고, 이를 총괄할 최고 책임자를 배치할 것을 권장한다.
- **지식재산 투자 계획의 명확화:** R&D, 브랜딩, 기술 개발 등의 과정에서 지식재산 투자 계획을 명확히 수립하고 실행 방안을 구체화한다.
- **정량적·정성적 데이터 활용:** 지식재산의 경제적 가치와 비즈니스 성과를 입증할 수 있는 데이터를 수집하고 이를 경영 전략과 공시에 반영한다.
- **지식재산의 리스크 관리 강화:** 침해 소송, 특허 만료, 기술 유출 등과 관련된 리스크를 사전적으로 분석하고 관리한다.
- **외부 지식재산과의 시너지 창출:** 라이선스 계약, 기술 도입, 공동 개발 등 외부의 지식재산을 활용하여 시너지를 극대화한다.
- **정보 공시의 표준화 및 명확화:** 투자자들이 이해하기 쉽게 지식재산 공시 기준과 방식을 표준화한다.
- **조직 전반에 걸친 지시재산의 문화 정착:** 경영진뿐만 아니라 모든 직원이 지식재산을 기업 경쟁력의 원천으로 인식하고 이를 관리할 수 있는 조직 문화를 조성한다.

### ④ 가이드라인의 의의

- **경쟁력 강화:** 지식재산과 무형자산의 전략적 활용은 기업의 장기적 경쟁력

을 강화하고, 글로벌 시장에서 차별화를 이끌어 낸다.

- **투자 유치 활성화**: 명확한 공시와 투명한 거버넌스는 투자자들에게 신뢰를 제공하며, 더 많은 자본 유치를 가능하게 한다.
- **ESG 경영과의 연결**: 지속 가능성과 사회적 책임을 고려한 지식재산 전략은 기업이 ESG 평가에서도 우위를 점하도록 돕는다.
- **오픈 이노베이션 활성화**: 외부와의 협력을 통해 혁신 속도를 높이고, 빠르게 변화하는 시장 환경에 적응할 수 있다.
- **리스크 최소화**: 체계적인 지식재산 관리를 통해 기술 유출이나 소송과 같은 리스크를 줄이고, 안정적인 사업 운영을 지원한다.

이 가이드라인은 기업들이 지식재산을 단순한 법적 보호 장치로 보는 것을 넘어, 이를 경제적 가치 창출과 지속 가능 성장의 필수 요소로 다룰 수 있도록 촉진하는 데 있다.

어떻게 보면 독일 DIN77006의 개념과 매우 유사한 내용으로 볼 수도 있다. 공통점은 기업 경영과 지식재산의 일치화를 요구하고 있다는 것이다. 구태여 비교를 한다면, 독일의 경우는 지식재산의 전략적 방향과 실행과정을 중요하게 여기고 일본의 경우는 그 실행의 구체적인 방법론을 제시한다고 볼 수도 있다.

### (3) 한국의 지식재산 경영 동향

#### ① 지식재산 기반 역동경제 구현 전략

2024년 11월, 특허청은 지식재산권(IP) 생태계를 강화하고, 경제 주체의 혁신을 권리화하여 재투자하는 선순환 구조를 구축하기 위해 정책을 발표했다.

국내 산업재산권 보유 규모를 2027년까지 200만 건으로 확대하는 것을 목표로 하고 있다.

- **지식재산 금융의 활성화**: 2024년 기준, IP 금융 규모는 10조 원을 돌파했으며, 기술 담보 대출 및 투자 활성화를 통해 중소기업의 자금 조달 기회를 확

대하고 있다.

- **첨단산업 특허 심사 역량 강화:** 반도체, 이차전지 등 첨단기술 분야의 특허 심사 인력을 확충하고, 심사 처리 속도를 대폭 증가시켜 기술 경쟁력 강화에 중점을 두고 있다.

### ② 지식재산 인증제 실시 및 의의

지식재산 경영을 모범적으로 수행하고 있는 기업의 자긍심을 높이고 대외 인지도를 제고하여, 중소기업의 자발적인 지식재산 경영 도입을 유도함을 목적으로 실시하고 있다.

- **정의:** 지식재산 인증제는 기업이나 기관이 지식재산을 체계적으로 관리, 보호, 활용하고 있음을 공식적으로 인정해 주는 제도이다.
- **기능 및 효과:** 기업의 지식재산 관리 역량을 대외적으로 입증하고 투자 유치 및 대외 신뢰도를 제고한다. 특히, 지식재산 기반 비즈니스 모델 구축과 관련된 정부 지원 우선 대상이 될 수 있다.

**〈표 2-1〉** 심사항목

| 심사항목 | 배점 | 심사항목 | 배점 |
|---|---|---|---|
| 지식재산 담당 조직 및 인력 | 10점 | 연구개발 인력 및 금액 | 12점 |
| 직무발명 활성화 | 5점 | 지식재산권 동향 파악 및 활용 | 21점 |
| 국내외 산업재산권 출원 실적 | 8점 | 지식재산권 적용 제품 매출 비중 | 8점 |
| 국내외 산업재산권 보유 건수 | 16점 | 지식재산권의 실시권 등 활용 | 8점 |
| 지식재산권 교육 | 5점 | 지식재산권 분쟁 사전 점검 | 7점 |

### 3) 주요 국가 비교

#### (1) 유사점

**① 혁신과 경제 성장 촉진**

대부분의 국가가 지식재산을 혁신 촉진과 경제 성장의 핵심 요소로 보고 있으며, 이를 체계적으로 관리하는 데 중점을 둔다.

**② 국가 주도의 정책 수립**

독일(DIN77006), 한국(지식재산기반 경제전략), 일본(지식재산추진계획 2023), 중국(중국제조 2025) 모두 정부 주도하에 구체적인 정책과 목표를 세우고 있다.

**③ 국제 협력 강조**

각국은 지식재산 보호와 활용을 위한 국제 협력과 표준화 노력을 강화하고 있다.

#### (2) 차이점

**① 집중 분야**

- **한국**: 첨단산업(반도체, 배터리) 특허 보호와 IP 금융 활성화
- **독일**: DIN77006을 통한 지식재산 관리 체계화와 중소기업 지원 강화
- **미국**: 민간 주도 혁신 모델과 디지털 경제 관련 지식재산 보호
- **일본**: 지식재산 거버넌스와 ESG 연계 강화, 기업의 전사적 연계 체제 강화
- **중국**: 제조업 중심의 특허 지원과 혁신 역량 확보

**② 표준화 접근 방식**

독일은 DIN77006과 같은 인증 및 표준화를 통해 체계적 관리에 중점을 두고 있으며, ISO와의 연계로 국제적인 활용도를 높이고 있다. 반면에, 한국은 인증제와 금융 지원을 통해 중소기업 및 스타트업의 경쟁력을 강화하고 있다.

### (3) 시사점

#### ① 체계적 관리 및 국제 표준화의 중요성

독일의 DIN77006은 지식재산 관리의 품질을 높이고 국제 표준화로 확장 가능성을 열었다. 이를 반영하여 한국은 이를 벤치마킹해 글로벌 활용성을 갖춘 지식재산 관리 인증 체계를 구축할 필요가 있다.

#### ② 공통의 지식재산 정책 필요

한국은 첨단산업, 독일은 제조업 및 중소기업, 일본은 ESG와 연계된 기술 개발과 전사적 연계 체제에 중점을 둔 만큼, 국가별, 산업별 특성에 관계없이 통용할 수 있는 지식재산 정책이 중요하다.

#### ③ 민관 협력 강화

미국처럼 민간 주도의 혁신과 정부의 지원이 균형을 이루는 모델은 장기적으로도 경쟁력을 높이는 데 유리할 것이다.

#### ④ 글로벌 협력 및 국제 표준 주도

한국은 IP5(세계 5대 특허청 협력체)를 중심으로, 지식재산 관리 및 인증의 글로벌 표준화를 주도하여 국제적 위상을 강화할 필요가 있다.

결론적으로 말하면, 우리나라는 기존의 인증제의 강점을 활용하는 한편, 독일의 체계적 관리 모델과 일본의 ESG 연계 및 전사적 연계 체제 정책 등을 벤치마킹하여 글로벌 경쟁력을 강화할 수 있는 통합적 지식재산 경영 인증 체계의 재정립을 생각해 볼 수 있겠다.

INTELLECTUAL PROPERTY MANAGEMENT SYSTEM

# PART 02

# 지식재산(IP) 경영

CHAPTER 03

# 특허공학

1. 특허공학적 발상의 주요 요소
2. 기술혁신의 특허
3. 특허기반의 R&D 기획
4. 사업화를 위한 R&D

# CHAPTER 03 특허공학

특허공학(Patent Engineering)은 하나의 학문적 명칭이 아니라 기술을 기반으로 특허가 만들어지기 때문에 하나의 용어로서 지칭할 수 있다고 볼 수 있으며, 이 장에서는 특허공학에서 다루어 질 수 있는 분야와 범위에 대해 살펴보도록 한다.

## 1. 특허공학적 발상의 주요 요소

특허공학적 발상의 주요 요소를 살펴보면, 특허 회피설계, 기술 동향 파악, R&D와 특허 전략의 연계 등을 생각해 볼 수 있다.

### 1) 특허 회피설계(Freedom to Operate, FTO)[1)]

#### (1) 특허 침해의 위험 회피

FTO는 기존에 등록된 특허를 분석하여, 자신이 개발하려는 제품이나 기술이 이 특허들을 침해하지 않도록 설계한다. 침해 가능성이 있을 경우에는 해당 기술을 변경하거나, 대체 기술을 찾아 특허 침해를 피하려는 노력을 의미한다. 예를 들어, A 회사가 전자기기 제품을 개발할 때, B 회사가 해당 제품의 핵심 부

1) 실시 자유: 제품, 기술, 서비스 등이 다른 사람의 특허나 지식재산권을 침해하지 않는 것(네이버 영어사전).

품에 대한 특허를 가지고 있다면, A 회사는 그 부품과 다른 기술을 사용하여 특허 침해 소송을 피할 수 있도록 설계를 변경해야 한다. 또는 특허된 기술이 특정한 재료나 구조를 사용하는 것이라면, 그 재료를 변경하거나 다른 구조로 설계하여 침해를 피해야 한다.

### (2) 특허 검색 및 분석

FTO를 확보하기 위해서는 먼저 특허 검색을 통해 관련된 모든 기존 특허를 철저히 조사해야 한다. 이 과정에서는 자사의 기술과 유사하거나 연관된 모든 특허를 식별하고, 그 특허의 청구범위(Claims)를 분석하여 침해 가능성을 판단한다. 청구범위란 특허에서 보호하고자 하는 기술의 범위를 기재한 부분으로, 여기에 포함되는 요소를 침해하지 않도록 제품을 설계하는 것이 중요하다.

### (3) 라이선스 협상

만약 회피설계가 어렵거나 불가능한 경우, 해당 특허권자와 라이선스 계약을 체결하여 그 기술을 합법적으로 사용할 수 있는 권리를 얻는 방법도 FTO의 일환이다. 이를 통해 특허 소송 위험을 제거하고 안정적으로 시장에 진출할 수 있는 것이다. 또한, 공동 개발이나 크로스 라이선스(cross-license) 협상을 통해 상호 간의 특허를 공유하는 방법도 있다.

### (4) 제품 출시 전 검토 및 리스크 관리

특허 회피설계는 제품 출시 전에 필수적으로 수행되어야 하는 단계이다. 출시 후 특허 침해 소송이 발생하면, 막대한 법적 비용이 발생할 뿐만 아니라 제품 회수, 판매 금지 등의 리스크를 안게 된다. FTO 분석을 통해 이러한 법적 리스크를 최소화하고, 제품이나 기술을 안전하게 상용화하는 것이 목적이다.

## 2) 기술 동향 파악

특허 분석을 통한 기술 동향 파악은 기업이나 연구 기관이 경쟁력 있는 기술 개발을 위해 할 수 있는 필수적인 전략 중 하나이다. 특허는 단순한 기술 보호 수단을 넘어서, 그 자체로 기술적 혁신의 흐름과 미래 시장의 방향성을 보여주는 중요한 자료이다. 이러한 특허를 분석하여 얻을 수 있는 기술 동향 파악의 중요성과 필요성은 다음과 같은 측면에서 설명할 수 있다.

### (1) 경쟁 환경 분석

#### ① 경쟁자의 기술 수준 파악

특허 분석을 통해 경쟁사들이 어떤 기술에 집중하고 있는지, 그들의 연구 개발 방향을 파악할 수 있다. 경쟁사들이 등록한 특허는 그들이 현재 또는 미래에 어떤 기술을 상용화하려는지를 보여주는 중요한 지표이다. 이를 통해 우리 회사가 뒤처지지 않도록 기술 개발 전략을 세우고, 필요한 경우 기술 우위를 점할 수 있는 방향으로 연구 개발 방향을 조정할 수 있다.

#### ② 기술 격차 분석

경쟁사들과 우리 회사 간의 기술 격차를 파악할 수 있다. 이를 통해 특정 기술 분야에서 우리가 앞서 있는지 또는 뒤처져 있는지를 알 수 있고, 이를 바탕으로 R&D(연구개발) 전략을 강화하거나 보완할 수 있다.

### (2) 신기술 및 혁신 트렌드 탐색

#### ① 기술 혁신 동향 파악

특정 산업에서 새로운 기술 혁신이 일어나고 있는지, 어떤 기술이 주목받고 있는지를 특허 분석을 통해 파악할 수 있다. 특허는 대부분 신기술에 대한 보호 수단이므로, 특허 동향을 분석하면 신기술의 출현을 조기에 감지할 수 있다.

② 기술의 발전 경로 예측

특허는 기술의 발전 흐름을 보여주기 때문에, 이를 분석하면 앞으로 어떤 기술이 발전할 가능성이 높은지 예측할 수 있다. 이를 통해 미래에 시장에서 필요한 기술을 미리 준비하고, 기술적 우위를 점할 수 있는 전략을 마련할 수 있다.

### (3) 기술 투자 및 연구 방향 설정

① 연구 개발 투자 우선순위 결정

특허 분석을 통해 어떤 기술이 앞으로 시장에서 중요한 역할을 할 것인지 파악하고, 이에 맞춰 연구개발에 투자할 수 있다. 예를 들어, 특정 기술 분야에서 특허 출원이 급증하고 있다면, 해당 기술에 대한 시장의 관심이 커지고 있음을 시사하므로, 이를 연구개발의 주요 분야로 설정할 수 있다.

② R&D 효율성 향상

기술 동향을 분석하면 자원의 낭비 없이 효율적인 연구개발을 진행할 수 있다. 이미 특허로 보호되고 있는 기술에 대한 중복 연구를 피하고, 특허 회피설계를 통해 새로운 기술을 개발할 수 있기 때문이다.

### (4) 시장 기회 탐색

① 공백 기술 파악

특허 분석을 통해 아직 경쟁이 치열하지 않거나 특허 출원이 적은 기술 영역을 찾아낼 수 있다. 이러한 영역이 공백 기술 영역으로 '비어 있는 기술 공간'으로 새로운 비즈니스 기회가 될 수 있다. 이러한 기회를 포착하면 경쟁사보다 유리한 입장에서 시장에 진출할 수 있다.

② 시장 성장 가능성 예측

특허 출원이 급증하는 기술은 향후 성장 가능성이 높은 시장을 의미할 수 있다. 이를 통해 향후 발전할 기술이나 시장을 미리 예측하고, 그에 맞는 사업 계획을 수립할 수 있다.

### (5) 리스크 관리

특정 기업이 시장에서 기술을 독점하려고 하는 경우, 특허 분석을 통해 해당 기술에 대한 대체 기술을 개발하거나, 협상 및 라이선싱 전략을 구상할 수 있다. 이로써 경쟁사의 독점적 지위를 약화시키고, 자사의 기술적 경쟁력을 확보할 수 있다.

### (6) 기술 협력 및 라이선스 기회 발굴

#### ① 협력 가능성 탐색

특허 분석을 통해 협력할 수 있는 파트너를 발굴하고, 이들과 공동 연구개발, 라이선스 계약 등을 체결함으로써 상호 이익을 도모할 수 있다.

#### ② 라이선싱 기회 탐색

필요 시, 타사의 기술을 라이선싱 받거나 자신이 개발한 기술을 타사에 라이선싱하는 기회를 모색할 수 있다. 특히, 경쟁사가 이미 기술적 우위를 점한 상황에서는 이들을 협상 테이블로 끌어들이기 위한 전략으로도 특허 분석이 유용하다.

### (7) 정부 정책 및 연구 지원

특허 동향을 분석하면 정부나 공공 기관이 어떤 기술 분야에 연구 지원을 집중하고 있는지 파악할 수 있다. 이를 통해 정부가 주목하는 분야에서 연구개발 프로젝트에 참여하거나, 지원금을 확보할 수 있는 기회를 찾을 수 있다.

요약하면, 특허 분석을 통한 기술 동향 파악은 기업이 기술 개발 전략을 세우고, 경쟁사와의 차별화, 기술 혁신, 리스크 관리, 그리고 시장 기회 탐색 등에서 중요한 역할을 한다. 특허는 기술적 혁신의 방향을 제시하는 중요한 정보원이므로, 이를 제대로 분석하면 기업의 미래 성장 가능성을 높이고 기술 경쟁력을 강화할 수 있다.

### 3) R&D와 특허 전략의 연계

성공적인 R&D와 특허 전략 연계는 다음과 같은 주요 요소를 포함한다.

- **지속적인 혁신:** 퀄컴과 삼성전자는 모두 꾸준한 R&D 투자를 통해 핵심 기술을 개발하고, 이를 특허로 보호함으로써 기술 리더십을 유지했다.
- **기술 표준화 참여:** 퀄컴은 이동통신 표준 기술 개발에 적극적으로 참여하여, 자사 기술을 표준화하는 데 성공했고, 이는 라이선스 수익의 중요한 원천이 되었다.
- **특허포트폴리오 관리:** 삼성전자는 다양한 기술 분야에서 강력한 특허포트폴리오를 구축함으로써, 경쟁 기업과의 협상에서 우위를 확보하고 특허 분쟁에서 효과적으로 방어할 수 있었다.

결론적으로, R&D와 특허 전략의 연계는 기업이 혁신을 보호하고, 이를 기반으로 시장에서 수익을 창출하며, 경쟁 우위를 강화하는 데 중요한 요소이다. 퀄컴과 삼성전자의 사례는 이러한 전략이 성공적으로 작동할 때 기업의 지속 가능한 성장에 얼마나 큰 기여를 할 수 있는지를 잘 보여준다.

## 2. 기술혁신의 특허

기술혁신(technological innovation)은 새로운 기술을 개발하거나 기존 기술을 개선하여 제품, 서비스, 생산 공정, 비즈니스 모델 등에 적용함으로써 경쟁 우위를 확보하고, 더 나은 가치를 창출하는 것을 의미한다. 이러한 기술혁신은 기업의 성장을 촉진하고, 시장에서의 경쟁력을 강화하는 핵심 요소이다.

## 1) 기술혁신과 특허

### (1) 혁신적 사고

#### ① 혁신적 사고의 전개

혁신적 사고(innovative thinking)는 기존의 관념이나 방식에 얽매이지 않고 새로운 아이디어를 창출하고, 문제를 해결하는 창의적이고 전략적인 사고 방식을 뜻한다. 이는 단순히 새로운 기술을 개발하는 것뿐만 아니라, 그 기술을 효과적으로 적용하고 상업적 가치를 실현하는 것을 포함한다.

혁신적 사고를 전개시킬 수 있는 방법으로 다음과 같은 예를 생각해 볼 수 있다.

- **다양한 관점 수용**: 여러 배경과 전문성을 가진 사람들과 협력하여 서로 다른 관점을 공유함으로써 새로운 아이디어를 도출한다.
- **지속적인 학습과 탐구**: 기술적 트렌드를 꾸준히 학습하고, 새로운 분야에 대한 호기심을 바탕으로 실험적인 접근을 시도한다.
- **실패를 수용하는 문화**: 실패를 두려워하지 않고, 실패를 통해 배우는 조직 문화를 조성한다.
- **디자인 싱킹(Design Thinking)**: 사용자 중심의 문제 해결 방법론으로, 문제를 정의하고 다양한 해결책을 빠르게 시도하여 최적의 솔루션을 찾는다.
- **오픈 이노베이션(Open Innovation)**: 내부뿐만 아니라 외부 자원을 적극적으로 활용하여 혁신을 추구하는 방법으로, 외부의 아이디어와 기술을 통합해 혁신의 속도를 가속화한다.
- **지적 생산 기술**[2]: 지적 생산이란 지식을 사용해 가치를 창출하는 것이다. 다른 사람이 제공한 지식을 사용하기만 해서는 큰 가치를 창출할 수 없다. 따

2) 엔지니어의 지적생산술을 의미함(式会社技術評論社, 2018).

라서 스스로 새로운 지식을 창출하는 것이 가치 있는 지적 생산을 위해 중요하다.

② 지적 생산 기술

지적 생산 기술에 대한 예를 프로그래밍 할 때의 경우루 생각해 보자. 샘플 코드를 그대로 복사하는 것만으로는 대부분의 경우 원하는 목적을 달성할 수 없다. 목적을 달성하려면, 샘플 코드를 분석해 이해하고, 자신이 처한 상황에 맞게 수정하고 결합해 새로운 프로그램을 만들어야 한다. 지적 생산 기술도 마찬가지이다. 지적 생산 기술을 생각해 나가는 과정에서 '학습 방법'을 배우는 것은 매우 중요하다. 프로그래밍 학습 과정을 다시 예로 들어 보면 '정보 수집', '모델화', '검증'이라는 세 가지 요소의 반복을 생각할 수 있다. 프로그래밍을 배울 때, 많은 경우 먼저 다른 사람들이 작성한 프로그램을 읽게 된다. 뿐만 아니라, 이를 그대로 따라 입력하게 된다. 이것이 바로 "구체적인 정보 수집" 단계에 해당한다고 볼 수 있다. 구체적인 정보 수집이 진행되어, 수집자의 뇌에 자료가 충분히 모이면, 다음으로 추상화가 발생하게 된다. 추상화는 여러 구체적인 정보에서 공통되는 패턴을 찾아내고, 중요한 부분과 부차적인 부분을 구분하게 된다. 결국 프로그래밍 학습은 구체적인 정보 수집, 비교를 통한 패턴 발견, 실행 및 검증의 반복을 통해 이루어진다. 이 과정을 반복함으로써 새로운 프로그램을 창출할 수 있는 능력이 강화된다고 볼 수 있다. 지적 생산 기술의 학습도 마찬가지이다. 구체적인 정보 수집, 정보를 비교하여 패턴을 발견하고, 실행하여 검증하는 과정을 반복함으로써 학습해 나간다.

### (2) 기술혁신 방법론

기술혁신 방법론으로는 대표적으로 '애자일 방법론', '린스타트업 방법론', '트리즈 방법론'을 예로 들 수 있다.

- **애자일(Agile) 방법론**: 소프트웨어 개발에서 비롯된 방법으로, 작은 단위(예

를 들어, 제품개발기간)로 제품을 빠르게 개발하고, 피드백을 통해 지속적으로 개선해 나가는 방식이다. 변화에 유연하게 대응할 수 있는 것이 특징적이다.

- **린스타트업(Lean Startup) 방법론**: 고객의 요구에 맞춘 최소 기능 제품(MVP)을 빠르게 제시하고, 이를 바탕으로 지속적인 피드백을 반영하여 제품을 개선해 나가는 방법론이다.
- **트리즈(TRIZ) 방법론**: 창의적 문제 해결을 위한 이론으로, 문제 해결을 위한 패턴을 도출해내는 방법론이다. 발명과 혁신의 원리를 기반으로 문제를 체계적으로 해결할 수 있다.

## 2) 발명과 특허

### (1) 기술혁신을 통한 발명

발명은 기존의 과학 지식과 결합된 최초의 기술적 변환을 나타내는 기술 혁신을 의미한다.

#### ① 기술혁신의 발전

기술의 발전은 일반적으로 도입기, 성장기, 성숙기, 쇠퇴기의 과정을 거친다. 하나의 단위 기술은 새로운 또 다른 단위 기술이 대체해 가는 과정에서 기존 기술의 기술발전이 연속해서 발생하는 경우 지속적인 개선인 점진적 혁신이 한계에 이르고 전혀 다른 새로운 기술, 즉 급진적 혁신에 의한 발전이 일어나게 된다.

#### ② 기술혁신의 수명 주기

기술혁신의 수명주기는 연구개발대상 기술의 발전 가능성을 미리 알아낼 수도 있다. 일반적으로 모든 기술수명곡선은 다음 아래 [그림 3-1]과 같이 S자형을 따른다.

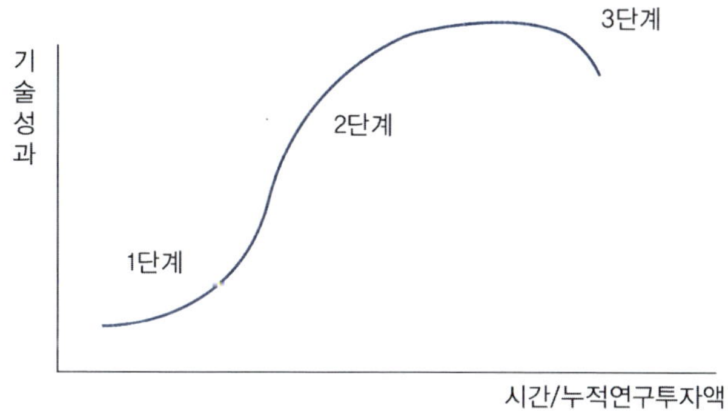


**[그림 3-1]** 일반적인 기술 성장 곡선

1단계에서는 기술성과가 명확하지 않고 투자를 해도 쉽게 기술성과를 거둘 수 없다. 즉 1단계의 기술은 유망기술(Emerging Technology)로 과도한 투자효과를 기대해서는 안 되며 유능한 연구원 또는 연구팀에게 일정한 자원을 배분하여 관리할 필요가 있다.

2단계에서는 상대적으로 적은 투자로 높은 성과를 거둘 수 있다. 2단계에서의 초기 기술은 향후 발전 가능성이 있는 조정기술(Pacing Technology)로 대규모 투자가 요구되므로 투자효과를 최대화할 수 있는 전략적 경영판단이 필요하다. 2단계 후기 기술은 경쟁사와의 차별화를 시도할 수 있는 핵심기술로 변화될 수 있다.

마지막 3단계에서는 투자를 해도 기술적인 성과를 기대하기 어려운 시기이다. 그러나 사업 전체를 지원하는 기업의 기반 기술로 변화하는 시기이기도 하다.

이러한 단계별 기술수명주기의 변화에 따른 기술 변화를 다음과 같은 관계로 정리할 수 있다.

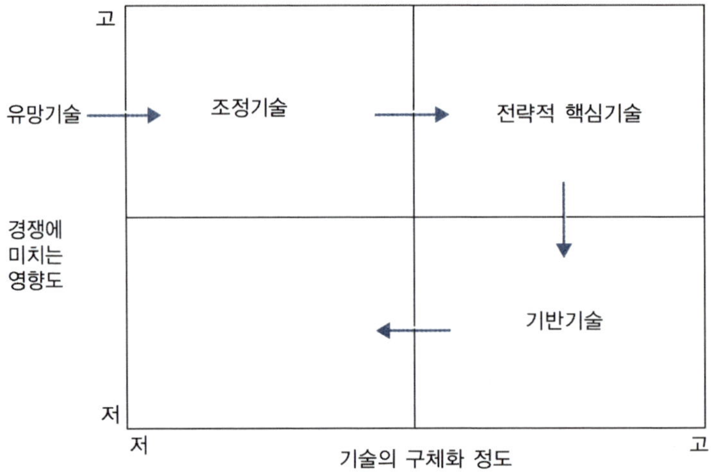


**[그림 3-2]** 기술수명주기의 변화에 따른 기술 변화

출처: 신용하 외(2001). 신기술경영.

'유망기술'을 정의하기를 '기술이 아직 구체화되지 않은 기술'이라 했으며, 또한 '조정기술'은 연구개발을 통해 보다 발전되어 제품이나 공정에 쓰이기는 하지만 아직 미숙한 상태로 남아 있는 기술로, 향후 경쟁을 변화시킬 가능성이 있고 보다 대규모의 연구개발 투자를 필요로 한다(신용하 외, 2001). 경쟁력이 있는 '유망기술'을 발굴하기 위해서는 무엇보다도 기업이 보유하고 있는 기술에서 파생되거나 연계될 수 있는 기술을 찾는 것이 비용이나 시간 측면에서 모두 바람직 할 것이다. 이러한 '유망기술'이 발굴되고 이 유망기술이 아직 구체화 정도가 낮지만 경쟁력 있는 기술로 발전할 수 있는 '조정기술'을 거쳐 전략적으로 활용할 수 있는 '핵심기술'로 키워질 때 관련 제품이나 서비스가 개선되고 차별화되며 경쟁우위에 서게 될 것이다. 따라서 유망기술의 발굴은 차기 연구개발 및 제품 개발에 있어서 늘 고민하고 연구해야 하는 대상이다. '기반기술'은 핵심기술이 널리 보급되어 더 이상 차별화가 되지 못할 경우를 말한다면 기술 경쟁력 우위에서는 비록 유효하지 못하더라도 기업의 경영 활동에는 상당 부분 기여할 수 있을 것이다. 그러므로 '유망기술'에서 '조정기술' 그리고 '핵심기술'에서 '기반기술'로의 이행은 선순환적 연구개발을 전제로 할 때 또 다시 다른 유망기술에 기여할 가능성 크므로 중요하다.

### (2) 기술혁신의 산물로서의 특허

특허는 기술혁신의 중요한 산물로서, 발명이나 새로운 기술을 보호하는 법적 장치로 사용된다. 기술혁신의 과정에서 탄생한 독창적 아이디어나 발명은 기업이나 개인에게 큰 경제적 가치를 가져다 줄 수 있다. 이러한 발명은 시장에서 경쟁력을 가지기 위해 보호되어야 하며, 특허 제도는 이를 실현하는 핵심적인 도구이다.

#### ① 기술혁신과 특허의 상호작용

기술혁신은 새로운 제품, 프로세스, 서비스 등을 창출하는 과정이다. 이러한 혁신은 기술적 발전, 창의적 아이디어, 연구개발의 결과로 나타난다.

특허는 이러한 혁신의 결과물인 발명을 보호하는 법적 장치로, 발명자가 일정 기간 동안 독점적인 권리를 보유하게 한다. 이를 통해 발명자는 자신이 개발한 기술을 다른 사람들이 무단으로 사용하거나 복제하지 못하게 할 수 있다.

특허는 발명에 대한 보호를 제공하는 동시에, 발명을 공개함으로써 다른 사람들이 해당 기술을 참고하여 추가적인 혁신을 일으킬 수 있는 기회를 제공한다. 이는 기술의 발전을 촉진하는 메커니즘으로 작용한다.

#### ② 특허의 경제적 가치

특허를 통해 발명자는 자신의 기술을 상업적으로 활용할 수 있는 독점적 권리를 가진다. 이는 기업에게 큰 경쟁 우위를 제공하며, 다른 기업이 그 기술을 사용하려면 라이선스를 받아야 하므로 발명자는 로열티 수입을 얻을 수 있다.

특허는 또한 투자 유치에 중요한 역할을 할 수 있다. 발명과 기술이 특허로 보호받고 있다는 것은 투자자들에게 안정적인 투자 환경을 제공하며, 기술의 상업적 잠재력을 극대화할 수 있다는 확신을 줄 수 있다.

#### ③ 특허가 기술혁신에 미치는 긍정적 영향

- **혁신 촉진:** 특허 제도는 발명자가 자신의 연구개발 성과를 보호받을 수 있도

록 함으로써 더 많은 혁신 활동을 유도한다. 발명자는 자신이 개발한 기술이 보호받는다는 확신을 가지고 자원을 투입할 수 있다.

- **지식의 공개와 공유:** 특허는 발명의 상세한 내용을 공개하도록 요구한다. 이를 통해 기술 정보가 사회에 축적되고, 다른 연구자나 기업이 해당 기술을 바탕으로 추가적인 혁신을 도모할 수 있다.
- **경쟁 촉진:** 특허를 통해 보호받는 기술은 다른 기업들에게 기술적인 도전을 주며, 경쟁 기업들은 이를 넘어서기 위해 더 나은 기술을 개발하는 데 집중하게 된다.

#### ④ 특허의 부정적 측면

특허는 일정 기간 동안 독점권을 부여하므로, 일부 경우 기술 혁신이 아닌 기존의 기술을 단순히 독점하려는 시도로 악용될 수 있다. 이로 인해 시장에서의 경쟁이 제한되고, 다른 기업의 혁신 활동이 저해될 수 있다.

또한, 특허권 남용이나 과도한 권리 주장으로 인해 많은 특허 분쟁이 발생할 수 있다. 이는 혁신의 동력을 떨어뜨리고, 기업 간의 법적 분쟁으로 인해 시간과 자원을 낭비하게 만들 수 있다.

요약하면, 특허는 기술혁신을 촉진하고 보호하는 중요한 도구로 작용한다. 특허를 통해 발명자는 독점적 권리를 보유하여 기술적, 경제적 가치를 극대화할 수 있고, 이는 사회적으로도 기술 발전과 경제 성장을 촉진하는 역할을 한다. 다만, 특허권 남용이나 독점에 대한 우려가 있는 만큼, 균형 잡힌 특허 제도가 필요하다.

### 3) 혁신 기업의 사례

기술혁신을 이룬 대표적인 기업으로 애플, 테슬라, 아마존을 예로 들 수 있다.

### (1) 애플(Apple)

애플은 기술 혁신의 대표적인 기업으로, 특히 스마트폰 시장에서의 혁신을 통해 전 세계적인 성공을 거두었다. 2007년에 처음 출시된 아이폰은 터치스크린 방식의 사용자 인터페이스와 모바일 앱 스토어의 개념을 도입하며 기존의 휴대전화 개념을 혁신했다. 애플은 디자인, 사용자 경험, 소프트웨어와 하드웨어의 완벽한 통합을 통해 기술 혁신을 이뤄냈다.

### (2) 테슬라(Tesla)

테슬라는 전기차 산업에서 혁신을 이루어낸 또 다른 대표적인 기업이다. 기존의 자동차 제조 방식과는 다른 배터리 기술과 자율주행 시스템, 소프트웨어 업데이트를 통해 자동차를 '기술' 제품으로 재정의했다. 이를 통해 전기차가 주류 시장으로 들어오게 되었으며, 전 세계적인 친환경 자동차 산업의 성장을 촉진했다.

### (3) 아마존(Amazon)

아마존은 전자상거래 시장에서의 혁신으로 잘 알려져 있으며, 특히 AI와 로봇 기술을 활용한 물류 시스템의 혁신을 통해 빠르고 효율적인 배송 시스템을 구축했다. 또한 아마존 웹 서비스(AWS)를 통해 클라우드 컴퓨팅 시장에서 큰 성공을 거두었으며, 이는 많은 기업이 디지털 전환을 통해 성장할 수 있는 기반을 마련해 주었다.

이와 같이 기술혁신은 기업의 지속적인 경쟁력 확보와 성장을 위한 중요한 요소이다. 이를 위해서는 창의적 사고와 효율적인 문제 해결 방식이 필수적이다. 이러한 혁신을 통해 기업은 시장을 선도하고, 새로운 가치를 창출할 수 있는 것이다.

# 3. 특허기반의 R&D 기획

특허기반의 R&D 기획은 기업이나 연구 기관이 기술 개발 전략을 수립할 때, 특허데이터를 활용하여 경쟁력을 높이는 방법이다. 이를 절차적으로 구성하면, 체계적이고 효율적으로 R&D 기획을 할 수 있다.

## 1) 연구개발(R&D)과 특허

### (1) 단계별 연구개발과정

연구개발과정의 각 단계는 서로 간에 긴밀하게 연계를 맺고 있으며 상호간 정보의 피드백이 활발하게 이루어져야 한다. 이와 같은 연구개발활동의 과정은 지식재산 관련 부서와의 효율적 연계 등이 필요하다. 이에 대하여 좀 더 자세히 살펴보기로 한다.

#### ① 아이디어 창출

아이디어란 새로운 기술적 업무를 수행하기 위한 실질적 혹은 잠재적 제안을 의미한다. 그러나 이러한 아이디어는 연구개발 프로젝트를 거치기 전에 반드시 선행기술조사를 통해 검토되어야 하는데, 이는 시장에서 판매될 제품이나 서비스의 중복성을 사전에 방지하기 위함이다. 이러한 아이디어 창출(idea generation)은 연구개발조직뿐만 아니라 기업의 모든 구성원 더 나아가 기업 외부의 이해관계자로부터 이루어진다. 일반적으로 연구개발조직 내의 연구원들은 연구개발 프로젝트로 변환될 아이디어의 주요 원천이기도 하지만, 지식재산 담당자, 생산담당 부서의 종업원, 판매담당 종업원, 소비자 등도 대단히 중요한 아이디어를 제공해 줄 수 있다. 특히, 이러한 아이디어에 대해 선행기술조사를 통해 그 아이디어와 유사한 아이템이 먼저 선행되었는지를 알아보는 것은 매우 중요하다.

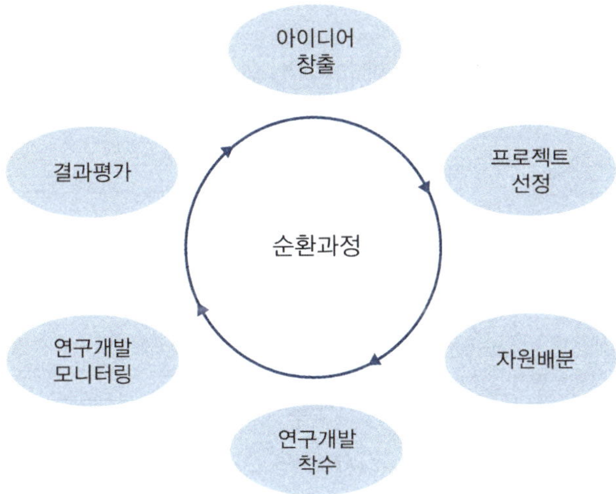


**[그림 3-3]** 연구개발과정(R&D process)

출처: 김성호(2013). 기술경영기반의 특허경영.

### ② 프로젝트 선정

프로젝트 선정(project selection)은 기업이 추진하려는 여러 개의 연구개발 프로젝트 후보들을 경제적, 기술적 측면에서의 포트폴리오를 평가하여 가장 성공 가능성이 높은 프로젝트들을 선정하는 것이다. 이를 바탕으로 기업은 반드시 추진하여야 할 과제, 향후 추진할 과제, 추진하지 않을 과제로 나누게 된다.

프로젝트의 선정은 다양한 요소들을 고려하여야 하는데, 대표적인 요소들을 살펴보면 프로젝트의 결과로 나타날 제품 및 서비스의 우수성 및 독창성, 프로젝트에 투자될 자원의 양, 프로젝트의 회사에 대한 신규성, 제품 및 서비스의 성장 가능성 등을 들 수 있다.

### ③ 자원의 배분

연구개발 프로젝트가 선정되면 선정된 프로젝트에 대해 자원을 배분하여야 할 것이다. 여기에서의 자원은 연구개발인력과 연구개발예산으로 나누어 볼 수 있다. 일반적으로 이와 같은 자원배분은 기업의 연구개발예산(R&D budget) 전체가 결정되어 있고 이들은 개별 연구개발 프로젝트에 배분하게 된다.

④ 연구개발활동의 착수

연구개발 프로젝트에 자원이 배분되면 실질적인 연구개발활동이 수행되게 된다. 이를 위해 연구개발 프로젝트 팀(project team)이 구성되고 연구개발 프로젝트의 리더가 선정된다. 연구개발 프로젝트의 리더는 프로젝트와 관련된 제반 사항을 총괄하고 책임을 지는 사람이다.

⑤ 연구개발활동의 모니터링

일반적으로 중간평가가 중요한 문제로 대두된다. 연구개발활동의 중간평가(interim evaluation)에서는 현재 추진 중인 프로젝트를 기술적, 경제적 측면에서 면밀히 검토하여 프로젝트의 성공 가능성을 더욱 심층적으로 파악한 후 계속 추진할 것인가 중단할 것인가를 결정하여야 한다.

이와 같은 연구개발 프로젝트의 관리에는 스코어링법, 체크리스트법 등 다양한 기법을 사용할 수 있다. 아울러 연구개발활동의 효과적인 일정관리도 매우 필요하다. 이 같은 일정관리기법으로는 Gantt Chart 기법, PERT기법 등이 있다.

⑥ 연구개발활동의 결과평가

연구개발활동이 종료되면 프로젝트의 결과에 대하여 평가를 하여야 한다. 연구개발활동이 종료되면 프로젝트를 둘러싼 위험도 해소되고, 필요한 자원도 모두 사용되었다는 점에서 체계적인 사후평가가 이루어져야 한다. 기업은 사후평가를 통해서 프로젝트의 성공과 실패에 관한 학습을 하여 향후 연구개발과정의 효율성 제고에 기여를 하여야 할 것이다. 이와 같은 사후평가의 체계적인 수행은 연구개발활동의 가치를 제고하고 연구개발결과의 새로운 제품과 서비스로의 효과적인 이전을 가능하게 해준다.

### (2) 연구개발 관리의 통합성

연구개발활동을 성공적으로 추진하기 위해서는 무엇보다도 연구개발과 마케팅과의 통합성을 가져야 한다. 이는 기술경영의 통합성으로도 볼 수 있지만, 또한 전략적으로 특허경영과 연계시켜야 하는 매우 중요한 문제를 갖고 있다. 왜냐하면 특허경영의 요체는 차별화된 새로운 제품, 공정, 서비스를 전제로 한 강건 특허를 그 기반으로 하고 있으며, 연구개발 초기부터 이러한 강건 특허를 목표로 해야만 시장에서 성공을 거둘 수 있기 때문이다. 그러나 이같은 특허경영의 문제는 경영자의 비전 및 특허 정책, 기술전략, 인적자원의 적절한 배분 등을 통해 해결해야 한다.

따라서 연구개발활동은 기업 및 사업부의 비전 및 기술전략에 바탕을 두고 수행되어져야 한다. 어떠한 연구개발 프로젝트를 추진할 것인가의 문제는 기업 및 사업부 경영자의 전략적 판단에 달려 있다.

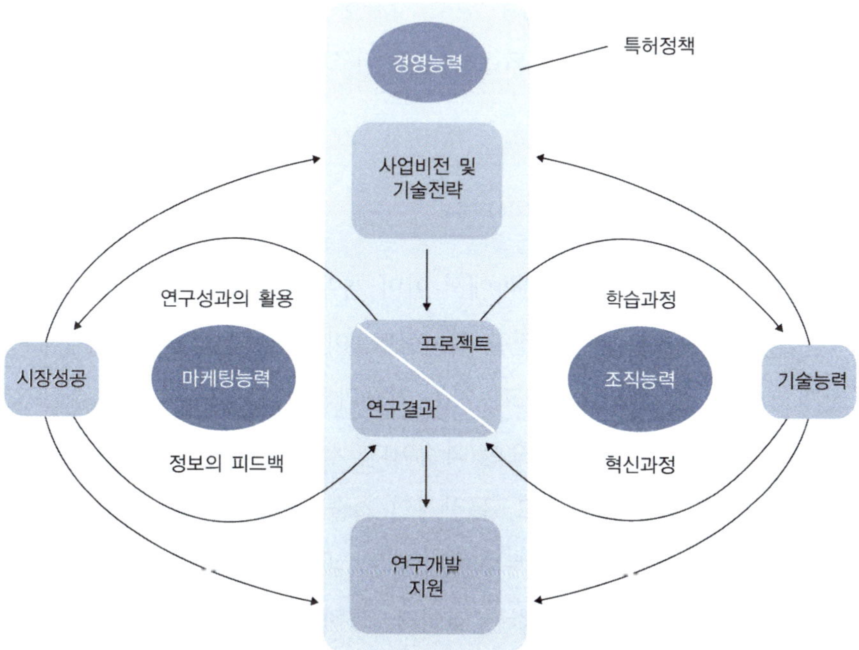


**[그림 3-4]** 특허 정책 기반의 연구개발관리

출처: 김성호(2013). 기술경영기반의 특허경영.

[그림 3-4]의 가운데 부분에서 보는 것과 같이, 사업비전과 기술전략, 그리고 연구개발지원은 특허 정책 기반에서 이루어져야 하고, 기술경영조직, 특히

지식재산경영(특허경영)조직에 의해서 다루어져야 한다. 왜냐하면, 기업의 경영성과 극대화를 위한 기술전략은 기술혁신을 통해서 가능한 일이고, 이러한 기술혁신은 특허경영의 요체이며 특허를 기반으로 하고 있기 때문이다.

## 2) 단계별 R&D 기획

### (1) 기술 스코핑 및 시장 분석

R&D 기획의 목표를 명확히 설정하는 것은 매우 중요하다. 목표는 새로운 기술 개발, 기존 기술의 개선, 또는 특정 시장에 대한 진입 전략 등일 수 있다. 다음으로 해야 할 일이 기술 트렌드 분석으로 현재 기술의 발전 방향과 주요 동향을 파악하기 위해 특허데이터를 분석한다. 이를 통해 개발 중인 기술이 산업 내에서 얼마나 중요한지, 향후 발전 가능성이 있는지 등을 검토하는 것이 필요하다. 이때, 시장에서 요구되는 기술적 니즈와 시장 동향을 분석하여 R&D 기획의 방향성을 설정한다.

### (2) 선행기술조사

선행기술조사는 특정 기술 분야에서 이미 개발되었거나 특허로 보호받고 있는 기존 기술들을 조사하는 과정을 의미한다. 이는 새로운 기술을 개발하기 전에 현재 기술의 현황을 파악하고, 기존 기술과의 중복이나 특허 침해 위험을 사전에 방지하기 위해 매우 중요한 과정이다. 선행기술조사를 통해 해당 분야에서의 기술 경쟁력을 평가하고, 독창적인 기술 개발 방향을 설정할 수 있다.

선행기술조사에서 중요한 검토 사항으로는 검색된 특허와 논문을 분석하여, 기존 기술과의 차별화 요소를 찾는 것이다. 특히, 해당 기술이 기존 특허와 중복되는지, 또는 특허 침해 가능성이 있는지 검토하는 것은 매우 중요한 일이다.

마지막으로, 선행기술조사 결과를 종합하여 중복된 기술, 잠재적 특허 침해 위험, 경쟁 기술의 강점과 약점 등을 분석한 보고서를 작성한다.

무엇보다도, 선행기술조사를 통해 특허를 침해할 가능성을 찾아내고 필요한 경우 특허 침해 회피설계를 구현함으로써 사전에 원천적으로 특허 침해를 차단하여 법적 분쟁을 예방하는 것이 제일 중요하다. 이로 인해, 개발하고자 하는 기술의 상업적 가능성을 높이고, 더욱이 연구개발 비용과 시간을 절약할 수 있다는 점에서 매우 큰 의미가 있다.

### (3) 기술 격차 분석(Gap Analysis)

기술 포트폴리오 분석을 통해 보유 기술과 경쟁사 보유 기술을 비교하여 기술적 강점과 약점을 분석한다. 이를 통해 개발이 필요한 기술 영역을 파악한다. 특히, 현재 보유 기술과 목표 기술 사이의 격차를 분석하고, 이를 메우기 위한 R&D 목표를 설정할 필요가 있다. 또한, 현재 시장에서의 경쟁사들이 어디에 집중하고 있는지도 파악하여 R&D의 우선순위를 정한다.

### (4) R&D 전략 수립

특허 분석 결과를 기반으로, 어떤 기술에 대한 연구를 우선시할 것인지 정한다. 이때, 중복 개발을 피하고, 기존 기술을 개선하거나 새로운 기술을 개발하는 것을 함께 고려한다. 필요한 경우, 경쟁사 또는 외부 기술 보유자와의 협력이나 라이선싱 계약을 통해 기술을 확보하는 전략도 고려할 수 있다.

### (5) 실행 계획 수립 및 실행

이제, 구체적인 연구개발 프로젝트의 실행 계획을 수립해야 한다. 시간 계획, 자원 배분, 인력 관리 등을 포함한 종합적인 프로젝트 계획을 수립한다. 성공적인 실행을 위해서는 R&D 진행 상황을 지속적으로 모니터링하고, 필요에 따라 전략을 수정한다.

### 3) 실무적 접근 방법

#### (1) 특허 검색 및 분석 도구

- KIPRIS[3]: 한국에서 제공하는 특허 정보 검색 서비스로, 국내외 특허를 검색하고 분석하는 데 유용하다.
- WIPO PATENTSCOPE[4]: 세계지식재산기구(WIPO)에서 제공하는 글로벌 특허 검색 도구이다. 국제 특허데이터를 기반으로 기술 분석을 수행할 수 있다.
- Google Patents: 구글 특허 검색 도구로, 전 세계 특허 정보를 쉽게 검색할 수 있으며, 다양한 분석 툴과 연결 가능하다.

#### (2) 특허 분석 및 맵핑 도구

다음은 해외의 경우이다. 국내에도 여러 업체의 소프트웨어/플랫폼이 있으며 필요에 따라 서로 보완적으로 이용해 보는 것도 객관적인 측면에서 합리적일 수 있다.

- Innography[5]: 글로벌 특허 및 산업 데이터를 분석할 수 있는 도구로, 기술의 발전 트렌드를 시각화하고 특허 맵을 작성하는 데 유리하다.
- Thomson Innovation[6]: 특허데이터뿐만 아니라 비즈니스 인텔리전스 및 과학 데이터를 통합적으로 분석하는 데 활용할 수 있는 툴이다.

#### (3) R&D 관리 및 협업 도구

다음은 해외 업체로 참고해 볼 수 있겠다.

- Asana, Trello: R&D 프로젝트 관리 및 협업을 위한 도구로, 연구 개발 진행

---

3) https://www.kipris.or.kr/khome/main.do 참조.

4) https://www.wipo.int/en/web/patentscope 참조.

5) https://app.innography.com 참조.

6) https://innovation.thomsonreuters.com/en.html 참조.

상황을 팀 내에서 관리하고 의사소통을 원활하게 할 수 있다.

- JIRA: 소프트웨어 개발 과정에서 발생하는 문제점과 이슈를 추적하고 관리하는 데 유용한 도구이다.

### (4) 기술 격차 분석 도구

- SWOT 분석: 특허 분석 결과와 내부 기술을 바탕으로 강점, 약점, 기회, 위협을 평가하는 전통적인 기법이다.
- 기술 성숙도 평가: 특정 기술의 현재 성숙도를 평가하여 R&D의 필요성을 판단하고, 기술 개발의 우선순위를 설정하는 방법이다.

### (5) 기타 전략적 도구

#### ① 포트폴리오 매트릭스(Boston Consulting Group, BCG 매트릭스)

개발할 기술의 우선순위를 결정하기 위해 시장 성장률과 시장 점유율을 고려한 매트릭스이다.

#### ② 특허기술로드맵 작성

기술 개발의 단계별 계획을 수립하여, 장기적인 기술 발전 전략을 수립하는 데 사용된다.

특허기술로드맵(Patent Technology Roadmap)은 특정 기술 분야에서의 특허 및 기술 발전 방향을 시각적으로 나타내는 전략적 도구로 기술 개발 계획과 특허 전략을 효과적으로 수립하고, 장기적인 기술적 우위를 확보하기 위한 중요한 기획 도구이다. 이를 통해 기업이나 연구기관은 특정 기술 분야에서의 발전 흐름을 이해하고, 미래 기술 개발 방향을 설정하며, 특허포트폴리오를 체계적으로 관리할 수 있다.

특허기술로드맵은 주로 다음과 같은 역할을 한다.

- **기술 개발 전략 수립**: 기술 개발의 장기적인 방향을 설정하고, 언제 어떤 기

술을 개발해야 할지 계획을 수립하는 데 도움을 준다.

- **특허포트폴리오 관리:** 기업의 특허포트폴리오를 효율적으로 관리하여, 기술 개발과 함께 특허 보호 전략을 세울 수 있다.
- **경쟁 분석:** 경쟁사의 특허 현황과 기술 동향을 분석하여, 미래 기술 트렌드를 예측하고 대응 전략을 수립할 수 있다.

이러한 로드맵을 구현하기 위해서 다음의 단계별 전개가 필요하다.

- **목표 설정 및 범위 정의:** 먼저 로드맵의 목적을 정의하고, 어느 범위에서 특허 및 기술을 분석할지 결정한다. 특정 기술 분야나 시장을 설정하여, 해당 분야에서의 특허 및 기술 개발 계획을 수립한다.
- **기술 분야 및 기간 설정:** 기술 로드맵을 작성할 기술 분야를 명확히 정의하고 단기, 중기, 장기적 기술 개발 목표를 설정한다.
- **기술 및 특허 현황 분석:** 현재 개발된 기술 및 특허의 현황을 분석하고, 해당 기술이 어떻게 발전해 왔는지 파악한다.
- **주요 특허 분석:** 해당 기술 분야에서 출원된 주요 특허를 분석하고, 어떤 기술적 트렌드가 있는지 파악한다.
- **기술 성숙도 분석:** 기술이 어느 단계까지 발전해 왔는지, 그리고 앞으로 어떤 방향으로 발전할 가능성이 있는지 분석한다.
- **미래 기술 트렌드 예측:** 시장 동향, 기술 개발 흐름, 경쟁사 전략 등을 종합적으로 분석하여 미래 기술 트렌드를 예측한다.
- **시장 및 기술 동향 분석:** 기술 로드맵에 반영될 미래 기술 트렌드를 예측하고, 산업의 요구와 함께 분석한다.
- **기술 개발 및 특허 전략 수립:** 로드맵을 바탕으로 기술 개발 및 특허 전략을 수립한다. 어떤 기술을 언제 개발할지, 그리고 그 기술을 보호하기 위한 특허 전략을 어떻게 구성할지 결정한다.
- **개발 우선순위 설정:** 개발해야 할 기술의 우선순위를 설정하고, 단계별 개발

목표를 세운다.

- **특허포트폴리오 구성**: 개발된 기술에 대해 적절한 특허 전략을 세워서 기술 보호 및 상용화 방안을 마련한다.

이와 같은 특허기술로드맵은 주로 시각적 도구로 활용하게 된다. 차트나 그래프 형식으로 기술 발전의 시간적 흐름을 나타내고, 특허와 기술의 상호 연관성을 시각적으로 표현하여 이해도를 높인다. 개발할 기술과 관련된 특허 확보 계획을 시각화하여, 언제 어떤 특허를 출원해야 할지를 명확하게 표현한다. 또한, 로드맵에 따라 기술 개발 및 특허 전략을 실행하고, 진행 상황을 지속적으로 모니터링하여 필요에 따라 조정한다. 궁극적으로는 이같은 로드맵을 통해 기술 개발과 특허 확보를 체계적으로 계획하고 관리하는데 의미가 있다.

위에서 설명한 내용을 바탕으로 특허기반의 R&D 기획을 요약하자면, 특허데이터를 활용하여 효율적인 기술 개발 전략을 수립하는 과정이다. 이를 위해 기술 스코핑, 특허 분석, 기술 격차 분석 등의 단계를 거쳐 R&D 전략을 수립하고 실행할 수 있다. 실무적으로는 KIPRIS, Google Patents와 같은 특허 검색 도구, 특허 분석 및 맵핑 도구, 그리고 프로젝트 관리 도구들이 R&D 기획에 유용하게 활용될 수 있다.

## 4. 사업화를 위한 R&D

### 1) 경제성 평가

사업화를 위한 연구개발(R&D) 과정에서 경제성 평가는 매우 중요한 단계이다. 경제성 평가는 개발된 기술이나 제품이 실제 시장에서 성공할 가능성과 수익성을 분석하는 과정으로, 이를 통해 R&D가 사업적으로 타당한지 여부를 평가한다. 구체적으로 경제성 평가는 기술적 타당성, 시장성 분석, 재무적 타당성 등을 포함하는 포괄적인 분석으로 이루어진다. 이러한 경제성 평가에 대한 방법론과 절차적 단계는 다음과 같다.

### (1) 기술적 타당성 평가

개발된 기술의 독창성, 경쟁력, 실현 가능성을 평가하는 것으로 기술의 현재 수준을 평가하고, 경쟁 기술 대비 우수성을 분석하며, 기술 개발 성공 가능성을 검토한다. 기술 개발 계획을 세우고 평가하는 과정에서 각 단계마다 구체적으로 살펴봐야 할 사항들은 다음과 같다.

#### ① 기술 개발 계획 검토

먼저 기술 개발의 최종 목표가 무엇인지 명확히 정의해야 한다. 이를 통해 R&D의 방향성을 확인하고, 개발 결과물이 목표와 일치하는지 평가할 수 있다. 목표로 하는 기술이 무엇인지, 기술의 적용 분야와 범위는 어떤지, 기술 개발이 해결하려는 문제는 무엇인지를 생각해야 한다. 또한, 기술 개발의 범위와 예상 일정을 구체화하여 프로젝트가 체계적으로 진행될 수 있도록 한다. 그 외 각 개발 단계에서 필요한 자원(인력, 장비, 재료 등)은 충분한지 검토하고 예산이 적절히 배정되었는지 확인해야 한다. 개발된 기술이 성공했는지 판단할 기준도 필요하다. 이를 위해 성과 지표를 설정하고 평가 방안을 마련한다.

#### ② 기술 실현 가능성 분석

개발하고자 하는 기술이 현재 어느 정도의 성숙도를 갖추고 있는지를 분석하는 기술 성숙도 평가(Technology Readiness Level, TRL)를 실시하여, 기술이 실현 가능한지 여부를 판단한다. 다시말해, 현재 기술의 개발 단계(아이디어, 프로토타입, 실험실 테스트, 시장 출시 준비 등)는 어디에 있는지를 검토한다. 아울러, 기술이 실제로 산업 현장이나 제품에 적용 가능한지를 검토한다. 뿐만 아니라, 기술 개발 후 상업화까지의 과정에서 기술이전이나 협업이 가능한지 평가한다.

### ③ 기술적 위험 요소 분석

기술 개발의 복잡도와 기술적 난이도를 분석하여 발생 가능한 위험 요소를 파악한다. 또한, 개발 과정에서 기술적 실패가 발생할 가능성을 분석하거나 또는 실패가 발생할 경우 이를 관리할 수 있는 방안을 마련한다. 그 외에도 기술 개발 과정에서 관련 규제나 법적 요건을 준수해야 하는지 분석한다.

### ④ 특허 및 지식재산권 조사

개발하려는 기술과 관련된 기존 특허를 조사하여, 중복되는 기술이나 침해 가능성이 있는지 파악한다. 해당 기술과 유사하거나 동일한 특허가 이미 존재하는지, 경쟁사들이 보유한 관련 특허는 무엇인지를 검토한다. 더욱이, 개발 중인 기술이 다른 기술이나 특허를 침해할 가능성이 있는지를 검토한다.

기술 개발 과정에서 발생하는 새로운 발명이나 아이디어를 보호하기 위한 지식재산권 전략도 수립한다.

위의 사항들을 꼼꼼히 검토함으로써, R&D 과정에서 기술의 사업화 가능성을 높이고, 경제성을 평가할 수 있다.

## (2) 시장성 분석

개발된 제품이나 기술이 시장에서 받아들여질 가능성과 시장 크기를 예측하는 것으로 시장 조사, 경쟁 분석, 고객 요구사항 분석 등을 통해 제품이나 기술의 잠재적 수요와 경쟁력을 평가한다. 평가는 다음과 같이 단계별로 분석한다.

- **목표 시장 선정:** 기술이 진입할 수 있는 시장을 정의하고 주요 타겟 시장을 분석한다.
- **시장 규모 및 성장 가능성 예측:** 해당 시장의 성장 가능성을 분석하고 수요 예측을 수행한다.
- **경쟁 분석:** 주요 경쟁사 및 경쟁 기술에 대한 분석을 통해 차별화 전략을 수

립한다.

- **고객 분석:** 잠재 고객의 요구사항을 파악하여 제품이나 기술이 제공할 수 있는 가치 제안(Value Proposition)을 정의한다.

### (3) 재무적 타당성 평가

R&D 결과물이 상업적으로 성공할 가능성과 투자 대비 수익성을 평가하는 것으로 비용 구조 분석, 수익 예측, 손익분기점(BEP) 분석, 내부수익률(IRR) 및 순현재가치(NPV) 분석 등 재무 지표를 활용하여 평가한다.

- **초기 투자 비용 분석:** R&D, 생산, 마케팅 등 초기 투자 비용을 산출한다.
- **운영비용 및 수익 예측:** 생산, 유지보수, 운영 비용을 추정하고, 향후 예상 매출을 예측한다.
- **손익분기점 분석:** 고정비용과 변동비용을 분석하여 손익분기점을 산출한다.
- **투자 회수 기간 분석:** 투자가 회수되는 시점을 예측하여 리스크를 관리한다.
- **내부수익률(IRR) 및 순현재가치(NPV) 분석:** 투자 프로젝트의 경제적 타당성을 결정하는 중요한 지표로서, 이 수치가 긍정적이면 사업 추진이 유망하다고 판단한다.

### (4) 위험 요소 분석

기술적, 시장적, 재무적 위험 요소를 식별하고 이를 완화할 방안을 마련하는 것으로 SWOT 분석, 시나리오 분석, 민감도 분석 등을 통해 잠재적 위험을 평가하고, 리스크 완화 전략을 수립한다.

- **리스크 파악:** 우선 각 단계에서 발생할 수 있는 위험 요소를 파악하여 우선순위를 정하고 그에 따른 리스크 대응 전략을 수립한다.
- **결론 도출 및 의사결정:** 종합적인 경제성 평가 결과를 바탕으로 사업화 가능 여부에 대한 결론을 내리고 의사결정을 지원한다.

- **경영진 보고 및 의사결정:** 경제성 평가 결과를 경영진에 보고하고, 최종 사업화 여부를 결정한다.

위의 절차와 방법론을 통해 R&D가 단순한 기술 개발을 넘어 사업화 가능성을 중심으로 한 명확한 방향성을 제시할 수 있으며, 경제성 평가를 철저히 수행함으로써 기술 상업화 성공 가능성을 높일 수 있다.

## 2) 사업화를 위한 기술이전

기술 상용화 과정에서 특허나 지식재산권 라이선스를 통한 추가적인 수익을 창출하려면, 기술이전 절차를 체계적으로 진행해야 한다. 기술이전은 기술 소유자가 기술을 필요로 하는 기업이나 기관에 기술을 양도하거나 사용권을 부여하는 과정이며, 이를 통해 양 당사자가 상호 이익을 얻게 된다.

### (1) 기술이전 절차와 단계별 이행사항

#### ① 기술가치 평가

기술이 어느 정도의 가치를 지니는지 평가하는 단계이다. 기술의 혁신성, 적용 가능성, 시장 잠재력, 경쟁력을 평가하여 기술이전의 가치를 결정한다.

#### ② 기술 보호 및 지식재산권 확보

이전할 기술의 지식재산권(특허, 상표, 저작권 등)을 확보하여 기술적 권리를 보호하고, 기술이전 계약을 안전하게 진행할 수 있도록 한다. 이때, 특허 출원 및 등록 완료를 선행시키고 기술 관련 계약서 작성 및 지식재산권 관리 체계를 마련하며 기술 관련 보안 관리 및 정보 유출 방지 대책도 수립한다.

#### ③ 기술이전 대상 선정 및 마케팅

기술 수요 조사를 통해 기술이전 대상을 선정하고 기술 마케팅 자료(기술 설명서, 발표 자료 등)를 준비 한다. 또한, 기술이전 홍보 및 전시회 참가 등을 통해서 잠재 고객과의 초기 접촉 및 상담을 시도한다.

#### ④ 기술이전 협상

기술이전의 세부 조건을 협의하는 단계로, 기술료, 계약 범위, 권리 및 의무 등을 논의하여 상호 합의에 도달한다. 그밖에, 기술 지원 서비스(교육, 컨설팅 등) 제공 여부, 기술이전 후 기술 업그레이드나 유지보수 조건 등을 협의한다.

#### ⑤ 기술이전 계약 체결

기술이전 협상이 완료된 후, 계약서에 양 당사자가 서명하여 법적 구속력을 갖추는 단계이다. 기술 사용 범위, 기술료 산정, 사용 기간, 기타 조건을 명시한 계약서 작성 및 검토를 하고 법적 자문 후 서명을 한다. 또한, 기술이전 이후 지식재산권 보호 및 관리 계획을 수립한다.

#### ⑥ 기술이전 및 이행 관리

기술이전 계약에 따라 기술이전이 이루어지며, 기술 수령자가 기술을 잘 활용할 수 있도록 지원하는 단계이다. 기술이전을 위해 기술 문서 제공, 교육 및 기술 지원 등을 이행하고 계약 이행 여부 모니터링(기술 사용 상태, 기술료 납부 확인)을 실시한다.

CHAPTER 04

# 특허정보

1. 특허정보의 중요성
2. 특허정보의 의미
3. 특허의 분류 체계
4. 특허분석방법

# CHAPTER 04 특허정보

특허정보는 기술 혁신과 경쟁 전략을 세우는 데 있어 매우 중요한 역할을 한다. 기술 개발을 진행하는 기업이나 연구자는 특허정보를 통해 자신들의 발명이 보호받을 수 있는지를 판단하고, 경쟁사들의 기술 동향을 파악할 수 있다. 이 장에서는 특허정보의 중요성, 의미, 분류체계, 분석방법에 대해 살펴보기로 한다.

## 1. 특허정보의 중요성

특허정보는 단순한 법적 보호 수단이 아니라, 기술과 관련된 귀중한 정보를 제공함으로써 의사결정에 큰 영향을 미친다. 특히, 특허정보가 중요한 이유는 다음과 같이 요약할 수 있다.

- **기술 혁신 파악:** 새로운 기술 동향과 시장 트렌드를 파악할 수 있는 중요한 자료
- **경쟁사 분석:** 경쟁사의 기술 전략과 강점/약점을 이해하고 이를 바탕으로 전략을 수립
- **리스크 관리:** 기술 개발 시 특허 분쟁을 피하기 위한 사전 예방 조치가 가능
- **사업 기회 발굴:** 특허 공백을 찾아 새로운 기술 개발 또는 투자 기회를 모색할 수 있음

### 1) 특허정보의 의의

이러한 특허정보는 특정 발명이 법적으로 보호받을 수 있는지를 판단하는 중요한 법적 자료일 뿐만 아니라, 산업계 전체의 기술 수준과 발전 방향을 보여주는 기술적 자료이기도 하다. 특허는 그 자체로 경제적 자산이 될 수 있으며, 정보 자산으로서의 특허는 다음과 같이 크게 4가지의 의의를 가질 수 있다.

#### (1) 법적 보호의 수단

특허 출원은 발명자가 자신들의 기술적 아이디어를 법적으로 보호받을 수 있는 수단을 제공한다. 이를 통해 발명자는 경쟁사나 타인이 자신의 발명을 무단으로 사용하는 것을 막을 수 있다.

#### (2) 기술 혁신의 기록

특허는 기술 혁신의 구체적인 내용을 문서로 남기는 역할을 한다. 특허 출원서에는 발명의 기술적 세부 사항이 기재되어 있어, 동일한 기술적 문제를 해결하려는 다른 개발자들이 이 기술을 참조할 수 있다.

#### (3) 경쟁 정보의 원천

특허정보는 산업 내 경쟁사들이 어떤 기술에 집중하고 있는지 파악할 수 있는 중요한 자료이다. 이는 기업이 경쟁우위를 확보하기 위한 전략을 세우는 데 필수적인 자원으로 사용된다.

#### (4) 사업 전략의 도구

특허정보를 통해 기술 공백(즉, 아직 개발되지 않은 기술 영역)을 찾을 수 있으며, 이를 기반으로 새로운 사업 기회를 탐색할 수 있다. 또한, 라이선스나 특허 매매 등을 통해 기술을 상용화하거나, 협력 관계를 구축할 수 있는 기회를 제공한다.

### 2) 특허정보의 역할

특허정보는 여러 가지 면에서 다양한 역할을 수행하며, 이는 특히 기업의 전략 수립과 연구개발(R&D)에서 중요한 영향을 미친다. 주요 역할은 다음과 같다.

- **기술 트렌드 분석 도구**: 특허정보를 분석함으로써 특정 기술 분야의 발전 경향을 파악할 수 있다. 이를 통해 새로운 기술 개발 방향을 예측하거나, 기업의 R&D 투자의 우선순위를 결정할 수 있다.
- **특허포트폴리오 관리**: 기업은 보유하고 있는 특허를 관리하고, 이를 통해 자산 가치를 극대화할 수 있다. 경쟁사들이 특허로 보호하는 기술과 자사의 특허를 비교하여 기술 경쟁력을 강화할 수 있다.
- **경쟁사 모니터링**: 특허정보는 경쟁사의 기술 전략을 모니터링하는 데 유용한 도구이다. 이를 통해 기업은 경쟁사가 어떤 분야에 연구개발을 집중하고 있는지, 그들의 기술력 수준은 어느 정도인지 파악할 수 있다.
- **분쟁 예방 및 리스크 관리**: 특허분쟁을 사전에 예방하기 위해 특허정보를 활용할 수 있다. 경쟁사 또는 타인에게 침해 소지가 있는 특허를 미리 파악하고 이에 대한 대응 전략을 수립할 수 있다.
- **특허 거래 및 라이선스 협상**: 특허는 독립적인 자산으로 거래되거나 라이선스 형태로 활용될 수 있다. 특허 정보를 활용하여 기업은 보유한 특허를 라이선스하여 추가적인 수익을 창출하거나, 필요한 기술에 대한 라이선스를 통해 기술력을 보강할 수 있다.
- **협력 및 파트너십 기회 창출**: 특허정보를 분석하여 유망한 파트너 기업이나 협력 기관을 찾을 수 있다. 특정 기술 분야에서 협업할 수 있는 기회를 발견하고, 이를 통해 기술 개발 및 상업화에 협력할 수 있다.

특허정보는 단순한 기술 문서가 아니라, 기술 혁신과 경쟁 전략을 이끄는 중요한 자원이다. 이를 적절하게 활용하는 기업이나 연구기관은 기술적 우위를 점하고, 시장에서의 경쟁력을 강화할 수 있다.

## 2. 특허정보의 의미

특허정보는 발명이나 기술 개발과 관련된 법적, 기술적, 경영적 정보를 포함하는 자료를 의미한다. 이는 특허청에 제출된 출원서, 등록서, 심사 과정의 내용 등을 포함하며, 산업계나 연구개발(R&D) 분야에서 매우 중요한 자원으로 사용된다. 특허정보는 크게 다음과 같은 요소들을 포함한다.

- **특허 출원서:** 발명의 내용, 발명의 범위 및 청구항이 포함된 문서
- **심사 정보:** 특허의 심사 과정에서 발생한 기록과 의견
- **법적 상태:** 특허가 등록된 상태, 유지/종료 여부 등의 정보
- **특허 인용:** 이전의 발명이나 기술을 인용한 내용
- **특허 분류:** 국제 특허 분류(IPC), 미국 특허 분류(USPC) 등으로 기술된 분류 정보

### 1) 데이터와 정보

#### (1) 데이터와 정보의 차이점

데이터는 특정 사실이나 사건을 나타내는 가공되지 않은 원천 자료이다. 데이터는 맥락 없이 존재하는 숫자나 단순한 기록일 수 있다. 예를 들어, “2023년 10월 12일 23°C”는 데이터이다.

정보는 데이터에 의미가 부여되고 맥락이 더해져서 해석 가능한 상태를 말한다. 따라서, 정보는 의사결정을 내릴 수 있도록 도와주는 실질적인 자원인 것이다. 예를 들어, “2023년 10월 12일 서울의 기온은 평균보다 2°C 높았다”는 데이터에 분석과 해석이 더해진 정보이다.

특허정보에서는 수많은 특허데이터를 모아서 이를 해석하고 분석하여 의미 있는 정보로 가공하는 과정이 중요하다.

### (2) 특허데이터의 정의

특허데이터는 특허 관련 서류, 심사 결과, 특허 유지 상태, 청구항 등의 법적 및 기술적 데이터를 총칭한다. 이 데이터는 구조화된 형태(예: 데이터베이스에 저장된 특허 출원번호, 출원일, 발명가 정보 등)로 관리된다. 특허데이터는 주로 다음과 같은 데이터를 포함한다.

- **기본 특허데이터:** 특허번호, 출원일, 등록일, 만료일 등
- **기술적 데이터:** 발명의 내용 및 청구항, 기술적 사양, 도면 등
- **인용 데이터:** 해당 특허가 인용한 다른 특허 또는 인용된 특허
- **법적 상태 데이터:** 특허의 상태(유지, 갱신, 종료 등)
- **발명가 및 출원인 정보:** 발명자, 출원 기업/기관 정보

### (3) 특허데이터의 정보화

특허데이터의 정보화는 방대한 양의 특허데이터를 분석 가능한 형태로 변환하여, 특정 기술 동향, 경쟁사 특허 전략, R&D 방향성 등을 파악하는 과정이다. 정보화는 데이터베이스 시스템을 활용하여 체계적으로 특허데이터를 저장, 관리, 분석하는 것을 포함한다. 주요 과정은 다음과 같다.

- **데이터 수집:** 국내외 특허청에서 제공하는 데이터를 수집하고 데이터베이스화
- **데이터 정제:** 중복된 데이터, 오류 데이터를 제거하고 일관성 있게 정리
- **데이터 분석:** 기술 동향 분석, 경쟁사 분석, 발명의 중복성 검토 등을 수행
- **보고서 및 시각화:** 분석된 결과를 보고서 형태로 제공하거나, 경영진 및 연구자에게 필요한 정보를 제공

특허정보화는 기업의 전략 수립, 경쟁사 분석, 기술 개발 계획 등에 매우 중요한 역할을 한다. 이를 통해 특허포트폴리오를 강화하고 R&D 투자의 우선순위를 결정할 수 있다.

### 2) 데이터의 시각화

특허데이터의 시각화는 방대한 특허데이터를 시각적으로 표현하여 더 쉽게 이해하고 분석할 수 있도록 돕는 방법이다. 이는 그래프, 차트, 지리적 지도, 네트워크 분석 도구 등을 사용하여 이루어진다. 실무적으로는 다음과 같은 도구와 기법이 자주 사용된다.

- **기술 트렌드 분석:** 특정 기술 분야에서의 특허 출원 수, 기술별 인용 빈도 등을 꺾은선 그래프나 히스토그램으로 시각화
- **경쟁사 특허포트폴리오 분석:** 주요 경쟁사의 특허 현황을 막대그래프, 파이차트로 시각화하여 어느 기술 분야에 집중하고 있는지 분석
- **네트워크 분석:** 기술 및 특허의 상호 관계를 네트워크 그래프로 표현, 유사한 특허들의 클러스터를 시각적으로 보여줌
- **지리적 분석:** 국가별 또는 지역별 특허 출원 현황을 지도로 시각화하여, 특정 국가에서의 기술 개발 강세를 파악
- **타임라인 분석:** 시간에 따른 특허 출원 및 등록 현황을 시계열 그래프로 표현하여 기술 발전 속도를 시각적으로 이해

실무적으로 특허 시각화는 경쟁사의 특허 전략 분석, 기술의 진화 흐름 파악, 기술 공백 영역을 찾는 데에 유용하게 사용된다. 시각화는 데이터를 직관적으로 이해할 수 있게 해줘서 빠른 의사결정과 전략 수립에 필수적인 도구로 활용된다.

# 3. 특허의 분류 체계

특허의 분류 체계는 특허를 기술 분야에 따라 체계적으로 분류하여 특정 기술 분야에서의 특허 검색과 분석을 용이하게 하는 시스템이다. 이는 각국의 특허청뿐만 아니라, 글로벌 특허데이터를 관리하고 기술 트렌드를 파악하는 데 필수적인 역할을 한다. 대표적인 특허 분류 체계에는 국제 특허 분류(IPC), 협력 특허 분류(CPC) 등이 있다.

## 1) IPC 분류코드(International Patent Classification)

IPC(International Patent Classification)는 WIPO(세계지식재산권기구)에서 관리하는 특허의 국제적인 분류 체계이다. 1971년부터 도입된 이 시스템은 전 세계적으로 표준화된 방식으로 특허를 분류하여, 각국의 특허 정보를 통합적으로 관리하고 검색할 수 있도록 돕는다. IPC 분류코드는 총 8개의 섹션, 약 70개의 클래스, 600개의 하위 클래스 및 약 69,000개의 그룹으로 세분화된다.

예를 들어, 특정 IPC 코드는 다음과 같은 형태로 나타난다.

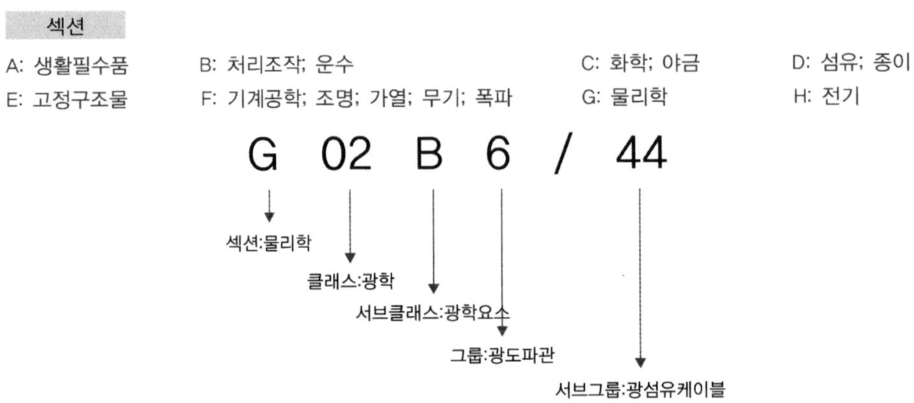


**[그림 4-1]** IPC 코드 체계

출처: 김성호(2013). 기술경영기반의 특허경영.

IPC의 주요 특징으로는 국제 표준으로서 각국의 특허청이 통일된 방식으로 특허를 분류하여, 국가 간 특허 검색 및 기술 동향 분석이 용이하다는 것이다. 또한, 정기적인 업데이트가 이루어지는데 기술 발전에 따라 IPC는 정기적으로 개정되며, 새로운 기술이 등장할 경우 이를 반영하여 분류 항목이 수정된다.

## 2) CPC 분류코드(Cooperative Patent Classification)

CPC(Cooperative Patent Classification)는 2013년부터 유럽특허청(EPO)과 미국특허청(USPTO)이 공동으로 개발한 협력 특허 분류 체계이다. 이는 기존의 미국 특허 분류(USPC)와 IPC를 통합하여, 보다 세부적이고 정밀한 분류를 제공하기 위해 만들어진 것이다.

CPC는 IPC를 기반으로 하되, 이를 더 세분화하여 특허의 검색과 분석을 더 정교하게 수행할 수 있도록 개선한 시스템이다. CPC 분류코드 역시 IPC와 비슷한 방식으로 8개의 섹션, 수백 개의 클래스, 하위 클래스 및 수천 개의 그룹으로 구성된다.

예를 들어 다음과 같은 형태로 나타난다:

G06F 1/00

여기서

G: 섹션(예: 물리학)

06: 클래스(예: 계산; 전산)

F: 하위 클래스(예: 디지털 데이터 처리)

1/00: 그룹 및 서브그룹(예: 입력, 출력 장치)

CPC와 IPC의 차이점은 CPC는 IPC보다 더 세분화되어 있어, 각 기술 분야에서의 특허 검색 및 기술 동향 분석을 더 정확하게 수행할 수 있다는 점이다.

그러나 CPC는 미국과 유럽 중심으로 개발되어, 이들 지역에서 주로 사용되고 있다.

### 3) 특허분류와 산업분류와의 연계

특허분류와 산업분류의 연계는 산업 전반에서의 기술 발전과 특허 활동 간의 상관관계를 분석하고자 할 때 매우 중요하다. 각 기술 분야에서의 혁신이 특정 산업에 미치는 영향을 분석하거나, 산업 내 특정 부문에서의 기술 개발 방향성을 파악하기 위해 특허분류와 산업분류를 연결할 수 있다. 따라서, 이와 같이 특허분류와 산업분류의 연계 필요성은 다음으로 요약할 수 있다.

- **산업별 기술 트렌드 파악:** 특정 산업에서 활발히 개발되고 있는 기술이 무엇인지 파악하기 위해, 특허분류와 산업분류를 연계하여 분석한다.
- **기술 상용화 및 시장 분석:** 기술 혁신이 특정 산업에 미치는 영향을 분석함으로써, 기술이 상용화될 가능성과 시장 진입 전략을 도출할 수 있다.
- **정부 정책 및 투자 방향성 설정:** 각국의 정부나 연구기관은 특허와 산업 분류를 연계하여 특정 산업 분야에서의 기술 혁신을 촉진할 수 있는 정책을 마련하고, R&D 투자 우선순위를 설정할 수 있다.

특허분류와 산업분류의 연계 의의를 살펴보면 예를 들어, "G06"에 속하는 특허는 주로 정보통신 산업과 관련이 깊고 이와 같이 특정 특허 분류와 해당 기술이 상용화될 수 있는 산업을 연결함으로써, 기술의 산업적 활용 가능성을 예상할 수 있다는 것이다.

〈표 4-1〉 산업 및 특허 분류 예시

| KSIC 산업분류(61개) | IPC 국제 특허분류(637개) |
|---|---|
| 식료품 제조업 | A21D, A23B, A23C, A23D, A23F, A23G, A23J, A23K, A23L, A23P, C12J, C13B, C13K |
| 음료 제조업 | C12C, C12F, C12G, C12H |
| … | … |
| 컴퓨터프로그래밍 및 정보서비스업 | G06D, G06E, G06F, (G06F1, G06F3 제외), G06G, G06N, G06Q, G06T, G09C |

## 4. 특허분석방법

특허분석방법은 특허데이터를 체계적으로 분석하여 기술 동향, 경쟁사 전략, 연구개발 방향 등을 파악하는 데 사용된다. 다양한 분석 방법이 존재하며, 각각의 방법은 특정한 목적과 분석 대상에 따라 선택적으로 활용된다. 아래에서는 주요 특허분석방법인 특허지표 분석 등에 대해 구체적으로 살펴본다.

### 1) 특허지표 분석(Patent Indicator Analysis)

특허지표는 기술 혁신과 기술 발전을 평가하기 위한 중요한 도구이다. 이는 기업, 연구 기관, 정부가 기술 개발 수준과 연구 성과를 분석하고, 기술 혁신을 촉진하기 위한 정책을 수립하는 데 사용된다.

#### (1) 이론적 배경

특허는 발명에 대한 법적 보호권으로, 연구 및 개발의 성과를 외부에 공개하면서 일정 기간 독점권을 얻는 제도이다. 이로 인해 특허데이터는 기술 발전의 정도, 연구 혁신의 방향성을 파악하는 데 유용한 자료가 된다. 특허지표는 이러한 특허데이터를 정량화하여 특정 기술 분야, 기업, 국가의 연구 역량을 평가하는 도구로 활용된다.

이러한 특허지표는 주로 연구 개발(R&D) 활동을 평가하는 데 이용되며, 특정 기술 분야에서의 경쟁 강도, 기술 혁신 속도, 기술 확산의 범위 등을 이해하는 데 기여한다. 이러한 지표들은 R&D 자금 지원의 효율성 평가, 기술 혁신을 촉진하기 위한 정책 개발, 연구 및 기술 트렌드 예측 등에 도움이 된다.

### (2) 주요 특허지표

특허지표 분석은 특허데이터를 정량적으로 평가하여 특정 기술 분야나 기업의 혁신 활동을 측정하는 방법이다. 주요 특허지표는 다음과 같다.

- **특허 출원 수 및 등록 수**: 특정 기간 동안 출원된 특허의 수와 실제로 등록된 특허의 수를 파악하여 기술 활동의 활발함을 측정한다.
- **인용지수(Citation Index)**: 한 특허가 다른 특허를 인용한 횟수를 분석하여 해당 특허의 영향력과 중요성을 평가한다. 높은 인용지수를 가진 특허는 기술적 가치가 높다고 판단된다.
- **기술 분류별 특허 분포**: IPC, CPC 등 특허 분류체계를 기반으로 특정 기술 분야에서의 특허 분포를 분석하여 기술 트렌드를 파악한다.
- **발명자 및 출원인 분석**: 특정 발명자나 기업의 특허 출원 활동을 분석하여 R&D 역량과 혁신성을 평가한다.
- **국가별 특허 활동**: 각 국가별 특허 출원 및 등록 현황을 비교 분석하여 글로벌 기술 경쟁력을 평가한다.

또한, 이를 통해 실무적으로는 다음과 같은 내용들을 파악할 수 있다.

- **기술 트렌드 파악**: 특정 기술 분야의 출원 수 증감을 분석하여 시장의 성장 가능성을 예측한다.
- **경쟁사 비교**: 주요 경쟁사의 특허 출원 수와 인용지수를 비교하여 기술적 우위와 경쟁력을 평가한다.

- **R&D 투자 우선순위 설정:** 특허지표를 기반으로 향후 투자할 기술 분야를 선정하고, 자원의 효율적 배분을 결정한다.

특히, 기업이나 연구기관에서는 특허지표를 활용하여 기술 동향 파악, 경쟁사 분석, R&D 전략 수립, 특허포트폴리오 관리 등을 할 수 있다. 이러한 특허지표를 분석함으로써 얻을 수 있는 주요 정보로는 기술 혁신의 수준, 기업의 특허 역량, 기술 클러스터, 특허의 상업적 가치 등을 예로 들 수 있다.

### (3) 특허지표의 사용 사례

#### ① 기업의 기술 경쟁력 평가

많은 기업들은 경쟁사 분석을 위해 특허지표를 활용한다. 예를 들어, 삼성과 애플 같은 기업은 서로의 특허 출원 및 인용 빈도를 분석하여 신기술 개발 트렌드를 파악하고, 경쟁사의 기술력을 비교하는 데 사용한다.

#### ② 정부 정책 수립

국가 차원에서 산업 정책이나 연구개발(R&D) 투자 정책 수립을 위해 특정 기술 분야의 특허지표를 분석한다. 예를 들어, 미국 정부는 반도체, 바이오 기술 등 특정 첨단 기술 분야의 특허지표를 통해 국가의 기술 경쟁력을 파악하고, 이를 바탕으로 R&D 자금 지원 및 규제 정책을 결정한다.

#### ③ 기술 혁신 트렌드 분석

연구소나 대학에서 특정 기술의 발전 속도와 방향성을 분석하기 위해 특허지표를 사용한다. 예를 들어, 인공지능 분야에서 출원된 특허데이터를 분석하면 AI 연구의 발전 정도, 인기 있는 기술 응용 분야를 파악할 수 있다.

#### ④ 기술 거래 및 라이선싱 전략

기업들은 자사의 특허포트폴리오를 분석하여 라이선싱 전략을 수립하고, 특정 기술을 거래하거나 협력할 파트너를 결정하는 데 특허지표를 활용한다. 예를 들어, 제약 산업에서는 특허 만료 전후로 경쟁이 치열해지는 경우가 많아 특허의 유지 기간을 중요한 지표로 삼는다. 이처럼 특허지표는 산업과 정부, 연구 기관 모두에 중요한 분석 도구로, 기술 혁신을 평가하고 미래 기술 전략을 설계하는 데 폭넓게 활용된다.

아래는 특허지표를 실무적으로 어떻게 활용할 수 있는지에 대한 구체적인 예제와 적용 방법이다.

### (4) 특허지표 분석의 예시

#### ① 특허출원 수를 통한 기술 트렌드 분석

반도체 기업에서 특정 기술에 대한 경쟁사의 연구 집중도를 분석하고, 경쟁사의 R&D 투자 방향을 예측할 수 있다. 기술의 성장 가능성을 파악하여 투자 및 기술 개발 우선순위를 설정할 수 있다.

- **예제:** 반도체 분야에서의 최근 5년간 특허 출원 수 분석
- **목적:** 특정 기술 분야에서의 기술 동향을 파악하고, R&D 투자 우선순위를 설정하기 위함
- **사용 특허지표:** 출원 연도별 출원 수, 국가별 출원 분포.
- **실무 적용:**
  - 데이터 수집: 최근 5년간 반도체 기술(IPC 코드: H01L)의 출원 특허데이터를 확보한다.
  - 출원 수 분석: 매년 출원된 특허 수를 분석하여, 연도별 출원 수의 증가 또는 감소 추이를 파악한다.
  - 기술 트렌드 도출: 출원 수가 증가하는 기술 세부 분야(예: 3D NAND, 반도체 패키징)를 찾아내고, 이를 통해 향후 R&D 투자의 우선순위를 설정한다.
  - 국가별 분석: 주요 국가(미국, 한국, 중국 등)의 특허 출원 현황을 비교하여,

어느 국가가 해당 기술에서 선도적 역할을 하는지 파악한다.

② 인용지수(Citation Index)를 활용한 핵심 특허 식별

기업은 핵심 기술 특허를 확보하거나, 이와 관련된 특허를 라이선스하여 기술 경쟁력을 강화할 수 있다 특허 분쟁 가능성이 높은 특허를 사전 식별하여 분쟁을 방지하거나 대응 전략을 마련할 수 있다.

- **예제:** AI 기술 분야에서 인용지수가 높은 출원인 식별
- **목적:** 핵심 출원인을 식별하여 기술 개발 및 라이선스 전략을 수립
- **사용 특허지표:** 인용 횟수, 출원인
- **실무 적용**
  - 데이터 수집: 인공지능(AI) 분야 특허 출원인의 인용 데이터를 수집한다.
  - 인용지수 분석: 특허별 인용 횟수를 분석하여, 인용 횟수가 높은 출원인을 식별한다.
  - 핵심 피인용 특허 분석: 많이 피인용된 특허 기술이 무엇인지 파악한다.
  - 출원인별 분석: 많이 피인용된 특허의 출원인이 누구인지를 파악하고 그 출원인의 전문성과 기술력을 확인한다.

③ 특허의 존속기간을 활용한 특허포트폴리오 관리

가치가 낮거나 경쟁력이 떨어진 특허는 갱신을 중단하여 유지 비용을 절감한다. 만료 예정 특허 중 사업적 가치가 높은 특허를 상업화하거나, 라이선스 기회를 모색할 수 있다.

- **예제:** 특허포트폴리오 내에서 만료 예정 특허 분석
- **목적:** 특허 유지 비용을 최적화하고, 만료 예정 특허를 통해 사업기회를 평가
- **사용 특허지표:** 특허 등록일, 만료 예정일, 존속 기간

- 실무 적용
  - 데이터 수집: 기업이 보유한 특허포트폴리오에서 특허 등록일과 만료 예정일을 파악한다.
  - 존속 기간 분석: 10년 이상 된 특허를 필터링하여, 만료 예정 특허 리스트를 도출한다.
  - 포트폴리오 최적화: 유지할 필요가 없는 특허는 갱신을 포기하거나, 사업적 가치가 있는 특허는 라이선스 기회를 탐색한다.

### ④ 경쟁사 분석을 통한 R&D 전략 수립

경쟁사의 기술 전략을 예측하고, 그에 맞춰 차별화된 기술 개발 및 사업 전략을 수립할 수 있다. 경쟁사의 약점을 파악하여 새로운 시장 기회를 탐색하거나, 미흡한 기술 분야에 대한 R&D 투자를 강화할 수 있다.

- **예제:** 주요 경쟁사의 특허 분석
- **목적:** 경쟁사의 기술 전략을 파악하고, 자사의 연구개발 방향성을 설정하기 위함.
- **사용 특허지표:** 출원 수, 기술 분류별 특허 분포.
- 실무 적용
  - 경쟁사 데이터 수집: 주요 경쟁사의 출원 및 등록된 특허데이터를 확보한다.
  - 특허 기술 분석: 기술 분류(예: IPC, CPC)에 따른 경쟁사의 특허 분포를 분석하여, 그들이 집중하고 있는 기술 분야를 파악한다.
  - 경쟁사 분석: 경쟁사 핵심 기술 특허를 식별하고, 이들이 자사의 기술 개발에 미칠 영향을 평가한다.
  - 기술 격차 분석: 자사의 특허포트폴리오와 비교하여, 기술 격차가 있는 분야를 도출하고 R&D 투자의 우선순위를 설정한다.

#### ⑤ 국가별 특허 출원 분석을 통한 글로벌 전략 수립

국가별 특허 출원 전략을 수립하여, 자사의 기술을 보호하고 글로벌 시장에서 경쟁력을 강화할 수 있다. 특정 국가에서 경쟁사의 출원이 집중된 기술 분야를 파악하여, 자사의 기술 개발 방향을 조정하거나 대응 전략을 마련할 수 있다.

- **예제**: 자율주행 기술의 국가별 특허 출원 동향 분석
- **목적**: 글로벌 시장에서의 특허 출원 전략을 수립하고, 국가별 경쟁 강도를 파악
- **사용 특허지표**: 국가별 출원 수, 기술 분류
- **실무 적용**
  - 데이터 수집: 자율주행 기술에 대한 국가별 출원 데이터를 확보한다.
  - 국가별 출원 동향 분석: 미국, 유럽, 중국 등 주요 국가에서의 출원 수를 분석하여, 어느 국가에서 기술 경쟁이 치열한지 파악한다.
  - 주요 출원인 분석: 각 국가별로 출원한 주요 기업들을 파악하여, 국가별 경쟁사를 분석한다.
  - 출원 전략 수립: 기술 보호가 중요한 국가를 중심으로 자사의 특허 출원 전략을 수립하고, 해외 특허 출원을 강화할 국가를 결정한다.

## 2) 네트워크 분석(Network Analysis)

### (1) 이론적 배경

네트워크 분석은 특허데이터를 그래프 구조로 변환하여 특허 간의 관계를 시각화하고, 이를 통해 기술 간의 연관성, 협력 관계, 기술 클러스터 등을 파악하는 방법이다. 주요 네트워크 분석 기법은 다음과 같다.

- **공동 출원 네트워크**: 동일한 출원인이나 발명자가 참여한 특허 간의 관계를 분석하여 협력 패턴과 연구 네트워크를 파악한다.

- **인용 네트워크:** 한 특허가 다른 특허를 인용하는 관계를 분석하여 기술의 발전 흐름과 핵심 특허를 식별한다.
- **공동 인용 네트워크:** 두 특허가 동일한 특허를 인용하는 빈도를 분석하여 관련 기술 분야를 클러스터링한다.
- **발명자 네트워크:** 발명자 간의 협력 관계를 분석하여 연구 팀의 구성과 협업 패턴을 파악한다.

실무적 활용에 대한 예시로 다음을 예로 들 수 있다.

- **기술 클러스터 식별:** 네트워크 분석을 통해 특정 기술 분야 내에서 활발히 연관된 특허들이 모여 있는 클러스터를 식별하고, 해당 분야의 핵심 기술을 파악한다.
- **혁신 생태계 분석:** 기업 간의 공동 출원 네트워크를 분석하여 산업 내 협력 관계와 파트너십 기회를 탐색한다.
- **기술 영향력 평가:** 인용 네트워크를 통해 특정 특허가 다른 기술에 미치는 영향을 평가하고, 기술적 리더십을 확인한다.

아래에서는 네트워크 분석을 실무적 차원에서 활용할 수 있는 예제와 그 적용 방법을 소개한다.

(2) 분석 예시

**① 특허 인용 네트워크 분석**

인용 네트워크에서 중심에 위치한 특허는 다른 기술에 영향을 미치는 핵심 특허로, 이를 기반으로 기술 전략을 수립하거나 라이선스 가능성을 검토할 수 있다. 또한, 기술 발전이 어떻게 진행되고 있는지 분석하여, 새로운 기술 개발 기회를 탐색하거나 경쟁사의 전략적 기술 방향을 이해할 수 있다.

- **예제:** AI 기술 분야에서의 특허 인용 네트워크 분석
- **목적:** 기술 발전 흐름을 파악하고 핵심특허를 식별하여 연구방향을 설정
- **네트워크 분석 대상:** 특허 간의 인용 관계
- **실무 적용**
  - 데이터 수집: AI(Artificial Intelligence) 기술에 관한 특허를 수집하고, 각 특허의 인용 정보를 함께 확보한다.
  - 네트워크 구축: 특허 간의 인용 관계를 네트워크 그래프로 구축한다. 각 특허는 네트워크의 노드(node)가 되고, 인용 관계는 링크(link)로 표현된다.
  - 중심성 분석: 네트워크에서 중심성(Centrality) 지표(예: Degree Centrality, Betweenness Centrality)를 활용하여, 인용 횟수가 많고 기술적으로 중요한 역할을 하는 핵심 특허를 식별한다.
  - 기술 흐름 분석: 네트워크에서 특허 간의 인용 패턴을 분석하여, 기술 발전의 흐름을 파악하고, 향후 기술 발전 방향을 예측한다.

- **실습 방법 예시**

AI 기술 분야에서 특허 인용 네트워크를 분석할 때, 넷마이너(NetMiner)와 같은 네트워크 분석 도구를 활용하여 특허 인용 관계를 시각화하고 중요한 특허, 기술 흐름 및 상관관계를 파악할 수 있다. 아래는 넷마이너를 사용한 분석 과정과 방법을 설명하고 단계별로 정리한 실시 예이다.

### ⓐ 데이터 수집

AI 기술 특허데이터를 수집하기 위해 특허데이터베이스(예: Google Patents, USPTO, EPO)를 활용할 수 있다. 분석에 필요한 데이터는 주로 다음과 같은 항목이다.

- 특허번호: 각 특허의 고유한 식별 번호
- 출원일과 등록일: 특허의 시간적 흐름 파악을 위해 필요
- 발명자와 출원인 정보: 연구개발 주체 파악

- 인용 정보: 해당 특허가 인용한 다른 특허와 그 특허를 인용한 후속 특허

특허 인용 정보를 바탕으로 데이터셋을 구성하면, 각 특허가 노드로, 특허 간의 인용 관계가 엣지(링크)로 설정된 네트워크가 구성된다.

**ⓑ 데이터 전처리 및 정제**

수집된 특허데이터는 넷마이너에서 바로 사용할 수 있도록 정제해야 한다.

- 노드 정제: 중복된 특허나 잘못된 데이터를 제거하고, 필요하지 않은 항목을 정리한다.
- 엣지 구축: 특허 간의 인용 관계를 정의하여 엣지를 구성한다. 예를 들어, 특허 A가 특허 B를 인용했다면 A → B 형태의 엣지를 정의한다.
- 시간 필터링: 분석할 기간을 설정하여, 특정 연도 범위 내에 출원된 특허만을 포함하도록 필터링할 수 있다.
- 파일 형식: 넷마이너는 주로 CSV 또는 엑셀 파일 형식을 지원하므로, 노드 데이터와 엣지 데이터를 별도의 파일로 저장한다.

**ⓒ 넷마이너로 데이터 불러오기**

넷마이너에서 분석을 시작하기 위해 준비한 데이터 파일을 불러 온다.

- 노드 파일 업로드: 특허를 나타내는 노드 데이터를 업로드한다. 이때, 특허 번호, 출원일, 발명자 등의 정보를 각각의 속성으로 설정한다.
- 엣지 파일 업로드: 인용 관계를 나타내는 엣지 파일을 업로드하여, 네트워크의 인용 관계를 구축한다.

넷마이너에서는 노드와 엣지 데이터를 결합하여 특허 인용 네트워크 그래프를 생성하게 된다.

### ⓓ 네트워크 분석 수행

데이터가 준비되면 본격적으로 인용 네트워크 분석을 수행한다. 주요 분석 방법은 다음과 같다.

a. 중심성 분석

특허 간의 중심성을 분석하여 중요한 특허와 기술 흐름을 파악한다.

- 연결 중심성(Degree Centrality): 많이 인용된 특허를 파악하여 영향력이 큰 특허를 식별한다.
- 매개 중심성(Betweenness Centrality): 특허 간 연결에서 중요한 중개 역할을 하는 특허를 찾는다.
- 접근성 중심성(Closeness Centrality): 네트워크의 중앙에 위치하여 빠르게 정보가 전달되는 특허를 파악한다.

b. 군집 분석

넷마이너의 군집 분석 기능을 활용하여, 유사한 특허가 연결된 하위 그룹을 도출한다. AI 분야에서 기술적 유사성을 가진 특허들의 그룹을 식별하여 해당 분야의 기술 트렌드를 파악할 수 있다.

c. 시간적 분석

시계열 네트워크 분석 기능을 사용하여 특허의 인용 네트워크가 시간에 따라 어떻게 변해왔는지 추적한다. 이를 통해 특정 시점에서의 혁신 기술이나 주요 특허 변화를 확인할 수 있다.

d. 기술 흐름 분석

특허 인용 네트워크의 방향성을 고려하여 기술 흐름을 분석한다. 특정 기술이 어떤 특허를 통해 발전해 왔는지, 새로운 기술로의 발전 경로를 시각적으로 확인할 수 있다.

e. 네트워크 시각화

분석이 완료되면, 넷마이너에서 제공하는 시각화 도구를 활용하여 인용 네트워크를 시각적으로 표현한다.

- 네트워크 그래프: 노드와 엣지를 통해 특허 인용 관계를 시각화한다. 중요한 특허는 크기를 다르게 표시하거나 중심성에 따라 색상을 다르게 표현하여 가독성을 높일 수 있다.
- 군집별 색상 구분: 군집 분석 결과에 따라 군집별로 색상을 다르게 하여 기술 영역을 쉽게 파악할 수 있게 할 수 있다.
- 시간에 따른 애니메이션: 특허 네트워크가 시간이 지남에 따라 변화하는 모습을 애니메이션으로 표현하여 기술 발전 흐름을 직관적으로 보여줄 수 있다.

f. 분석 결과 해석 및 보고서 작성

시각화한 결과를 기반으로 주요 특허, 기술 흐름, 핵심 기술 영역을 해석하고 보고서를 작성한다.

- 중요 특허 및 주요 기술 분석: 중심성 분석 결과를 바탕으로 AI 기술 발전에 영향을 미친 핵심 특허를 식별하여 설명한다.
- 기술 발전 흐름 및 트렌드 설명: 인용 네트워크를 통해 파악한 기술 발전 흐름과 군집 분석을 통해 발견한 주요 기술 영역을 설명한다.
- 시사점 도출: 분석 결과가 AI 기술 연구와 특허 출원 전략에 어떤 시사점을 주는지 정리한다.

이와 같은 방식으로 넷마이너를 활용하면 AI 특허 인용 네트워크의 복잡한 관계를 명확히 분석할 수 있으며, 결과적으로 AI 기술 발전 경향을 심층적으로 이해할 수 있다.

실무적으로 좀 더 자세한 전개 방법은 아래 내용을 참조하기 바란다. 또한 필요한 경우 넷마이너 사용 설명서를 참조하면 이해가 더 빠를 것으로 생각한다. 넷마이너에서 노드 데이터는 기본적으로 고유 ID를 필요로 하며, 추가 속성으로 다양한 정보를 포함할 수 있다.

- 필수 열
  - Node ID(고유 식별자): 각 노드를 식별할 수 있는 유일한 ID이다. 특허 인용 네트워크에서는 특허등록번호가 될 수 있다.

- 추가 열(선택)
  - Label: 노드의 이름이나 설명을 나타낸다.
  - Type: 노드의 유형을 구분하는 속성이다. 예를 들어, "특허", "상표" 등 노드의 유형을 구분할 때 사용된다.
  - Date: 출원일이나 등록일 등 시간적 요소를 포함하여 네트워크 분석에 시간성을 부여할 수 있다.
  - Owner: 특허 소유자 정보로, 네트워크에서 소유자별 특허 관계를 분석할 때 유용하다.

〈표 4-2〉 노드 데이터 예시 (CSV 포맷)

| Node ID | Label | Type | Date | Owner |
|---|---|---|---|---|
| US1234567 | High-Efficiency Solar Panel | 특허 | 2015-06-15 | SolarTech Corp. |
| US2345678 | Advanced Battery Technology | 특허 | 2016-03-22 | GreenEnergy LLC |
| JP3456789 | Lightweight Material Innovation | 특허 | 2017-09-10 | TechJapan Co. |
| DE4567890 | New Composite Materials | 특허 | 2018-11-05 | Innovate GmbH |
| CN5678901 | Energy Storage System | 특허 | 2019-12-20 | PowerChina |

링크 데이터의 경우는 노드 간의 관계(인용, 협력, 경쟁 등)를 정의하는 데이터를 포함한다. 넷마이너에서 링크 데이터는 기본적으로 출발 노드(Source)와 도착 노드(Target)가 필요하며, 관계의 방향성 및 가중치를 설정할 수 있다.

- 필수 열의 경우
  - 출발 노드(Source): 인용을 하는 특허의 Node ID.
  - 도착 노드(Target): 인용을 당하는 특허의 Node ID.

- 추가 열(선택)
  - Type: 링크의 유형을 지정한다. 예를 들어 "인용", "협력" 등의 관계 유형을 구분할 때 사용한다.
  - Weight: 링크의 가중치를 설정한다. 가중치는 인용 빈도나 중요도를 나타낼 수 있으며, 기본값은 1로 설정된다.

**〈표 4-3〉** 링크 데이터 예시(CSV 포맷)

| Source | Target | Type | Weight |
|---|---|---|---|
| US1234567 | JP3456789 | 인용 | 1 |
| US1234567 | DE4567890 | 인용 | 1 |
| US2345678 | CN5678901 | 인용 | 1 |
| JP3456789 | US2345678 | 인용 | 1 |
| DE4567890 | US1234567 | 인용 | 1 |

이제, 넷마이너에서 전체적으로 데이터 입력 및 설정 방법을 마지막으로 정리하여 살펴보자.

**1. 파일 불러오기**
NetMiner에서 File 메뉴로 이동하여, Import Data 옵션을 선택한 후, 노드와 링크 데이터를 각각 불러온다.

**2. 노드 데이터 설정**
노드 데이터를 불러올 때, Node ID를 유일한 식별자로 지정하고, 추가 속성은 속성 데이터로 매핑한다.
노드 속성으로 Label, Type, Date, Owner 등을 지정하여 네트워크 분석에 필요한 세부 정보를 추가한다.

**3. 링크 데이터 설정**
링크 데이터를 불러올 때, Source와 Target열을 통해 각 노드 간 관계를 설정한다.
Type과 Weight 속성을 추가하여 관계 유형과 가중치를 네트워크에 반영할 수도 있다.

4. 네트워크 분석 및 시각화
데이터를 불러온 후, NetMiner의 다양한 분석 도구를 사용하여 특허 인용 네트워크를 분석한다. 중앙성(Centrality), 연결 성분(Connected Component), 클러스터링 등의 기능을 통해 중요 특허와 주요 인용 흐름을 파악할 수 있다.

여기서 우리가 항상 주의를 기울여야 할 점은 링크가 여러 개인 경우의 데이터셋 구조는 다음과 같은 형태로 구성된다는 것이다. 즉, 링크가 여러 개인 경우 인용 관계마다 하나씩 행을 추가하여 데이터셋을 구성해야 한다.

〈표 4-4〉 데이터셋 구성 예시

| 출발 노드(인용한 특허) | 도착 노드(인용된 특허) |
|---|---|
| A 특허 | B 특허 |
| A 특허 | C 특허 |
| B 특허 | C 특허 |
| C 특허 | D 특허 |

출발 노드는 인용을 한 특허이고, 도착 노드는 인용된 특허이다.

A가 B와 C를 인용한 경우, 각각의 인용 관계를 별도로 기록하여 여러 행으로 나타낸다는 것이다. 만약 인용 횟수 또는 강도를 나타내고 싶다면, 추가적인 필드(예: 링크 강도)를 포함할 수 있다. 이러한 구조로 데이터를 준비하면 넷마이너에서 쉽게 네트워크 분석을 수행할 수 있다.

이러한 분석을 할 경우 2가지의 접근 방법이 있다는 것을 고려해야 한다.

즉, 특허 인용 네트워크 분석에서 특정 기간을 설정하여 대상 특허를 선택할 경우 네트워크 구성 방식에 따라 다음과 같은 두 가지 접근법이 있다는 것이다.

### a. 인용 관계와 관계없이 선택된 기간의 모든 특허를 노드로 포함하는 방식

이 방식에서는 선택된 기간에 등록된 모든 특허를 노드로 포함한다. 즉, 해당 기간 내에 등록된 특허는 인용 관계가 없더라도 노드로 추가된다. 이를 통해 전체적인 네트워크 구조와 기간 내 특허의 연결 패턴을 분석할 수 있다. 이는 선택된 기간에 대한 특허 네트워크 전체의 구조를 파악할 수 있는 이점이 있다. 또한, 인용되지 않은 특허도 네트워크에 포함되어, 해당 특허의 "고립도"를 확인할 수 있다. 단점으로는 네트워크 내 불필요한 노드가 많아질 수 있으며, 분석 초점이 흐려질 수 있다.

b. 인용 관계가 있는 특허만 노드로 포함하는 방식

이 방식에서는 선택된 기간 동안 인용 관계가 발생한 특허만 노드로 추가한다. 즉, 해당 기간 내에서 다른 특허를 인용하거나, 타 특허로부터 인용된 특허만 네트워크에 포함된다. 장점으로는 인용 관계를 중심으로 네트워크를 분석할 수 있어, 관계 중심적인 특허의 중요성을 파악하기 쉽다. 또한, 불필요한 노드가 적어져 네트워크 분석이 간결해진다. 그러나 인용 관계가 없는 특허는 네트워크에서 제외되므로 전체적인 특허 동향 분석에 제한이 있을 수 있는 단점은 있다.

결론적으로 말하면, 전체 네트워크 구조를 분석하고 싶다면 모든 특허를 노드로 포함하는 방식이 적합하고 관계 중심 분석을 목표로 한다면, 인용 관계가 있는 특허만 포함하는 방식이 효과적이다. 이는 분석자가 분석 목적에 따라 두 가지 방식 중 적합한 방식을 선택하여 네트워크를 구성하면 된다.

다음의 예제들 또한 위와 같은 방법으로 시도할 수 있으므로 여기서 실습 예시는 생략하기로 한다.

② 공동 출원 네트워크 분석

공동 출원 네트워크를 통해 자주 협력하는 기업 및 연구소를 식별하고, 새로운 협력 가능성을 탐색할 수 있다. 또한, 주요 경쟁사가 어느 연구기관이나 기업과 협력하는지 파악하여, 경쟁사의 기술 개발 및 협력 전략을 분석할 수 있다.

- **예제:** 반도체 산업에서의 공동 출원 네트워크 분석

- **목적**: 기업 간 협력 관계를 파악하고, 협업 가능성을 탐색
- **네트워크 분석 대상**: 기업 및 연구소 간의 공동 출원 관계
- **실무 적용**
  - 데이터 수집: 반도체 분야의 특허데이터에서 각 특허의 출원인 정보를 확보하고, 공동 출원된 특허데이터를 추출한다.
  - 네트워크 구축: 공동 출원인(기업, 연구소 등)을 노드로, 공동 출원된 특허를 링크로 설정하여 네트워크 그래프를 구성한다.
  - 클러스터 분석: 네트워크 내에서 클러스터링(Clustering) 기법을 사용해 협력이 활발한 그룹을 식별한다.
  - 협력 관계 분석: 특정 기업이 어떤 기관과 자주 협력하는지 파악하고, 협력의 중심에 있는 기업을 식별하여 향후 협력 기회를 모색한다.

### ③ 발명자 네트워크 분석

협력 네트워크에서 중심적인 역할을 하는 발명자를 식별하여, 해당 연구팀의 성과를 분석하고, 협력 기회를 탐색할 수 있다. 더욱이, 협력 네트워크를 분석하여 협력이 부족한 분야를 식별하고, 협력 관계를 강화하는 전략을 수립할 수 있다.

- **예제**: 의료기기 기술 분야에서 발명자 간 협력 네트워크 분석
- **목적**: 발명자 간의 협력 패턴을 파악하고, 우수 연구팀을 식별
- **네트워크 분석 대상**: 발명자 간의 협력 관계(공동 발명)
- **실무 적용**
  - 데이터 수집: 의료기기 기술 분야의 특허데이터에서 발명자 정보를 추출하고, 공동 발명한 특허데이터를 확보한다.
  - 네트워크 구축: 발명자를 노드로, 공동 발명된 특허를 링크로 설정하여 네트워크를 구성한다.
  - 중심성 분석: 네트워크에서 중심성을 분석하여 협력의 중심에 있는 발명

자 또는 연구팀을 식별한다.

- 협력 구조 분석: 협력 네트워크의 구조를 분석하여, 발명자들 간의 협력이 활발한 영역과 그렇지 않은 영역을 파악한다.

#### ④ 기술 클러스터 분석

네트워크 분석을 통해 기존 기술 간의 연관성과 융합 가능성을 파악하고, 이를 기반으로 새로운 기술 개발 기회를 찾을 수 있다. 뿐만 아니라 클러스터 분석을 통해 자사의 기술 포트폴리오를 확장하거나 강화할 수 있는 분야를 식별할 수 있다.

- **예제:** 자동차 전장 시스템 분야의 기술 클러스터 분석
- **목적:** 관련 기술 간의 연관성을 파악하고, 기술 클러스터를 분석하여 기술 개발 기회를 모색
- **네트워크 분석 대상:** 동일한 IPC 코드로 분류된 특허 간의 인용 관계
- **실무 적용**
  - 데이터 수집: 자동차 전장 시스템 관련 특허데이터를 IPC 코드로 분류하여 수집한다.
  - 네트워크 구축: 동일한 IPC 코드 내에서 특허 간 인용 관계를 분석하여 네트워크를 구성한다.
  - 클러스터링 분석: 특허 네트워크 내에서 커뮤니티 탐지 기법을 사용하여 유사한 기술들 간의 클러스터를 도출한다.
  - 기술 기회 분석: 클러스터 간의 연결성을 분석하여, 특정 기술 간의 융합 가능성이나 새로운 기술 개발 기회를 모색한다.

#### ⑤ 특허 침해 리스크 분석

특허 네트워크 분석을 통해 자사 기술과 유사한 경쟁사 특허를 식별하고, 특허 분쟁을 방지하거나 대응 전략을 수립할 수 있다. 경우에 따라서는 침해 가능성이

있는 특허를 미리 파악하여, 경쟁사와의 라이선스 협상을 시도할 수도 있다.

- **예제:** 5G 통신 기술 분야에서 특허 침해 리스크 네트워크 분석
- **목적:** 자사 기술과 유사한 특허들을 분석하여 침해 리스크를 사전에 식별하고 대응 전략을 마련
- **네트워크 분석 대상:** 자사 특허와 유사한 특허 간의 인용 및 인용된 관계
- **실무 적용**
  - 데이터 수집: 5G 통신 기술 관련 자사 특허와 유사한 특허데이터를 수집한다.
  - 네트워크 구축: 자사 특허와 유사한 특허들을 노드로, 특허 간의 인용 관계를 링크로 설정하여 네트워크를 구성한다.
  - 침해 리스크 분석: 자사 특허가 인용된 특허들과의 네트워크에서 유사 기술을 보유한 경쟁사 특허를 식별하여 침해 리스크를 평가한다.
  - 대응 전략 수립: 침해 가능성이 높은 기술 분야를 파악하고, 라이선스 협상 또는 특허 방어 전략을 마련한다.

이러한 네트워크 분석 기법을 통해 기업은 기술 간의 연관성, 협력 관계, 특허 인용 흐름 등을 심층적으로 분석할 수 있다. 이는 연구개발 전략, 기술 융합, 협력 파트너 발굴, 특허 침해 방지 등에 유용하게 적용될 수 있으며, 궁극적으로 기업의 특허 전략과 경쟁 우위를 강화하는 데 중요한 역할을 한다.

### 3) 텍스트마이닝 분석(Text Mining Analysis)

#### (1) 이론적 배경

텍스트마이닝은 비정형 텍스트 데이터를 정형화하여 의미 있는 정보를 추출하는 데이터 분석 방법론이다. 대량의 텍스트 속에서 패턴을 발견하고 통찰을 제공함으로써 다양한 응용 분야에서 활용된다. 특히, 텍스트마이닝은 정보 검

색, 자연어 처리(NLP), 데이터마이닝, 통계학과의 융합 학문으로 발전해 왔다. 주요 이론적 개념은 다음과 같으며, 상세한 내용은 관련 서적을 참고하기를 추천한다.

- **자연어 처리(NLP)**: 텍스트를 분석 가능한 형태로 정형화하는 과정이다. 여기에는 문장 단위 구분, 형태소 분석, 문장 구조 파악 등의 작업이 포함된다.
- **토픽 모델링**: 문서 집합의 주요 주제를 자동으로 추출하기 위한 방법이다. 잠재 디리클레 할당(Latent Dirichlet Allocation, LDA)과 같은 모델이 사용된다.
- **감성 분석**: 텍스트의 긍정적, 부정적 감성을 분류하는 기법이다. 사전 기반 기법과 기계 학습 기반 기법으로 나뉜다.

이러한 텍스트마이닝 분석은 특허 문서의 텍스트 데이터도 처리하고 분석하여 유의미한 정보를 추출할 수 있다. 이는 자연어 처리(NLP) 기술을 활용하여 특허의 제목, 요약, 청구항 등에서 패턴, 주제, 키워드 등을 도출한다. 특허 관련 주요 텍스트마이닝 기법은 다음과 같다.

- **키워드 추출 및 빈도 분석**: 특허 문서에서 자주 등장하는 키워드를 추출하여 주요 기술 주제를 파악한다.
- **주제 모델링(Topic Modeling)**: 잠재 디리클레 할당(LDA) 등 기법을 사용하여 특허 문서의 주제를 자동으로 분류하고, 기술 트렌드를 도출한다.
- **감성 분석(Sentiment Analysis)**: 특허 문서의 텍스트에서 긍정적, 부정적, 중립적 감정을 분석하여 기술의 발전 방향성을 이해한다.
- **텍스트 유사도 분석**: 특허 문서 간의 유사도를 계산하여 기술 간의 관련성과 중복성을 평가한다.

이러한 기법을 통해 기술 트렌드, 경쟁사 전략, 혁신 영역 등을 파악할 수 있다. 실무적 차원에서 텍스트마이닝 분석을 활용할 수 있는 실제 예제들을 다음과 같이 생각해 볼 수 있다.

### (2) 분석 방법 예시

#### ① 키워드 추출을 통한 기술 트렌드 분석

추출된 키워드를 통해 새로운 기술 트렌드를 파악하고, 이를 기반으로 연구 개발 우선순위를 설정할 수 있다. 뿐만 아니라, 경쟁사의 특허에서 자주 등장하는 키워드를 분석하여, 그들이 어떤 기술에 집중하고 있는지 확인할 수 있다.

- **예제:** 전기차(EV) 기술 분야에서의 주요 키워드 분석
- **목적:** 전기차 기술에서 최근 주목받는 핵심 기술이나 연구 주제를 파악하여 기술 트렌드를 분석
- **텍스트마이닝 기법:** 키워드 추출 및 빈도 분석.
- **실무 적용**
  - 데이터 수집: 전기차 관련 특허데이터에서 제목과 요약 부분을 추출한다.
  - 텍스트 정제: 특허 문서에서 불필요한 단어(예: 영어 명세서의 경우 "and", "the" 등)를 제거하고, 기술적 의미가 있는 단어들만 남긴다.
  - 키워드 추출: 텍스트마이닝 기법을 사용해 빈도수가 높은 주요 키워드를 추출한다(예: "배터리", "충전", "전력 관리", "자율 주행" 등).
  - 기술 트렌드 분석: 추출된 키워드를 바탕으로 특정 기간 동안 어떤 기술 주제가 주목받고 있는지 분석한다.

#### ② 주제 모델링(Topic Modeling)을 통한 기술 클러스터 분석

주제 모델링을 통해 자사가 집중해야 할 기술 분야를 파악하고, 포트폴리오를 최적화할 수 있다. 이를 통해, 새롭게 떠오르는 기술 클러스터를 파악하고, 아직 미개발된 기술 영역을 찾아내어 혁신 기회를 탐색할 수 있다.

- **예제:** 인공지능(AI) 기술 분야에서 주제 모델링을 통한 세부 기술 분석

- **목적:** 인공지능 분야에서 다양한 기술 클러스터(주제)를 식별하여 세부 기술 간 연관성을 분석
- **텍스트마이닝 기법:** 잠재 디리클레 할당(LDA) 기법을 활용한 주제 모델링
- **실무 적용**
  - 데이터 수집: AI 관련 특허 문서에서 청구항 부분을 수집한다.
  - 텍스트 전처리: 문서의 텍스트에서 불필요한 단어를 제거하고, 의미 있는 단어들만 남겨 클린 데이터를 준비한다.
  - 주제 모델링: LDA 알고리즘을 사용해 특허 문서를 여러 개의 주제로 자동 분류한다. 예를 들어, "자연어 처리", "이미지 인식", "딥러닝"과 같은 주제들이 도출될 수 있다.
  - 주제별 기술 분석: 도출된 주제들을 바탕으로 각 주제에 해당하는 특허들을 분석하여, 각 기술 클러스터의 연구 집중도를 평가한다.

#### ③ 텍스트 유사도 분석을 통한 중복 특허 식별

중복되거나 유사한 특허를 식별하여 포트폴리오를 정리하고, 불필요한 특허 유지 비용을 절감할 수 있다. 또한, 유사 특허를 식별하여, 침해 가능성을 사전에 파악하고, 특허 분쟁에 대비할 수 있다.

- **예제:** 의료기기 기술 분야에서 텍스트 유사도를 활용한 중복 특허 분석
- **목적:** 동일하거나 매우 유사한 기술 내용을 가진 중복 특허를 식별하여 특허 중복성 문제를 해결
- **텍스트마이닝 기법:** 문서 유사도 분석(코사인 유사도, Jaccard 유사도 등)
- **실무 적용**
  - 데이터 수집: 의료기기 분야의 특허 문서에서 청구항을 중심으로 텍스트 데이터를 추출한다.
  - 텍스트 전처리: 특허 문서의 텍스트를 전처리하여 중복어, 불필요한 구문을 제거하고, 비교 분석에 적합한 형태로 변환한다.

- 유사도 계산: 코사인 유사도(Cosine Similarity) 또는 Jaccard 유사도를 활용하여 특허 문서 간의 유사도를 계산한다.
- 중복 특허 식별: 유사도가 높은 특허를 필터링하여, 중복될 가능성이 높은 특허를 식별하고, 이를 검토한다.

### ④ 감성 분석(Sentiment Analysis)을 통한 기술 동향 예측

감성 분석을 통해 긍정적 평가를 받는 기술을 중심으로 상업화 전략을 수립할 수 있다. 이를 바탕으로 감성 분석 결과가 긍정적인 기술에 R&D 자원을 집중함으로써 성공 가능성을 높일 수 있다.

- **예제**: 자율주행 차량 관련 특허 문서에서 긍정/부정 트렌드 분석
- **목적**: 자율주행 차량 분야에서 기술 동향에 대한 긍정적/부정적 신호를 분석하여 연구개발 방향을 설정
- **텍스트마이닝 기법**: 감성 분석(Sentiment Analysis)
- **실무 적용**
  - 데이터 수집: 자율주행 차량 관련 특허의 요약 및 주요 청구항 텍스트 데이터를 수집한다.
  - 텍스트 전처리: 특허 문서에서 감성 분석에 필요한 데이터를 정제한다.
  - 감성 분석 수행: 긍정적 또는 부정적인 단어 목록을 기반으로 각 특허의 감성 점수를 계산한다. 긍정적 신호가 많은 특허는 기술의 성공 가능성이 높다고 판단할 수 있다.

    기술 동향 분석: 감성 점수를 바탕으로 기술의 성공 가능성, 시장에서의 반응 등을 예측하여 R&D 방향성을 설정한다.

### ⑤ 특허 문서 클러스터링을 통한 기술 공백 식별

클러스터링을 통해 식별된 기술 공백 영역에서 새로운 기술 개발 기회를 모색할 수 있다. 이를 통해 경쟁사가 진입하지 않은 기술 분야를 발굴하여, 자사

의 특허포트폴리오를 확장할 수 있다.

- **예제:** 5G 통신 기술 특허의 클러스터링을 통한 기술 공백 분석
- **목적:** 5G 통신 기술 특허를 클러스터링하여 현재 연구가 활발히 진행되지 않은 기술 공백 영역을 식별
- **텍스트마이닝 기법:** K-Means 클러스터링
- **실무 적용**
  - 데이터 수집: 5G 관련 특허 문서의 청구항 텍스트 데이터를 수집한다.
  - 텍스트 전처리: 텍스트를 전처리하고, 분석에 적합한 형태로 변환한다.
  - 클러스터링 분석: K-Means 클러스터링 알고리즘을 사용해 특허 문서를 여러 개의 클러스터로 나눈다.
  - 기술 공백 식별: 클러스터 간의 분포를 분석하여, 기술적으로 발전이 미비한 영역이나 연구가 집중되지 않은 기술 공백을 찾아낸다.

이와 같은 텍스트마이닝 분석 기법은 특허데이터를 효율적으로 분석하여, R&D 전략, 기술 트렌드 파악, 특허 관리 등을 개선할 수 있는 실무적인 도구이다. 각 기법은 데이터 정제와 분석 알고리즘을 활용하여 특허데이터를 처리하고, 실질적인 사업 전략과 기술 혁신에 중요한 통찰을 제공한다.

원할한 실무적 처리를 위해서 관련 서적을 참고하기 바란다.

### 4) 연구: AI 분석의 의의(Research: Significance of AI Analysis)

인공지능(AI) 기술의 발전은 특허분석 방법에도 혁신적인 변화를 가져왔다. AI를 활용한 특허 분석은 기존의 전통적인 방법보다 더욱 정교하고 효율적인 분석을 가능하게 하며, 다음과 같은 의의가 있다.

- **대규모 데이터 처리:** AI는 방대한 양의 특허데이터를 빠르게 처리하고 분석

할 수 있어, 시간과 비용을 절감할 수 있다.

- **고도화된 패턴 인식:** 머신러닝과 딥러닝 알고리즘을 통해 특허 문서에서 복잡한 패턴과 관계를 식별하여, 더욱 정확한 기술 트렌드와 연관성을 파악할 수 있다.
- **자동화된 분류 및 예측:** AI는 특허 분류, 인용 예측, 기술 트렌드 예측 등을 자동화하여 분석의 일관성과 신뢰성을 높일 수 있다.
- **자연어 처리의 활용:** AI 기반의 NLP 기술을 통해 특허 문서의 의미를 깊이 있게 이해하고, 의미적 유사성 및 차이를 정교하게 분석할 수 있다.
- **실시간 분석 및 모니터링:** AI는 실시간으로 새로운 특허 출원을 분석하여, 최신 기술 동향을 즉각적으로 반영하고 대응할 수 있게 한다.

이를 바탕으로 실무적으로 다음과 같은 활용을 생각해 볼 수 있다.

- **예측 분석:** AI를 활용하여 특정 기술 분야의 미래 발전 방향을 예측하고, 기업의 R&D 전략을 선제적으로 수립한다.
- **자동화된 특허 검색:** AI 기반의 검색 엔진을 통해 더욱 정확하고 관련성 높은 특허를 신속하게 검색한다.
- **지식재산권 관리:** AI는 특허 침해 가능성을 사전에 예측하고, 효과적인 지식재산권 관리를 지원한다.
- **맞춤형 보고서 생성:** AI는 사용자 요구에 맞춘 맞춤형 특허 분석 보고서를 자동으로 생성하여, 의사결정에 필요한 정보를 제공한다.

결국, 이러한 AI 분석은 특허데이터의 복잡성과 방대한 양을 효율적으로 처리하여 실질적인 인사이트를 도출하는 데 매우 유용한 방법이 될 수 있다. 인공지능(AI) 기술을 활용한 분석은 앞으로 특허 검색과 기술 트렌드 예측뿐만 아니라, 특허 가치 평가 등 다양한 실무적 차원에서 활용될 수 있을 것으로 예상된다. 이와 관련하여 다음과 같은 활용 예시를 생각해 볼 수 있다.

### (1) AI를 활용한 기술 트렌드 예측

예측된 트렌드를 기반으로 자사의 연구개발 자원을 효율적으로 배분할 수 있다. 이러한 예측된 트렌드 중 아직 상용화되지 않은 기술 영역을 식별하여, 새로운 기술 개발 기회를 포착할 수 있다.

- **예제:** AI 기반으로 자율주행 기술의 향후 5년간 기술 트렌드 예측
- **목적:** 자율주행 기술 분야에서 향후 5년간 주목할 기술 트렌드를 예측하여 R&D 방향성을 수립.
- **AI 분석 기법:** 자연어 처리(NLP) 및 머신러닝 기반 트렌드 예측 모델
- **실무 적용**
  - 데이터 수집: 자율주행 기술 관련 특허 문서와 연구 논문 데이터를 수집한다.
  - 텍스트 분석: AI 기반 자연어 처리 기법을 사용하여 각 문서에서 핵심 키워드와 주제를 추출한다.
  - 트렌드 예측 모델 학습: 머신러닝 알고리즘(예: LSTM, 시계열 예측 모델)을 활용하여, 과거 기술 트렌드 데이터를 학습하고, 향후 5년간의 기술 트렌드를 예측한다.
  - 결과 분석: 예측된 트렌드를 바탕으로, 자율주행 기술 중에서 미래에 집중해야 할 핵심 기술 분야를 도출한다.

### (2) AI 기반 특허 가치 평가

비핵심 특허를 정리하고, 핵심 특허에 집중함으로써 특허 유지 비용을 절감하고, 기술 자산의 가치를 극대화할 수 있다. 이때, 가치가 높은 특허는 라이선스 기회를 모색하거나, 전략적으로 매각하여 추가적인 수익을 창출할 수 있다.

- **예제:** 머신러닝을 활용한 특허포트폴리오 내 특허 가치 평가
- **목적:** 특허포트폴리오 내에서 상업적 가치가 높은 특허를 자동으로 평가하

고, 비핵심 특허를 정리.

- **AI 분석 기법**: 머신러닝(Decision Tree, Random Forest 등)을 통한 특허 가치 평가 모델
- **실무 적용**
  - 데이터 수집: 기업이 보유한 특허데이터와, 특허 인용 횟수, 유지 기간, 법적 상태, 특허 인용 네트워크 등의 관련 데이터를 수집한다.
  - 피처 추출: 특허 가치 평가에 영향을 미칠 수 있는 주요 피처(예: 인용 횟수, 국가별 등록 상태, 유지 기간, 기술 분류)를 설정하고, 학습 데이터를 구성한다.
  - 머신러닝 모델 학습: 기존의 고가치 특허데이터를 학습시켜, 새로운 특허의 상업적 가치를 예측할 수 있는 모델을 구축한다.
  - 특허 가치 평가: 머신러닝 모델을 사용하여 보유한 특허포트폴리오 내에서 가치가 높은 특허를 식별하고, 비핵심 특허를 정리한다.

### (3) AI 기반 특허 검색 및 분류 자동화

AI 기반의 고도화된 특허 검색을 통해 자사 기술이 기존 특허와 중복되거나 침해 소지가 있는지 신속하게 파악할 수 있다. 특히, 빠른 특허 검색을 통해 자사 기술과 차별화된 영역을 탐색하고, 특허 전략을 수립할 수 있다.

- **예제**: 딥러닝을 활용한 특허 검색 엔진 구축
- **목적**: 자사 기술과 유사한 특허를 빠르고 정확하게 검색하여 기술 침해 리스크를 사전에 분석
- **AI 분석 기법**: 딥러닝 기반 자연어 처리(NLP) 및 특허문서 분류 알고리즘
- **실무 적용**
  - 데이터 수집: 다양한 기술 분야의 특허 문서 데이터를 수집하고, 각 특허의 요약, 청구항, 기술 분류 등의 정보를 정리한다.
  - 딥러닝 모델 구축: 특허 문서를 이해하고, 관련성을 자동으로 분석할 수

있는 딥러닝 기반 검색 모델(예: BERT, GPT)을 구축한다.

- 검색 엔진 구현: 사용자가 특정 키워드나 기술을 입력하면, 해당 기술과 관련된 특허 문서들을 자동으로 검색하고, 유사성을 기반으로 결과를 분류한다.
- 결과 분석: 검색된 특허 문서 중에서 자사 기술과 유사한 특허들을 분석하고, 기술 침해 가능성을 평가한다.

### (4) AI를 활용한 특허청구항 자동 작성

청구항 자동 생성을 통해 특허 출원 시 소요되는 시간을 대폭 단축할 수 있다. 이러한 AI를 통해 청구항을 보다 정교하게 작성함으로써, 특허의 법적 보호 범위를 극대화할 수 있다.

- **예제**: 자연어 생성(NLG)을 활용한 특허청구항 자동 작성 도구 개발
- **목적**: 특허 출원 시 청구항 작성의 효율성을 높이고, 실수 없이 기술을 보호할 수 있도록 자동화
- **AI 분석 기법**: 자연어 생성(NLG)을 활용한 자동 청구항 생성
- **실무 적용**
  - 데이터 수집: 기존의 특허 문서에서 청구항 데이터를 수집하고, 청구항 작성 규칙에 대한 학습 데이터를 준비한다.
  - NLG 모델 학습: 자연어 생성 모델(예: GPT)을 학습시켜, 특정 기술 설명을 입력하면 자동으로 청구항을 작성하는 모델을 구축한다.
  - 청구항 자동 생성: 사용자가 기술의 주요 내용을 입력하면, AI가 이를 바탕으로 적절한 청구항을 자동으로 생성한다.
  - 출원 지원: 자동으로 생성된 청구항을 검토하고, 특허 출원 시 활용한다.

### (5) AI 기반 기술 융합 분석

서로 다른 기술을 융합하여 혁신적인 제품 개발 가능성을 발견하고, 이를 바

탕으로 신제품을 기획할 수 있다. 따라서, 기존 기술을 융합하여 새로운 시장을 개척하거나, 기술 간 시너지를 통해 시장 점유율 확장을 고려할 수 있다.

- **예제:** 머신러닝을 활용한 신기술 융합 분석
- **목적:** 서로 다른 기술 영역에서 융합될 수 있는 새로운 기술 기회를 발견하고, 혁신적인 기술 개발을 지원
- **AI 분석 기법:** 머신러닝 기반 연관성 분석 및 기술 융합 예측 모델
- **실무 적용**
  - 데이터 수집: 여러 기술 분야(예: IoT, AI, 바이오)의 특허데이터를 수집한다.
  - 연관성 분석: AI 모델을 통해 서로 다른 기술 간의 연관성을 분석하고, 함께 적용될 가능성이 있는 기술 영역을 도출한다.
  - 기술 융합 예측: 머신러닝 모델을 통해 어떤 기술이 서로 융합되어 신기술을 만들 가능성이 높은지 예측한다.
  - 기술 혁신 기회 탐색: AI 분석 결과를 바탕으로, 기술 융합을 통해 새로운 시장을 창출할 수 있는 혁신적인 기술 기회를 탐색한다.

위에서 제시된 경우는 아직은 진행형에 불과하지만 실현 불가능한 것이 아니어서 특허 분석에서 AI를 이용한 분석은 매우 의미가 있고 가치가 있을 것으로 예상된다.

결론적으로, AI 분석은 특허분석의 정확성, 효율성, 그리고 예측력을 대폭 향상시켜, 기업과 연구기관이 경쟁 우위를 확보하고 지속적인 혁신을 이끌어내는 데 중요한 역할을 할 수 있다. AI 기술의 지속적인 발전과 함께 특허분석 방법도 더욱 고도화될 것이며, 이는 미래의 기술 경쟁에서 핵심적인 요소로 작용할 것이다.

AI를 이용한 분석이 여러 장점에도 불구하고 유의해야 할 점은 AI 모델이 데이터 품질에 큰 영향을 받으므로, 부정확한 데이터가 포함될 경우 잘못된 결과를 도출할 수 있는 위험이 있다. 또한, AI 분석을 위한 인프라와 모델 구축 비

용이 높을 수 있으며, AI 모델의 결과 해석이 복잡하여 비전문가가 활용하기 어려운 경우가 있을 수 있다.

### (6) 실제 사례

#### ① 제약 산업의 특허 가치 평가 및 라이선싱 전략 수립

Pfizer와 같은 글로벌 제약사는 AI를 활용하여 경쟁사와의 특허 경쟁을 분석하고, 특허 가치가 높은 기술에 대해 라이선싱 계약을 체결하는 데 활용하고 있다. 또한, 이를 통해 자사의 R&D 투자 전략을 최적화하고 있다.

#### ② 자동차 기업의 자율주행 관련 특허 분석

테슬라와 같은 자동차 기업은 자율주행 기술 관련 특허를 분석하기 위해 AI를 사용하여 주요 경쟁사의 기술 집중도를 파악하고, 자사 개발 방향을 조정한다. 이를 통해 새로운 자율주행 기술의 출원 가능성 및 트렌드를 예측한다.

#### ③ 기술 트렌드 예측 플랫폼

Clarivate Analytics는 특허와 과학 논문 데이터를 결합하여 인공지능을 통해 기술 트렌드를 예측하는 서비스를 제공한다. 이 플랫폼은 AI를 통해 연구자와 기업에 최신 기술 트렌드를 분석해 주며, 이를 통해 향후 연구 방향 설정에 큰 도움을 받을 수 있다.

#### ④ 금융 기술: MasterCard의 블록체인 특허 분석

자연어처리(NLP)를 통해 블록체인 특허의 주요 기술 요소를 자동으로 추출하여 경쟁사의 블록체인 기술 강점과 약점을 파악한다. 또한, AI가 시장 가치와 법적 리스크를 평가하여 마스터카드의 블록체인 기술 포트폴리오 전략에 반영할 수 있도록 지원한다. MasterCard는 AI 기반의 분석을 통해 블록체인 관련 기술의 경쟁력을 높이고, 필요에 따라 새로운 특허를 출원하거나 기존 기술에 대한 투자를 확대하였다. 이는 MasterCard가 블록체인 기반의 새로운 금융 서비스를 개발하는 데 도움이 되었다.

이처럼 AI 분석은 특허데이터를 빠르고 효율적으로 처리하여 기술 혁신을 가속화하고, 기업의 전략적 결정을 지원하는 중요한 역할을 하고 있다.

CHAPTER 05

# 특허포트폴리오

1. 특허포트폴리오의 의의
2. 특허 관리와 활용

# CHAPTER 05 특허포트폴리오

특허포트폴리오는 특히 기업에서 매우 필요한 부분이다. 특허 유지 비용이 7년차부터 급증하고 많은 특허권을 보유한 경우 비용은 매우 커질 수밖에 없다. 결국 특허권을 선별해서 관리할 필요가 있다는 것이다. 이 장에서는 특허포트폴리오의 의의와 특허 관리와 활용에 대해 살펴보도록 한다.

## 1. 특허포트폴리오의 의의

### 1) 포트폴리오 분석의 의미

특허포트폴리오는 일반적으로 기업이 보유한 여러 특허를 전략적으로 관리하고 활용하는 방법을 의미한다. 이는 기술 보호, 경쟁 우위 확보, 시장 진출 방어 등을 목적으로 하며, 특허가 단순한 법적 보호를 넘어서서 기업 가치를 높이고 수익을 창출하는 도구로 작용한다.

포트폴리오 분석은 많은 복잡한 정보, 예를 들어 회사의 정보, 경쟁자의 정보, 환경 정보 등을 시각적으로 나타낸다. 포트폴리오 분석의 장점은 표시된 정보를 쉽게 비교하여 개관하고 형태적으로는 단순화시켰다. 더욱이, 포트폴리오 분석은 특허 정보 및 지표로 잘 나타내지 못하는 전략의 도출 및 대책 수립을 가능하게 한다. 포트폴리오는 목적에 따라 다양하게 전개시킬 수 있다. 이러한 포트폴리오는 일반적으로 x, y 축에 의해 나타낸다.

- X축(기술적 가치): 해당 특허의 기술적 강점을 나타내는 지표. 예를 들어, 특허 인용 횟수, 특허 생애주기(잔여기간), 독립 청구항의 수 등으로 측정할 수 있다.
- Y축(시장적 가치): 해당 특허가 시장에서 가지는 잠재적 가치 또는 영향력. 이를 위해 특허가 등록된 국가의 수, 제품과의 연관성, 기술의 시장성 등으로 측정할 수 있다.

[예시 데이터 포인트]

특허 A: (기술적 가치: 80, 시장적 가치: 70)

특허 B: (기술적 가치: 60, 시장적 가치: 90)

특허 C: (기술적 가치: 40, 시장적 가치: 50)

특허 D: (기술적 가치: 90, 시장적 가치: 30)

특허 E: (기술적 가치: 70, 시장적 가치: 60)

이 데이터를 바탕으로 각 특허(군)를 XY 평면에 표시하면, 특정 기술 분야에서 어떤 특허가 높은 시장성을 가지는지, 또는 기술적으로 강력하지만 시장성이 낮은 특허는 무엇인지 한눈에 파악할 수 있다.

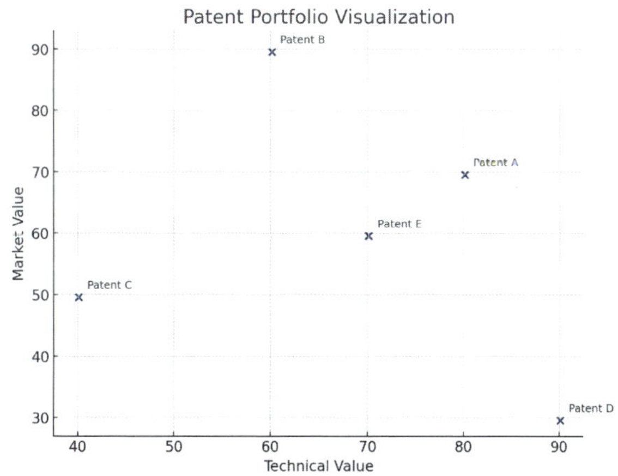


**[그림 5-1]** 특허포트폴리오의 시각화 예시(1)

## 2) 특허포트폴리오의 유형과 역할

### (1) 특허포트폴리오의 유형

특허포트폴리오는 다양한 유형과 역할을 가지고 있다. 우선 유형별로 살펴보면 대체로 다음과 같다.

- **공격형 포트폴리오**: 경쟁사의 시장 진입을 막거나 기술 개발을 억제하기 위해 사용되는 특허의 포트폴리오이다. 주로 혁신적인 기술이 포함되며, 소송을 통해 타 기업을 견제하는 역할을 한다.
- **방어형 포트폴리오**: 자사의 기술과 제품을 보호하고 경쟁사의 특허 공격으로부터 방어하기 위해 활용되는 특허의 포트폴리오이다. 자사의 기술이 타사의 특허를 침해하지 않도록 하기 위한 수단으로 사용된다.
- **협상형 포트폴리오**: 특허를 통해 협상력을 높이고, 라이선싱, 특허 크로스 라이선싱 등을 통해 수익을 창출하기 위한 특허의 포트폴리오이다. 협업 및 파트너십 체결에서 중요한 자산으로 작용한다.
- **포지셔닝형 포트폴리오**: 새로운 시장에서 기술적 우위를 확보하고, 시장 진입을 유리하게 만들기 위한 특허의 포트폴리오이다. 시장에서의 자사 기술의 위치를 강화하기 위한 전략적 수단으로 사용된다.

특허포트폴리오는 기업의 기술적 자산을 보호하고 시장 경쟁력을 높이기 위해 구축된다. 이를 공격형, 방어형, 협상형, 포지셔닝형 포트폴리오로 구분하여 구축할 수 있으며, 각각에 맞는 접근법과 실무적 내용은 다음과 같이 요약된다.

#### ① 공격형 포트폴리오

- **접근법**: 경쟁사의 기술을 분석하여 이를 무력화하거나 특허 침해에 대한 소송을 통해 시장 점유율을 높이는 데 중점을 둔다.

- **실무 내용:** 경쟁사의 특허를 분석하고 우회 기술을 개발하거나 중요한 기술 영역에 대해 선점 특허를 출원하여 시장에서의 위치를 공고히 한다.

**② 방어형 포트폴리오**

- **접근법:** 자사의 핵심 기술을 보호하고, 타사로부터의 특허 침해 소송에 대비한다.
- **실무 내용:** 핵심 기술과 관련된 특허를 확보하고 지속적인 모니터링을 통해 위험을 조기에 탐지하여 방어 준비를 한다.

**③ 협상형 포트폴리오**

- **접근법:** 상호 협상 및 크로스 라이선싱을 목적으로 특허 자산을 활용한다.
- **실무 내용:** 기술 공유가 필요한 기업들과의 협상을 위해 유용한 특허를 확보하며, 이를 통해 공동 연구개발 및 시장 확대의 기회를 도모한다.

**④ 포지셔닝형 포트폴리오**

- **접근법:** 시장 내에서 자사의 기술적 우위를 확보하고, 이를 통해 이미지와 브랜드를 강화한다.
- **실무 내용:** 주요 기술 분야에 특허를 출원하여 산업 내 선도적인 위치를 점유하며, 해당 기술이 회사의 브랜드 가치를 높일 수 있도록 마케팅에 반영한다.

이와 같은 특허포트폴리오를 구축하려면 기본적으로 다음과 같은 방법을 통해 그 결과물을 쉽게 찾아낼 수 있다.

### (2) 유형에 따른 시각화 예시

특허포트폴리오의 유형별 시각화를 위해 X축과 Y축을 기준으로 다양한 요소를 설정할 수 있다. 아래는 각각의 포트폴리오 유형에 적합한 X, Y축 기준 요소의 예와 설명이다.

■ 포트폴리오 시각화 예시

X, Y축의 설정에 따라 특허를 4분면으로 분류:

① 우선 투자/관리: X축과 Y축 모두 높은 특허

② 보완 필요: X축이 높고 Y축이 낮은 특허

③ 잠재적 기회: X축이 낮고 Y축이 높은 특허

④ 저우선순위: X축과 Y축 모두 낮은 특허

이를 통해 각 포트폴리오 유형에서 우선적으로 관리할 특허와 상대적으로 중요도가 낮은 특허를 체계적으로 분석할 수 있다.

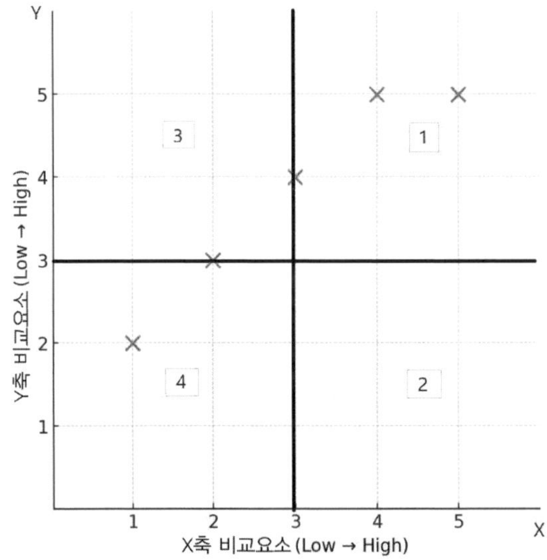


**[그림 5-2]** 특허포트폴리오의 시각화 예시(2)

### ① 공격형 포트폴리오

- X축: 경쟁사의 기술 연관성(Low → High)

  경쟁사의 기술과 자사의 특허가 얼마나 밀접하게 연관되어 있는지를 나타냄.

• Y축: 기술 파급력(Low → High)
해당 특허가 시장에서 기술적으로 얼마나 큰 영향을 미칠 수 있는지를 나타냄.
• 설명: 경쟁사의 주요 기술과 밀접하게 관련되면서 기술적 파급력이 큰 특허는 공격적으로 활용할 가치가 높다. 반대로 연관성이 낮고 파급력이 낮다면 후순위로 간주할 수 있다.

### ② 방어형 포트폴리오

• X축: 기술 중요도(Low → High)
자사의 핵심 제품 또는 서비스에 해당 기술이 얼마나 중요한지를 나타냄.
• Y축: 소송 리스크(Low → High)
해당 기술 분야에서 특허 침해 소송이 발생할 가능성을 나타냄.
• 설명: 기술적으로 중요도가 높고 소송 리스크가 높은 영역은 방어적 포트폴리오의 핵심 관리 대상이 된다. 반대로 소송 리스크가 낮거나 중요도가 낮다면 방어 우선순위는 낮다.

### ③ 협상형 포트폴리오

• X축: 시장 협상력(Low → High)
해당 특허가 시장에서 얼마나 전략적인 가치를 가질 수 있는지를 나타냄.
• Y축: 라이선싱 수익 잠재력(Low → High)
해당 특허가 라이선싱을 통해 발생할 수 있는 수익 가능성을 나타냄.
• 설명: 시장 협상력이 높고 라이선싱 수익 잠재력이 큰 특허는 크로스 라이선싱 또는 협상을 위해 매우 중요한 자산으로 관리된다.

### ④ 포지셔닝형 포트폴리오

• X축: 브랜드 연계성(Low → High)
특허가 자사의 브랜드 가치 및 이미지를 강화하는 데 얼마나 기여할 수 있는지를 나타냄.

- **Y축:** 기술 선도성(Low → High)
  해당 특허가 기술적으로 얼마나 혁신적이고 선도적인지를 나타냄.
- **설명:** 브랜드 연계성이 높고 기술 선도성이 높은 특허는 시장 내 기술 리더십을 확보하고 회사의 이미지를 강화하는 데 중점적으로 활용된다.

### 3) 특허지표를 이용한 특허포트폴리오

#### (1) 정성적 지표의 경우

다음은 페익스가 주장한 포트폴리오 매트릭스에 관한 것으로, 수직 및 수평축에 들어가는 요인으로 특허매력도 및 특허강도를 예시하였으며, 다음의 지표로 요약된다.

**〈표 5-1〉** 특허의 매력도 판단을 위한 기준 및 지표

| 발명의 매력도 | 특허보호의 매력도 |
|---|---|
| 1) 발명의 기술적 의미(발명, 특허허여, 보유하고 있는 인용문헌의 빈도수에 대한 R&D 지출 및 인력투입의 범위)<br>2) 발명의 경제적 의미(수입의 현재가, 외국출원의 수, 외국특허등록의 수, 복수의 특허분류기호 또는 특허분류기호의 빈도) | 1) 특허보호의 가능성, 신규성 소멸의 여지, 지불할 연차료의 배제(무엇보다도 특허청구범위 및 청구항수와 관련됨)<br>2) 어떤 기술 분야에서의 특허의 전략적 역할(예를 들어, 경쟁사의 중요한 기술 개발을 저지할 수 있는 기술수준의 획득과 관계됨) |

**〈표 5-2〉** 특허의 강도 판단을 위한 기준 및 지표

| 법적 측면의 특허 강도 | 특허권자의 강도 |
|---|---|
| 1) 특허허여절차에 따른 특허의 지위(출원, 출원공개, 이의제기가 가능한 허여된 특허, 최종적으로 허여된 특허)<br>2) 출원인/특허권자의 법적 지위 보장을 위한 청구 및 이용가능한 방법, 특허보호에 대한 제3자의 침해 가능성(해당 특허법과 관련) | 1) 무엇보다도 금융 수단의 측면에서의 기업의 리소스, 그리고 타 경쟁사와의 비교하여 외부 특허사무소의 질 또는 특허부서의 양과 질<br>2) 방어특허의 형태로 보호법의 실시 보장 |

다음은 위에서 설명한 지표를 활용한 페익스에 따른 포트폴리오 매트릭스를 예시적으로 보여 주고 있다. 여기서 원의 크기는 특허군에 속하는 특허의 수를 나타낸다.

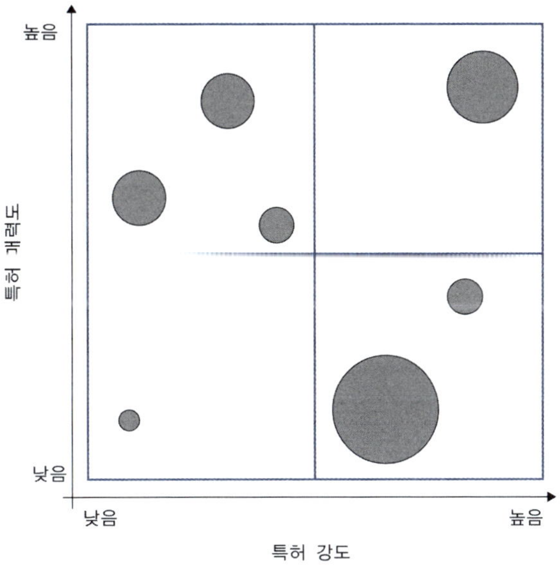


[그림 5-3] 페익스의 포트폴리오

출처: Patentmanagement(2007).

## (2) 특허지표

특허지표를 이용한 특허포트폴리오는 이미 합리적으로 도출된 다음과 같은 특허지표를 이용할 경우 객관적이면서도 시간과 비용을 줄일 수 있는 이점이 있다. 또한, 정성적 지표가 포함된 여러 포트폴리오의 경우도 공개된 다음의 특허지표를 찾아 대용한다면 객관성을 담보할 수 있어서 특허포트폴리오를 활용하는데 있어서 매우 유익할 것이다.

〈표 5-3〉 특허지표의 예

| 분류 | 특성지표 | | |
|---|---|---|---|
| 기초동향 | 출원건수 | 공동출원건수 | 특허등록율 |
| | 출원청구항수 | 공동출원비율 | 누계특허등록율 |
| | 출원1건당 청구항수 | PCT 출원 | 특허결정율 |
| | 출원자수 | 평균출원경과연수 | 누계특허결정율 |
| | 누적출원건수의 증가율 | 심사청구건수 | 유효특허건수 |
| | 출원자수 대비 특허출원건수 | 심사청구율 | 총유효특허건수 |

| | | | |
|---|---|---|---|
| | 발명자수 | 누계심사청구율 | 총유효특허현존율 |
| | 누적발명자수의 증가율 | 특허등록건수 | 총유효특허평균잔존연수 |
| | 발명자 1인당 출원건수 | 등록청구항수(권리범위) | 특허스톡지수 |
| | 발명자 1인당 출원청구항수 | 평균등록소요연수 | |
| 기술우수성 | 인용도지수(CPP) | 피인용비(CR) | H-index* |
| | 기술영량력지수(CII) | 중요특허건수 | 중심특허피인용지수 |
| | 기술력지수(TS) | 영향력지수(PII) | 권리변동 |
| 기술혁신성 | 공동연구협력도(샐턴지수) | 기술혁신주기(TCT) | 곰페르츠 모형* |
| | 특허활동지수(AI) | 상대적피인용반감기 | 삼중나선(TH) 지표* |
| | 과학적연계성(SL) | 국제유입흐름(IKE) | 기술자립도(TI) |
| | 엔트로피지수* | | |
| 시장경쟁력 | 기술의존도(RD) | 신피인용분석(CRR) | 특허 수익성(매출액기준) |
| | 시장확보지수(PES) | 특허출원생산성 | 특허경쟁력지수(PCPI) |
| | 규격화특허경쟁력 | 심사청구생산성 | 특허취득생산성 |
| | 특정주체의 기술영향지수 | 특허 수익성(사업이익기준) | |
| 시장 다양성/파급 | 허핀달지수(HI)* | 기술지식파급/흡수지수* | 상위K기업 집중계수* |
| | 특허포트폴리오의 IPC개수 | 지니계수* | 베리(Berry) 지수* |
| | 10분위 분배율* | | |

* 타학문분야에서 도입된 지표
출처: 한국지식재산연구원(2012).

## 2. 특허 관리와 활용

### 1) 특허 비용과 특허 수익의 관계

특허포트폴리오 관리에는 상당한 비용이 수반된다. 특허 출원, 유지, 관리 등에는 직접적인 비용이 들며, 특히 특허 유지를 위한 등록연차료의 경우 〈표 5-4〉 연차등록료에서 보는 것과 같이 7년차부터 기존의 비용에 비해 훨씬 더 많은 비용을 지불해야 한다.[7]

7) https://www.patent.go.kr/smart/jsp/ka/menu/fee/main/FeeMain01.do 참조

〈표 5-4〉 연차등록료

| 권리 | | 설정등록료 (1~3년분) | 연차등록료 | | | |
|---|---|---|---|---|---|---|
| | | | 4~6년 | 7~9년 | 10~12년 | 13~25년 |
| 특허 (기본료 +가산료) | 기본료 | 매년 13,000원 | 매년 36,000원 | 매년 90,000원 | 매년 216,000원 | 매년 324,000원 |
| | 가산료 (청구범위 1항마다) | 매년 12,000원 | 매년 20,000원 | 매년 34,000원 | 매년 49,000원 | 매년 49,000원 |

출처: 특허청.

특허 비용과 특허 수익의 관계는 다음과 같은 요소에 의해 결정된다.

- **출원 및 유지비용**: 특허 출원과 등록을 위한 비용이 발생하며, 국제적으로 보호받기 위한 절차에서는 추가적인 비용이 필요하다. 하지만 유효한 특허를 통해 경쟁사로부터 시장을 방어하거나 라이선스 수익을 창출할 수 있다면, 이러한 비용을 상쇄할 수 있다.
- **라이선스 수익**: 특허는 직접적인 제품 판매를 넘어서서 라이선스나 로열티 수익을 통해 경제적 가치를 창출할 수 있다. 라이선스 계약을 통한 수익이 특허 유지비용을 초과하는 경우, 특허포트폴리오는 기업의 주요 수익원이 될 수 있다.
- **소송 및 분쟁 비용**: 특허포트폴리오를 통한 특허 소송의 경우 소송 비용도 무시할 수 없는 부분이지만, 승소 시 상대 기업으로부터 큰 배상금을 받을 수 있다. 이러한 전략적 소송이 성공적으로 이루어지면 막대한 수익을 창출할 수 있다.

## 2) 특허비즈니스

### (1) 비즈니스의 유형

특허비즈니스는 특허를 상업적으로 활용하는 일련의 활동을 의미한다. 특허를 통한 비즈니스 모델은 다음과 같다.

- **라이선싱:** 특허를 다른 기업에게 라이선스하여 사용료(로열티)를 받는 형태로, 주요 수익 창출 방법 중 하나이다.
- **특허 매각:** 특정 특허를 타사에 판매하여 일회성 수익을 얻는 방식이다.
- **크로스 라이선싱:** 두 기업이 서로의 특허를 교환하여 사용할 수 있도록 하는 협력 방식으로, 소송을 방지하고 상호 발전을 도모한다.
- **특허 소송:** 자사의 특허를 침해한 기업에 대해 소송을 제기하여 손해배상금을 받는 방법으로, 기술적 우위를 지키는 동시에 수익을 창출할 수 있다.

다음은 특허비즈니스의 각 유형을 정리한 것이다.

〈표 5-5〉 특허비즈니스의 유형

| 유형 | 특징 | 장점 | 단점 | 현실성 |
|---|---|---|---|---|
| 특허 라이선싱 | 특허권자가 사용권을 제공하고 로열티 수익을 얻음 | 안정적 수익 창출, 분쟁 감소 | 특정 기업 의존으로 수익성 리스크 존재 | 높은 현실성 |
| 특허 매각 | 특허권을 완전히 매각하여 자산 현금화 | 즉각적인 자금 확보, 관리 부담 감소 | 권리 포기로 장기 수익 기회 상실 가능 | 비핵심 특허에 대한 현실성 높음 |
| 크로스 라이선싱 | 상호 기술 공유로 협력 관계 형성 | 연구개발 비용 절감, 협업 기회 증대 | 기술 노출 위험 | 대기업 대상 현실적 |
| 특허 소송 | 특허 침해에 대한 방어 또는 공격 수단 | 강력한 억제력, 법적 보호 강화 | 높은 소송 비용과 시간 소요 | 대기업에 유리 |
| 특허 펀드 | 특허 자산을 모아 펀드로 조성하여 투자 수익 창출 | 리스크 분산 가능 | 고도의 관리 능력과 전문가 네트워크 필요 | 투자 기관 주도로 현실성 높음 |
| 기술 협력 | 특허 활용한 공동 연구 및 개발로 기술력 증진 | 기술력 증대, 비용 분담 가능 | 기밀 유출과 관리 부담 | 유사 기술 기업 간 활용 |

### (2) 기술료 산정 방법

기술료는 기술이전에 따른 수익을 기술 개발자와 수요자 사이에 분배하는 방식으로, 적정한 수준으로 산정하는 것이 중요하다. 기술료는 일반적으로 고정금액 또는 로열티 형태로 구분된다. 기술료 산정을 위해서는 여러 요소를 고려해야 하며, 주로 아래와 같은 요소들이 반영된다.

- **기술 개발 비용:** 기술 개발에 소요된 총비용이 기술료 산정에 기초가 된다. 개발자가 기술 개발에 투자한 비용이 회수될 수 있도록 기술료를 산정해야 한다.
- **기술의 시장성 및 수익성:** 기술이 상용화될 경우 예상되는 시장 규모와 수익성을 기반으로 기술료를 책정한다.
- **예상매출:** 기술을 적용한 제품이나 서비스의 예상 매출
- **기술 사용 범위 및 기간:** 기술의 사용 범위(국내 또는 국제 시장), 사용 기간(일시적 또는 장기적)에 따라 기술료가 달라질 수 있다. 사용 범위가 넓을수록, 사용 기간이 길수록 기술료가 높게 책정될 수 있다.
- **독점 라이선스 유무:** 독점 라이선스인지 비독점 라이선스인지에 따라 금액이 달라진다.

### (3) 로열티 방식

기술료 산정에서 가장 일반적인 방식은 로열티(사용료)이다. 로열티는 기술 사용자가 제품 매출액의 일정 비율을 기술료로 지급하는 방식이다. 로열티 비율은 일반적으로 1%에서 10% 사이에서 결정되며, 기술의 독창성, 수익성, 위험성 등에 따라 달라진다.

- **매출 연동형 로열티:** 기술을 적용한 제품의 매출액에 비례하여 일정 비율을 지급하는 방식
- **일정 금액 로열티:** 일정 기간마다 고정된 금액을 지급하는 방식
- **일시불 지급 방식:** 기술료를 한 번에 지급하는 방식. 기술의 가치가 크거나 개발자의 요구에 따라 초기 기술 이전 시 전체 금액을 받기도 한다. 이 경우, 기술이 상용화된 후의 수익과는 무관하게 고정된 금액을 설정한다.
- **기술의 상업적 성공 여부에 따른 변동 요인:** 기술이전 후의 상업적 성공 여부

에 따라 기술료를 변동적으로 산정할 수 있다. 예를 들어, 초기에는 낮은 기술료를 부과하고, 상용화가 성공하면 높은 로열티를 적용하는 방식도 있다.

- **벤치마크 분석**: 유사한 기술이나 시장에서 이루어진 다른 기술이전 사례를 참조하여 기술료를 산정할 수 있다. 기존의 성공적인 라이선스 계약을 참고하면, 시장에서 통용되는 적정 수준의 기술료를 파악할 수 있다.

### (4) 기술료 산정 예시

- **고정 금액 방식**: 기술 개발에 소요된 비용이 10억 원인 경우, 이를 기준으로 기술료를 일시불로 20억 원으로 책정
- **로열티 방식**: 기술을 적용한 제품의 연간 매출이 100억 원이고, 로열티 비율을 5%로 정한 경우, 연간 기술료는 5억 원

이처럼 기술료 산정은 기술의 가치, 시장성, 사용 범위, 상업적 성공 가능성 등을 종합적으로 고려하여 이루어진다.

CHAPTER **06**

# 지식재산의 가치평가

1. 기술가치와 특허가치의 평가
2. 지식재산 가치평가

# CHAPTER 06 지식재산의 가치평가

지식재산의 가치 평가는 지식재산권의 관리를 위한 포트폴리오에서 중요한 역할을 한다. 상대적으로 가치가 낮은 지식재산권은 일정 시점이 지나면 반드시 유지 여부를 고려해야 한다. 이 장에서는 기술가치 평가와 지식재산 가치평가를 살펴보도록 한다.

## 1. 기술가치와 특허가치의 평가

### 1) 가치평가의 개념

(1) 평가의 의의

기술가치평가와 특허가치평가는 각각 기술과 특허의 경제적 가치를 산정하는 평가 방법이다. 기술가치평가는 특정 기술이 가져올 수 있는 경제적 이익을 평가하는 것이며, 특허가치평가는 해당 특허의 권리와 독점성으로 인해 발생할 수 있는 잠재적인 경제적 이익을 측정한다.

(2) 평가의 차이점

기술가치평가는 기술 자체에 대한 경제적, 기술적 가치를 평가한다. 평가 대상은 특허권을 포함하여 기술이 사용되는 사업 모델이나 기술 자체의 상용화 가능성까지도 포함된다. 반면에, 특허가치평가는 특허의 독점적 권리로 인해 발생할 수 있는 수익성, 산업 내 경쟁력 등을 고려하여 평가한다. 그러나 「기술이전 및 사업화 촉진에 관한 법률」 제2조에서는 기술(Technology)에 대하여 다음과 같이 정의하고 있다. "기술이란 특허법 등 관련 법률에 따라 등록 또는 출원된 특허, 실용신안, 디자인, 반도체집적회로의 배치설계 및 소프트웨어 등 지식재산, 기술이 집적된 자본재, 기술에 관한 정보, 그 밖에 상기에 준하는 것으로서 대통령령으로 정하는 것"이라 했다. 이를 근거로 실무적으로는 기술가치평가의 경우 기술기여도에서 기술성, 사업성 외에 특허권에 대한 권리성을 포함함으로써 기술가치평가를 특허가치평가로 갈음하는 경우가 많다.

## 2) 기술가치평가 방법

기술가치평가는 해당 기술의 미래 수익 가능성, 기술 사업화 여부, 경쟁 기술과의 비교 등을 고려하여 이루어진다. 주로 사용되는 방법론은 미래 경제적 이익을 현재가치로 환산하는 DCF(Discount Cash Flow)방법이 있다.

기술가치평가는 평가의 목적이나 상황에 따라 적절한 평가방법을 적용하여 추정하여야 한다. 이러한 기술가치 평가는 기술거래, 현물출자, 투자·융자, 전략수립, 세무, 소송 및 청산 등 다양한 목적에 의하여 이루어지고 있다. 기술이전 및 거래의 경우 DCF(Discount Cash Flow)를 활용하거나 시장에서 유사사례

〈표 6-1〉 기술가치평가의 평가 목적

| 목적 | 세부 내용 |
|---|---|
| 기술거래 | 기술구입, 기술판매, 라이선싱 |
| 현물출자 | 기술의 현물출자 시 적정가액 산정 |
| 투지 및 융자 | 기술투자, 기술의 재무증원화, 대출 담보 설정 |
| 전략수립 | 기술 상품화, 기업가치 증진, 분사(spin-off) |
| 세무 | 기술의 기증, 처분, 상각을 위한 세무계획수립 및 세금 납부 |
| 소송 | 특허권 침해, 채무 불이행, 기타 재산분쟁 관련 법정 소송 |
| 청산 | 기업의 파산 또는 구조조정에 따른 자산평가, 채무상환계획수립 |

출처: 지식경제부(2011). 기술가치평가 실무가이드.

를 찾는 경우가 많다.

기술가치평가 방법은 다음의 〈표 6-2〉과 같이 일반적으로 수익(소득)접근법, 비용(원가)접근법, 시장(시장사례)접근법 등으로 구분한다.

수익(이익)접근법은 대상기술의 경제적 수명 동안 기술사업화로 인하여 발생될 경제적 이익을 추정한 후 할인율을 적용하여 현재가치로 환산하는 방법으로, 수익접근법의 가치산정에는 기술의 경제적 수명, 현금흐름, 할인율, 기술기여도 등 4가지 평가요소의 추정이 필요하다.

〈표 6-2〉 기술가치평가 방법

| | 주요 변수 | 적용 영역 | 문제점 |
|---|---|---|---|
| 수익접근법 | • 현금흐름<br>• 할인율<br>• 기술수명 | • 기술거래, 이전<br>• 보편화된 기술시장 | • 변수추정시 주관성 개입 문제 |
| 시장접근법 | • 유사 기술의 시장 사례 가치 | • 라이선스 및 로열티 산정 | • 기술시장이 전제<br>• 충분한 거래사례 |
| 비용접근법 | • 개발비용<br>• 감가상각방법 | • 공공기관의 기술 이전 | • 미래가치 미반영 |

출처: 조대영(2012).

시장접근법은 대상기술과 동일 또는 유사한 기술이 시장에서 거래된 가치에 근거하여 비교·분석을 통하여 상대적인 가치를 산정하는 방법으로, 시장접근법을 적용할 경우에는 비교 대상과 어느 정도 유사성이 있는지 판단하여 비교 대상과 유의한 차이가 있을 때는 적절히 차이 조정을 하여야 한다.

비용(원가)접근법은 대체의 경제 원리에 기초를 두고 동일한 경제적 효익을 가지고 있는 기술을 개발하거나 구입하는 원가를 추정하여 가치를 산정하는 방법으로, 비용접근법을 적용할 경우 기술 개발비용, 재생산원가, 대체원가 등 상세한 원가 정보가 필요하다.

평가시점 현재 동질성 있는 기술에 대한 가격을 시장에서 관찰할 수 있는 경우에는 시장접근법을 우선 적용할 수 있다. 중요한 것은 각각의 평가접근법에서 요구되는 가치평가의 투입변수를 고려하여 가장 적절한 평가접근법이나 방법을 적용하여야 한다. 가치추정치에 접근하기 위하여 복수의 평가접근법이나 방법을 사용하는 것이 현재로는 가장 바람직하다.

이와 같은 평가접근법은 서로 다른 경제적 관점에 기반을 두고 가치평가에 접근하고 있다. 아래 표에서 보는 것과 같이, 기술가치 평가 방법은 기술의 완성도(개발 단계)에 따라 달리 선택할 수 있다. 즉, 기술의 완성도가 높아질수록 가치의 정확도가 높아지며, 가치금액도 상승할 수 있다.

**〈표 6-3〉 기술완성도에 따른 기술가치평가 방법**

| 가치 | 단계 | 가치평가방법 | 정확도 |
|---|---|---|---|
| 고 | 상용화 | 시장/수익 | 고 |
| ⇧ | 개발 완료 | 수익/시장 | ⇧ |
|  | 개발 중 | 대체원가/로열티공제법 |  |
| 저 | 초기단계 | 재생산원가 | 저 |

출처: 지식경제부(2011). 기술가치평가 실무가이드.

또한, 수익접근법에 의한 기술가치평가의 경우 산출식은 다음으로 표현된다.

$$V_T = \sum_{t=1}^{n} \frac{CF_t}{(1+r)^t} \times \text{기술기여도}$$

여기서, t는 현금흐름추정이 이루어지는 기간, n은 기술의 경제적 수명, CFt는 t기간에서 현금흐름, r은 할인율(discount rate)이다.

기술기여도는 다음과 같이 추정할 수 있다.

### ① 경험측(25% Rule) 방법(Rule of Thumb)

경험측 25%룰은 기술거래시장에서 관행적으로 이루어져 온 것으로서 기술거래 협상과정에서 기술도입자(Licensee)와 기술판매자(Licensor) 간의 합의에 따라 기술거래에 의한 창출한 이익의 25%는 기술판매자의 몫으로, 75%는 기술도입자의 몫으로 배분하는 것이 합리적이라는 의견에서 비롯된 것이다. 이때,

이익은 기술사업에 의해 발생한 세전영업이익이 기준이다. 그러나 기술제공자와 기술도입자 간에 25%:75% 이익배분의 기준이 경우에 따라서 모든 기술에 적용될 수 있는 것은 아니다.

### ② 기술요소법

산업 업종 특성과 개별기술 특성을 동시에 반영할 수 있는 방법으로, 기술요소법에 의한 기술기여도 측정은 산업특성을 파악하는 산업기술요소 도출과 개별기술의 특성을 파악하는 개별기술강도를 도출하는 과정으로 구성되며, 다음 산식으로 기술가치가 얻어진다.

기술가치 = 기술의 사업가치 × 기술요소(%)
기술요소 = 산업기술요소[8] (%) × 개별기술강도
여기서, 산업기술요소 = 최대실현 무형자산가치비율 × 평균기술자산비율

무형자산가치비율 = 무형자산가치 / 기업시장가치(시가총액)
무형자산가치 = 기업시장가치(시가총액) - 순자산가치(= 자산가치총액 - 부채총액)
기술자산비율 = 연구개발비 / (연구개발비 + 광고선전비 + 교육훈련비)

개별기술강도의 경우는 다음의 표와 같이 예를 들어 기술성(권리성 포함) 10개 항목과 사업성(시장성 포함) 10개 항목으로 구성되는 개별기술강도 평가지표를 사용 한다. 기술성 측면과 사업성 측면의 각각의 평가지표 모두 20개를 분석하여 5점 척도를 적용하여 1~5점 범위에서 점수를 부여하고, 이 점수를 백분율로 표시하여 개별기술강도를 측정한다.

---

8) 실무적으로는 산업기술요소 결정의 경우 코스닥과 코스피 상장기업을 대상으로, 분석에 필요한 자본 시장정보와 재무정보에 대해 5년간(2005년~2009년)의 한국신용평가정보의 자료, 금융감독원 공시정보를 기반으로 만든 산업기술요소표(%)를 사용함(기술가치평가 실무가이드, 2011).

〈표 6-4〉 개별기술강도 평가지표

| 구분 | 평가항목 (각 5점 척도) | 평가점수 | | | | |
|---|---|---|---|---|---|---|
| | | 매우 우수 | 우수 | 보통 | 미흡 | 매우 미흡 |
| 기술성 | 혁신성 | 5 | 4 | 3 | 2 | 1 |
| | 파급성 | 5 | 4 | 3 | 2 | 1 |
| | 활용성 | 5 | 4 | 3 | 2 | 1 |
| | 전망성 | 5 | 4 | 3 | 2 | 1 |
| | 차별성 | 5 | 4 | 3 | 2 | 1 |
| | 대체성 | 5 | 4 | 3 | 2 | 1 |
| | 모방용이성 | 5 | 4 | 3 | 2 | 1 |
| | 진부화 가능성(기술수명) | 5 | 4 | 3 | 2 | 1 |
| | 권리범위 | 5 | 4 | 3 | 2 | 1 |
| | 권리 안전성 | 5 | 4 | 3 | 2 | 1 |
| 사업성 | 수요성 | 5 | 4 | 3 | 2 | 1 |
| | 시장진입 가능성 | 5 | 4 | 3 | 2 | 1 |
| | 생산용이성 | 5 | 4 | 3 | 2 | 1 |
| | 예상 시장점유율 | 5 | 4 | 3 | 2 | 1 |
| | 경제적 수명 | 5 | 4 | 3 | 2 | 1 |
| | 매출성장성 | 5 | 4 | 3 | 2 | 1 |
| | 파생적 매출 | 5 | 4 | 3 | 2 | 1 |
| | 상용화 요구시간 | 5 | 4 | 3 | 2 | 1 |
| | 상용화 소요자본 | 5 | 4 | 3 | 2 | 1 |
| | 영업이익성 | 5 | 4 | 3 | 2 | 1 |
| 개별기술강도 | 획득점수/100 | | | | | |

다음은 한국과학기술정보연구원(KISTI)에서 개발한 기술가치평가 프로그램 웹사이트의 초기 화면으로 이를 잘 활용하면 비교적 손쉽게 평가를 할 수 있다.

출처: https://www.starvalue.or.kr

### 3) 특허가치평가 방법

특허가치평가는 특허의 독점적 권리, 시장성, 기술의 차별성 등을 고려한다. 대체 기술의 유무, 특허 등록 후 기술의 성장 가능성 등이 주요 평가 요소이다.

위의 기술가치평가와 마찬가지로 개별 특허를 대상으로 DCF 방식의 경제적 가치를 산출하여 적용하는 특허가치평가[9]가 있다. 이때, 이론적으로는 기술가치평가에서 사용하는 기술기여도 대신에 무형자산의 기여도를 사용하기도 한다. 기여도는 무형자산의 개별 구성요소인 기술자산, 시장자산 및 인적자산이 전체가치에 얼마나 기여하는지를 파악하기 위하여 각 자산의 특성이 반영된 평가지표로 측정한 무형자산의 상대적 기여도를 말한다. 기술자산은 개발능력과 개발실적, 우수성과 혁신성 등을 종합적으로 판단하고 시장자산과 인적자산도 각각의 특성을 반영하는 지표를 통해 상대적 가치를 평가한다. 개별자산은 각각의 특성을 반영하는 몇 가지 평가지표를 이용하여 5점 척도로 측정하고 전체 평점 중에서 각각의 무형자산 평점을 기여도로 한다. 개별 자산의 특성이 고려되기 전에는 개별 기여도가 동일하다고 전제하므로 각 자산의 배점은 동일하게

9) 특허가치평가와 기술가치평가는 다소 차이점이 상존하지만 「기술이전 및 사업화촉진법」에 따라 기술의 정의에 특허 등이 포함됨으로써 기술 및 특허의 경우 대부분 동일한 과정으로 평가하고 있음.

한다. 각 자산의 산출식은 다음과 같다.

기술자산기여도 = 기술자산평점 / (기술자산평점+시장자산평점 + 인적자산평점)
시장자산기여도 = 시장자산평점 / (기술자산평점+시장자산평점 + 인적자산평점)
인적자산기여도 = 인적자산평점 / (기술자산평점+시장자산평점 + 인적자산평점)

기술자산의 경우는 완성도 조정계수를 적용하는데, 아이디어구상에서 안정시장 확보에 이르기까지의 과정을 세분하여 각 단계별로 달리 적용한다. 완성도 조정계수는 기존사업과 창업기업을 구분하여 적용한다. 특히, 창업 초기의 벤처사업에 투자하는 경우에는 투자자가 기대하는 요구 수익률이 매우 높기 때문에 그에 상당하는 위험 조정분이 차감되도록 설계된다. 일반적으로 벤처 사업 투자자는 기술 개발 초기상태인 사업에 대하여 위험을 반영한 수익률을 거의 50% 가까이 요구하고 있으며 이를 정점으로 하여 진행정도가 높아짐에 따라 요구수익률이 낮아진다. 여기에서는 이러한 일반적인 경험률을 바탕으로 상정한 위험프리미엄을 이용하여 완성도 조정계수를 산정한다.

〈표 6-5〉 완성도 조정계수

| | 구분 | 완성도 |
|---|---|---|
| 기존사업 | 기존 사업으로 다수의 거래처를 확보한 제품 | 1 |
| | 기존 사업 외에 새로운 기술자산을 개발중이며 판로가 확보되어 있음 | 7/8 |
| | 기존 사업 외에 새로운 기술자산을 개발 중이며 시장을 개척하여야 함 | 6/8 |
| 신규사업 | 시장 가능성 확인: 시장이 급속히 성장하여 설비를 풀가동하고 있으며 신규투자를 고려 | 5/8 |
| | 인지도가 높아져 투자자가 나서기 시작함 | 4/8 |
| | 양산 성공 단계: 공정기술이 안정되어 목표 제조 수율을 달성 | 3/8 |
| | 설비건설 제조 기술 습득 및 생산 착수 단계 | 1/3 |
| | 시제품 완성 상용화 가능성 확인 단계: 제품 구상 및 연구 개발 단계 | 1/4 |

출처: 김홍수(2012).

위에서 설명한 기본적인 평가 방법 이외에도 기술평가시장에서 폭넓게 사용되는 로열티공제법(Relief-from-Royalty, RFR)이 있다.

## 4) 평가기관의 특허평가 방법

### (1) 한국발명진흥회

우리나라의 대표적인 특허 평가 기관으로 한국발명진흥회와 한국특허정보원이 있으며, 이들 기관은 각기 자체 특허정보분석시스템을 운용하고 있으며 개별 특허권에 대해 등급 평가를 실시하고 있다. 한국발명진흥회(특허정보분석시스템 smart 3.0)의 경우 다음 〈표 6-6〉과 같이 32개의 평가 요소를 사용하고 있으며 이 요소들은 출원, 심사, 심판 및 경과정보로부터 추출한 것이며 권리성과 기술성, 시장성 관련의 평가 요소이다.

그러나 특허지표와 관련될 수 있는 평가 요소 10개를 제외한 나머지 22개는 권리성에 집중되어 있는 평가 요소이다. 특히, 시장성과 관련 있는 평가 요소는 해외패밀리국가수로 단 하나에 불과하다. 이로써, 한국발명진흥회는 특허권의 유효성에 평가가 집중되어 있다고 볼 수 있다. 이러한 32개의 평가 요소는 일반 기업이 사용하기가 사실상 어렵고 국제간 비교 평가 요소로도 사용하기 어렵다. 점수 산출은 원래 모형 검증에 사용하는 구조 방정식을 사용하고 점수에 따라 9개 구간으로 나눈 등급으로 평가한다.

〈표 6-6〉 특허정보분석시스템 smart 3.0

| | 평가요소 | | 평가요소 | | 평가요소 | | 평가요소 |
|---|---|---|---|---|---|---|---|
| 1 | IPC수 | 9 | 무표심판 인용, 취하, 각하수 | 17 | 연차등록회수 | 25 | 존속기간연장등록 결정여부 |
| 2 | 거절결정불복 심판수 | 10 | 발명의 설명의 길이 | 18 | 우선심사청구여부 | 26 | 종속항수 |
| 3 | 권리자변동수 | 11 | 발명자수 | 19 | 의견서제출수 | 27 | 종속항의 평균 길이 |
| 4 | 금융기관질권 설정수 | 12 | 분할출원 우선권 주장수 | 20 | 적극적 권리범위 확인심판인용수 | 28 | 청구항 계열수 |

| 5 | 도면수 | 13 | 선행문헌 중 논문/외국특허수 | 21 | 적극적 권리범위 확인심판 기각, 취하, 각하수 | 29 | 총피인용수 |
|---|---|---|---|---|---|---|---|
| 6 | 독립항 길이 | 14 | 소극적 권리범위확인심판 기각수 | 22 | 정보제공수 | 30 | 피인용 특허의 인용문헌 중 논문/외국특허수 |
| 7 | 독립항수 | 15 | 소극적 권리범위 확인심판 인용, 취하, 각하수 | 23 | 정정심판수 | 31 | 피인용과 출원일 차이 |
| 8 | 무효심판기각수 | 16 | 실시권자수 | 24 | 조기공개여부 | 32 | 해외패밀리국가수 |

출처: 한국발명진흥회. 온라인특허등급평가시스템 소개자료집.

### (2) 한국특허정보원

반면에, 한국특허정보원(특허정보분석시스템 K-PEG3.0)의 경우는 생존확률이 높은 특허를 가치 있는 특허로 정의하고 데이터마이닝 기법을 이용하여 관련성이 높은 특허군내에서 유사특허를 추출하고 특허유지와 관련된 평가항목을 통해 상대적인 평가가 가능하도록 하였다. 이때, 평가 요소로는 다음 표와 같으며 모두가 특허지표 구성에 관계가 있다. 한국발명진흥회와 다른 점은 특허지표로 이용할 수 있는 다양한 평가 요소를 사용하여 특허유지에 초점을 맞춘 것이다. 그러나, 생존확률이 높은 특허만이 특허 가치가 있다고 단언하기가 어렵다. 왜냐하면, 출원인은 특허유효만기일까지 보유하려는 경향이 있기 때문이다.

〈표 6-7〉 특허정보분석시스템 K-PEG3.0

| 특허정보 | 평가 요소 |
|---|---|
| 명세서 정보 | 청구범위의 광협, 청구항의 구성, 독립청구항, 종속청구항 등 |
| 서지사항 | 출원인 정보, IPC, 출원일, 연속출원 등 |
| 인용정보 | 인용, 피인용 정보, 범용성 |
| 특허패밀리 | 특허패밀리, 특허패밀리국가 |
| 경과정보 | 출원일, 등록일, 심사정보, 특허권자 변경 정보 등 |

### 5) 특허가치평가 예시

특허가치평가(Patent Valuation)는 특정 특허가 시장에서 가지는 경제적 가치를 산출하는 과정으로, 기업이 특허 거래, 라이선스, 전략적 의사결정에 활용할 수 있다. 특허가치평가는 기술가치평가와 유사하지만, 특허의 법적 권리, 보호 범위, 침해 가능성 등을 더 중점적으로 고려하는 특징이 있다. 결국 사업가치에 반영되는 기여도에서 기술을 또는 특허를 더 중점적으로 고려한다는 것인데, 현실적으로는 대부분 기술 특허이므로 현장에서는 특허기술가치평가로 이해한다고 볼 수 있다.

특허가치평가는 다양한 방법론을 통해 이루어지며, 여기서는 단계별로 실제 특허가치평가 과정을 설명하고, 각 단계에서 중요한 요소들을 구체적으로 살펴보도록 한다.

#### (1) 평가 절차

**① 특허 분석 및 이해**

평가 대상인 특허의 기술적 및 법적 내용을 파악하는 단계이다.

- 주요 활동
  - 특허 내용 및 청구항 분석(특허의 보호 범위와 권리 해석)
  - 기술적 차별성 및 독창성 분석
  - 관련 산업 또는 제품과의 연관성 파악

- 중요 요소
  - 청구항의 범위: 특허의 보호 범위가 얼마나 넓고, 침해를 주장할 수 있는지 분석. 독립 청구항이 많을수록 보호 범위가 넓은 것으로 간주됨
  - 특허 생애주기: 특허가 만료되기까지 남은 기간이 얼마인지 확인. 일반적으로 특허 만료일이 가까워질수록 가치가 감소함

- 특허 법적 상태: 특허가 유지 비용을 제대로 지불하고 유지되고 있는지, 법적 상태에 문제가 없는지 평가함

### ② 시장 분석

해당 특허가 속한 시장과 특허가 상용화될 가능성을 평가하는 단계이다.

- 주요 활동
  - 특허가 적용될 수 있는 제품 및 서비스 시장 분석
  - 특허 기술이 영향을 미치는 산업의 성장 가능성 파악
  - 시장 내 경쟁 구도 조사 및 경쟁 기술과의 비교

- 중요 요소
  - 시장 규모: 특허가 적용될 수 있는 시장의 크기와 해당 시장의 경제적 규모를 분석
  - 시장 성장성: 특허 기술이 미래에 시장에서 얼마나 큰 역할을 할 수 있을지를 예측
  - 경쟁 기술: 해당 특허와 유사하거나 대체 가능한 기술 또는 특허의 존재 여부를 분석

### ③ 법적 평가

특허의 법적 권리와 권리 행사의 강도를 평가하는 단계이다.

- 주요 활동
  - 특허의 침해 가능성 분석
  - 특허 소송 사례 조사 및 특허 권리 행사 가능성 평가
  - 독점적 사용권 여부 파악

• 중요 요소
- 특허 소송 가능성: 특허 침해를 주장할 수 있는 강도와 성공 가능성을 분석. 과거 특허 소송 사례도 참고함
- 라이선스 가능성: 해당 특허를 외부 기업이나 연구소에 라이선스할 가능성과 그로 인한 수익을 평가
- 특허 보호 수준: 특허가 얼마나 강력하게 법적으로 보호될 수 있는지 분석하며, 경쟁사가 회피할 가능성이 낮을수록 가치가 높음

#### ④ 비용 분석

특허 유지 및 권리 행사를 위한 비용을 분석하는 단계이다.

• 주요 활동
- 특허 유지 비용 계산(특허 연차료, 법적 유지 비용 등)
- 침해 소송 발생 시 예상 비용 산정
- 특허를 활용한 상용화 시 발생할 추가 비용 분석

• 중요 요소
- 유지 비용: 특허가 유지되기 위한 비용이 얼마나 되는지 평가. 연차료를 비롯한 지속적인 비용을 포함함
- 소송 비용: 특허 침해 소송 또는 방어 소송 발생 시 소요될 법적 비용을 고려함
- 상용화 비용: 특허가 실제로 상용화되기 위해 필요한 비용을 추산

#### ⑤ 수익 예측

특허로부터 발생할 수 있는 미래 수익을 예측하는 단계이다.

- 주요 활동
  - 특허 기반 제품 또는 서비스의 매출 예측
  - 라이선스 수익 가능성 분석
  - 침해 배상금 또는 로열티 수익 추정

- 중요 요소
  - 라이선스 수익: 특허를 다른 기업에게 라이선스할 가능성과, 라이선스 계약으로 발생할 수익을 예측
  - 침해 배상 수익: 특허가 침해된 경우, 소송을 통해 얻을 수 있는 잠재적 배상금을 추산
  - 제품 수익성: 특허를 활용한 제품이나 서비스가 시장에서 발생할 수익을 계산

### ⑥ 할인율(Discount Rate) 적용

예측된 수익을 현재 가치로 환산하는 단계이다.

- 주요 활동
  - 예상 수익에 대해 적절한 할인율 적용
  - 특허의 상용화까지 걸리는 시간을 고려한 수익 예측

- 중요 요소
  - 할인율: 시장 리스크와 특허의 불확실성을 반영한 할인율을 설정. 일반적으로 R&D 특허는 높은 할인율을 적용함
  - 리스크 평가: 특허의 성공 가능성, 경쟁 환경, 상용화의 리스크 등을 고려해 할인율을 조정

### ⑦ 특허 가치 산출

모든 분석 데이터를 종합해 최종적인 특허 가치를 산출하는 단계이다.

- 주요 활동
  - 현금흐름 할인법(DCF) 적용
  - 라이선스, 로열티 등의 접근법을 사용해 특허 가치 도출
  - 기타 실물옵션법, 비교시장법 등 대안적 평가 방법을 사용

- 중요 요소
  - DCF(현금흐름 할인법): 미래 현금흐름을 현재 가치로 환산해 특허 가치를 평가하는 대표적인 방법
  - 비교시장법: 유사 특허 거래 사례와 비교하여 평가. 과거 거래된 유사 특허의 가격을 참고해 상대적인 가치를 산정
  - 실물옵션법: 특허가 가지는 잠재적 옵션 가치를 평가하여, 해당 특허가 상업적 이용 가능성을 확장할 수 있는지를 고려

### ⑧ 결론 및 보고

특허가치평가 결과를 최종적으로 보고하는 단계이다.

- 주요 활동
  - 평가 결과 종합 및 요약
  - 평가 방법 및 가정 설명
  - 평가 결과의 민감도 분석을 통해 다양한 시나리오에서 특허 가치를 검토

- 중요 요소
  - 민감도 분석: 평가 결과가 가정이나 시나리오 변화에 얼마나 민감한지 확인
  - 최종 보고서: 평가 결과와 그에 따른 특허 활용 전략을 포함하는 보고서를 작성

### (2) 평가 방법론 예시

- Case Study: 시나리오-IBM의 클라우드 컴퓨팅 관련 특허 라이선스를 위한 가치평가

① **특허 분석:** 클라우드 컴퓨팅 기술과 관련된 특허로서, 청구항이 넓고, 미국과 유럽에서 법적으로 강하게 보호되는 상태. 독립 청구항이 다수 존재하며 클라우드 인프라 구축의 핵심 기술로 평가됨

② **시장 분석:** 클라우드 컴퓨팅 시장이 연평균 10% 성장 중이며, IBM의 클라우드 서비스가 해당 특허를 활용할 경우 점유율이 상승할 가능성이 큼

③ **법적 평가:** IBM은 특허 침해 소송에서 자주 승소하며, 강력한 특허포트폴리오로 인해 경쟁사가 해당 기술을 회피하기 어렵다고 평가됨

④ **비용 분석:** 특허 유지 비용은 연간 5만 달러로 예상되며, 라이선스나 소송 관련 추가 비용은 낮음

⑤ **수익 예측:** 향후 5년 동안 클라우드 기술을 기반으로 한 매출이 연간 3억 달러 발생할 것으로 예측됨

⑥ **할인율 적용:** 클라우드 시장의 성장성과 리스크를 반영하여 12% 할인율 적용

⑦ **특허 가치 산출:** DCF 모델을 통해 향후 현금흐름을 현재 가치로 환산

⑧ **산출 과정**

**1단계: 주요 입력 데이터 수집**
- 예상 연간 수익: 초기 연간 $3억의 수익 예상
- 비용: 특허유지 비용 연간 $5만
- 성장률: 연간 수익은 10% 성장 예상
- 할인율: 12% 할인율 적용
- 예측 기간: 향후 5년 동안의 현금흐름을 예측

**2단계: 연도별 예상 수익 계산**

$$Revenue_n = Initial\ Revenue \times (1 + Growth\ Rate)^n$$

1. 초기 연간 수익 (1년 차):
초기 값으로 주어진 $300,000,000이므로 1년 차 수익은 변화 없이 그대로 $300,000,000

2. 2년 차 수익:
첫 해 수익에 10% 성장률을 적용:
2년 차 수익=300,000,000×(1+0.10)=330,000,000

3. 3년 차 수익:
2년 차 수익에 다시 10% 성장률을 적용:
3년 차 수익=330,000,000×(1+0.10)
=300,000,000×(1+0.10)×(1+0.10)
=300,000,000×$(1+0.10)^2$=363,000,000

4. 4년 차 수익:
3년 차 수익에 10% 성장률 적용:
4년 차 수익=300,000,000×$(1+0.10)^3$=399,300,000

5. 5년 차 수익:
4년 차 수익에 10% 성장률 적용:
5년 차 수익=300,000,000×$(1+0.10)^4$=439,230,000

**3단계: 미래 수익을 현재 가치로 할인**
미래 수익은 현재 현금보다 가치가 낮기 때문에, 각 연도의 수익을 다음 공식을 사용해 현재 가치로 할인한다.

$$PV_n = \frac{Revenue_n}{(1 + Discount\,Rate)^n}$$

여기서 n은 기간을 말하며 1년차 원년은 n=0이며 5년차는 n=4이다.
예를 들어:

- 2년 차 현재 가치(PV):

$$\frac{330,000,000}{(1+0.12)^1} = 294,642,857$$

- 3년 차 현재 가치(PV):

$$\frac{363,000,000}{(1+0.12)^2} = 289,071,857$$

- 4, 5년 차도 동일한 방식으로 계산된다.

**4단계: 모든 현재 가치 합산**
5년 동안 할인된 수익의 현재 가치를 합산하여 총 현재 가치를 계산한다:

$$Total\ PV = PV_1 + PV_2 + PV_3 + PV_4 + PV_5$$

이 값은 미래 현금흐름을 할인해 고려했을 때 IBM 특허의 현재 가치를 나타낸다.

최종 결과:
계산된 총 현재 가치는 약 14억 2천만 달러(1.42 billion USD)이다.

## 2. 지식재산 가치평가

### 1) 담보용 IP 가치평가

지식재산(IP) 가치평가란 은행 등 금융기관이 지식재산권(IP)을 담보로 금융을 시행할 때 담보금액산정을 위해 IP의 경제적 가치를 평가하는 것을 의미한다.[10] 다시 말해, IP가치란 독립된 재산권으로서의 IP의 담보가치이다. 이러한 IP 담보가치평가는 로열티 공제법(Relief-from-Royalty, RFR)을 적용하는 것을 원칙으로 하고 있으며, 로열티 공제법을 적용할 수 없는 경우, 시장(시장사례)접근법, 수익(이익)접근법, 비용(원가)접근법을 적용한다.

지식재산권에는 특허 이외에 실용신안, 디자인, 상표를 포함하는 산업재산권과 저작권, 반도체회로설계권 등과 같은 신지식재산권으로 구성되며, IP 가치평가는 이들을 대상으로 하고 있다. 특히, 평가대상 기업의 사업화에 중요하다고 판단되는 IP로서 현재 사업화에 적용하고 있거나 적용 예정이어야 한다. 또한 특허청에 등록되고 현 시점에 존속하는 유효한 특허권 또는 실용신안권이어야 한다.[11] IP 가치평가는 다음의 산식으로 이루어진다.

$$V_{IP} = \sum_{t=1}^{n} \frac{\text{합리적실시료율} \times \text{실시료기준액}}{(1+r)^t} \times IP\text{담보요소}$$

10) 특허청(2013). 지식재산권 담보를 위한 지식재산가치평가 실무 가이드.

11) 특허청(2013). 전게서.

이때, n은 IP의 수명, 즉 IP가 수익을 창출하는 기간을 말하는 것이고, r은 기술가치평가와 같이 할인율을 의미한다. 또한, 합리적 실시료율이란 동일·유사 기술 분야의 실시료율을 기준[12]으로 평가대상 IP의 기술 및 시장 평가를 통해 조정된 실시료율을 말한다.

여기서 조정되는 조정지표는 다음 표와 같이 기술성 5개의 평가지표 및 시장성 5개의 평가지표로 구성되며, 각 평가지표에 점수를 기입한 후 산술 평균값을 구한다.

〈표 6-8〉 조정지표

| 평가 항목 | 평가 지표 | 점수 |
|---|---|---|
| 기술성 | 차별성 | |
| | 혁신성 | |
| | 파급성 | |
| | 전망성 | |
| | 대체성 | |
| 시장성 | 수요성 | |
| | 수익성 | |
| | 생산용이성 | |
| | 성장성 | |
| | 경쟁성 | |
| 획득값(점수) | | (점수합계)/10 |

출처: 특허청.

또한, 실시료 기준액은 추정 매출액에 IP로 보호되는 부분의 비중을 반영한 금액이다. 이를 위해서 매출 추정에서 사용된 특허가 전체 제품에 대한 것인지 아니면 전체 제품의 일부분에만 적용되는 것인지의 여부를 확인하고, 제품에 적용되는 모든 기술 중 평가 대상 특허로 보호되는 부분의 비중을 산정한다.

이러한 IP보호 부분의 비중은 실제로는 평가자가 아래 예시와 같은 방법 등

12) 한국기술거래소의 산업업종별 로열티율, AUS Consultants의 Industry Royalty Rates 등 국내외 로열티 DB를 활용.

을 선택적으로 사용하여 산정할 수 있다.

- 제품을 물리적 구성요소와 기능적 구성요소로 구분하고, 부품 구입비용, 개발 비용, 소비자가 해당 제품을 구매하는 데 영향을 미치는 정도를 고려하여 구성요소별로 전체 매출에서 차지하는 비중을 산정할 수 있다.
- 또는, 제품이 가지는 기능적 구성요소를 세부적으로 분류하고 소비자가 해당 제품을 구매하는 데 영향을 미치는 정도를 고려하여 구성요소별로 전체 매출에서 차지하는 비중을 산정할 수 있다.
- 또 다른 방법의 경우는, 해당 제품에 관하여 국내에 출원된 모든 특허를 검색하고, 기능 등으로 세부 분류를 하고 출원건수의 비중 등으로 비중을 산정할 수 있다.

전체 구성요소들 중 평가 대상 특허로 보호되는 부분을 체크하고 체크된 부분의 비중을 합산한다. 이때, 특허로 보호되는 부분은 반드시 평가대상 특허의 청구범위 중 선행기술과 차별화되는 부분(특징부)으로 한다. 특허기술이 고객수요의 기초가 되거나 실질적으로 구성요소들의 가치를 창출하는지의 여부가 중요하다.

IP 담보요소는 담보로서 재산권(권리)의 완전성 여부를 측정하기 위한 요소로서, IP자체의 품질 및 IP 거래시장의 활성도를 포함한다. 그러나 이러한 요소를 평가하기란 쉽지 않다. 결국, 기술가치평가에서 기술기여도와 같이 IP 담보요소도 복수의 평가자에 의해 정성적으로 평가할 수밖에 없다.

이러한 IP 담보요소는 IP자체의 품질을 나타내는 권리성 점수와 IP거래 활성도를 나타내는 IP 거래시장성 점수의 곱으로 산정한다. 권리성과 IP 거래시장성의 평가항목과 평가지표는 아래 표와 같다.

〈표 6-9〉 평가항목 및 평가지표

<table>
<tr><th colspan="2">평가 항목</th><th>평가 지표</th><th>점수</th></tr>
<tr><td rowspan="6">권리성</td><td rowspan="2">권리안정성</td><td>신규성 또는 진보성 무효 가능성</td><td rowspan="2"></td></tr>
<tr><td>기타 요인에 의한 무효 가능성</td></tr>
<tr><td rowspan="2">권리보호 가능성</td><td>해당 제품(서비스) 보호 가능성</td><td rowspan="2"></td></tr>
<tr><td>국내외 IP포트폴리오 구축의 적절성</td></tr>
<tr><td rowspan="2">권리행사 용이성</td><td>침해 발견 및 입증 용이성</td><td rowspan="2"></td></tr>
<tr><td>권리 행사 제한 가능성</td></tr>
<tr><td colspan="2" rowspan="2">IP거래 시장성</td><td>분쟁 및 라이선스 활성도</td><td rowspan="2"></td></tr>
<tr><td>특허출원 활성도</td></tr>
<tr><td colspan="3">IP 담보요소값</td><td>(점수합계)/40</td></tr>
</table>

출처: 특허청.

## 2) IP 가치평가 예시

다음은 2013년에 산업은행에서 특허담보대출을 위해 진행되었던 평가건이며 그 가치를 산정하는 과정을 설명하고 있다. 평가대상 특허권은 도로 중앙, 도로변 등에 설치하여 차량의 충돌에 따른 충격을 감소시키고, 도로의 반대차선이나 도로 밖으로 이탈되는 것을 방지하기 위해 설치되는 도로용 충격 흡수시설물에 관한 것이다. 평가대상 특허권은 회전차단판을 포함하는 구성으로 차량의 충돌에 따른 충격을 감소시키며, 보호편, 충격흡수판 등의 구성요소들을 통해 안전레일을 보호한다는 점에서 종래기술과 차별된다.

<table>
<tr><th>관련 도면</th><th>청구항 1의 기술적 특징</th></tr>
<tr><td>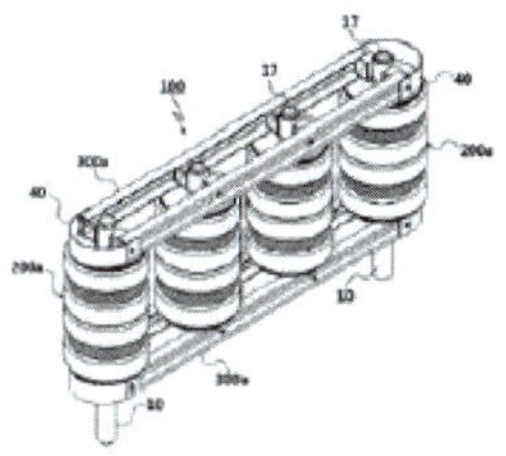</td><td rowspan="2">지주(10);지주(10)에 회전 가능하게 설치되는 회전지지관(20); 회전지지관(20)과 일체로 회전 가능하게 설치되는 완충롤러부재(200a); 회전지지관(20)과 일체로 회전되도록 회전지지관(20)에 고정되는 <u>제1회전차단판(600a)</u> 회전 불가능해도록 지주(10)에 고정되는 <u>제2회전차단판(600b)</u> 제1회전차단판(600a)과 제2회전차단판(600b)은 서로 접촉되도록 설치되며 <u>서로 접촉하는 표면에 돌출부(604)</u>를 포함하는 구성으로서,<br>안전레일(300a)의 외측면에 결합되며 판상의 곡선형을 가지는 <u>보호편(40)</u><br>안전레일(300a) 밀면과 면접되도록 양측이 관통된 사면체 형태의 <u>충격흡수판(400a);</u><br>안전레일(300a)의 양측단의 내측으로 절곡되어 연장된 연장편(301)과 연장되어 절곡된 각각의 단턱부(302)에 끼움결합되며, 상/하면 단부에 톱니형태의 톱니부(311)가 형성된 "ㄷ" 형상의 <u>끼움편(301);</u><br>완충롤러부재(200a)의 결속구(201)에 <u>보강파이프(240)</u>가 형성되며, 보강파이프(240) 외주면에 <u>숫나사선(241)</u>을 형성하고, 완충롤러부재(200a)의 <u>결속구(201)에 암나사선(207)이 형성</u>되는 것을 특징으로 함</td></tr>
<tr><td>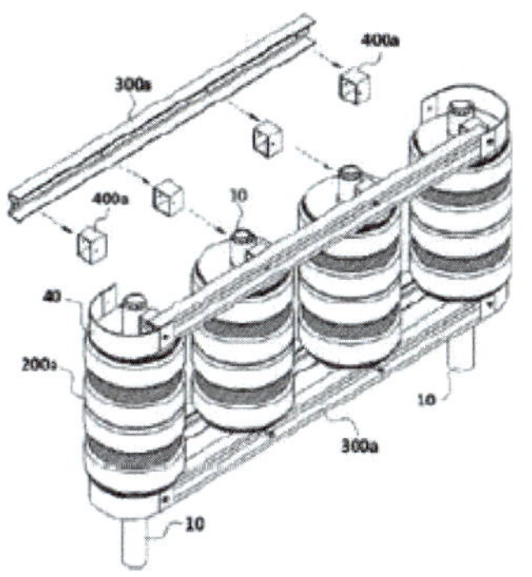
</td></tr>
</table>

## (1) 유사 IP 라이선스 사례조사(로열티DB조사)

기존 평가에서는 로열티 DB로서 한국기술거래소[13]의 '산업업종별 로열티율(2005)'를 사용하였으며, 이 평가에서도 동일한 로열티 DB를 사용하였다.

도로용 충격흡수 시설물의 주요 구성요소인 롤러부재의 소재는 플라스틱이기 때문에 충격흡수 시설물 제조업은 '고무 및 플라스틱 제품 제조업'에 해당되며 이에 대응하는 평균값 3.13, 최고값 4, 최저값 2.5가 사용되었다. 일사분위값(Q1)과 삼사분위값(Q3)을 사용하는 것이 원칙이기는 하나 위 DB에서는 이를 제시하지 않았기 때문에 최고값과 최저값이 사용되었다.

13) 현재 한국산업기술진흥원으로 통합됨.

〈표 6-10〉 한국기술거래소 산업업종별 로열티율(2005)

(단위: %, 건)

| 산업분야 | 평균 | 중앙값 | 최고 | 최저 | 건수 |
|---|---|---|---|---|---|
| 음·식료품 제조업 | 3.18 | 2 | 10 | 1 | 11 |
| 화합물 및 화학제품 제조업 | 5.51 | 5 | 15 | 1 | 78 |
| 고무 및 플라스틱제품 제조업 | 3.13 | 3 | 4 | 2.5 | 4 |
| 비금속광물제품 제조업 | 2.88 | 2.5 | 5.25 | 2 | 6 |
| 조립금속제품 제조업; 기계 및 가구 제외 | 3.82 | 3 | 8 | 1.75 | 10 |
| 기타 기계 및 장비 제조업 | 2.97 | 3 | 7 | 0.2 | 48 |
| 컴퓨터 및 사무용 기기 제조업 | 2.28 | 1.5 | 5 | 0.9 | 5 |
| 기타 전기기계 및 전기변환장치 제조업 | 3.03 | 3 | 8 | 1 | 32 |
| 전자부품, 영상, 음향 및 통신장비 제조업 | 3.41 | 3 | 12.5 | 0.1 | 57 |
| 의료, 정밀, 광학기기 및 시계 제조업 | 5.13 | 5 | 9 | 3 | 13 |
| 자동차 및 트레일러 제조업 | 2.99 | 3 | 10 | 1.5 | 62 |
| 기타 운송장비 제조업 | 3.43 | 2.75 | 5.3 | 2 | 10 |
| 정보처리 및 기타 컴퓨터 운영 관련업 | 12.51 | 10 | 30 | 0.5 | 26 |
| 전문, 과학 및 기술 서비스업 | 2.84 | 3 | 5 | 0.2 | 5 |

### (2) 합리적 실시료율 산정

합리적 실시료율 산정을 위한 조정지표는 기술성 5개, 시장성 5개가 있으며, 기술성과 시장성 조정지표는 기존 평가에서 평가된 점수가 그대로 사용되었다.

〈표 6-11〉 조정지표에 대한 평가

| 평가항목 | 평가지표 | 점수 |
|---|---|---|
| 기술성 | 차별성 | 4 |
| | 혁신성 | 3.5 |
| | 파급성 | 4 |
| | 전망성 | 4.5 |
| | 대체성(진부화 가능성) | 2.5 |
| 시장성 | 수요성 | 4 |
| | 수익성 | 4 |
| | 생산용이성 | 3 |
| | 성장성 | 4 |
| | 경쟁성 | 4 |
| 획득값 | | 37.5/10=3.75 |

기술성 및 시장성 평가로 획득한 3.75를 다음과 같은 합리적 실시료율 산정 공식에 대입한 결과, 합리적 실시료율은 4.21로 도출되었다.

> 합리적 실시료율
> $= R_m + (R3 + R_m)[(\text{획득값} - \text{기준값})/(\text{최대값} - \text{기준값})]$, 획득값 $\geq$ 기준값
> $= R_1 + (R_m - R_1)[(\text{획득값} - \text{최소값})/(\text{기준값} - \text{최소값})]$, 획득값 $<$ 기준값
>
> $R_m$: 기준 로열티율 중앙값
> $R3$: 기준 로열티율 삼사분위값(또는 최대값)
> $R1$: 기준 로열티율 일사분위값(또는 최소값)
> 기준값: 3, 최대값: 5, 최소값: 1
>
> 합리적 실시료율 = 3.13+(6−3.13)[(3.75−3)/(5−3)] = 4.21%

### (3) IP 수명 추정

기존 평가는 CLT 지수를 이용하지 않고, 전문가의 정성적인 평가를 통해 IP 수명이 10년으로 산정되었다. 해당 평가팀이 평가모델에 따라 CLT 지수를 기반으로 IP 수명을 계산하여 17.02년이 도출되었는데, 이 수치는 지나치게 높아 적용하기 어렵다 판단되어 기존 평가에서 산정한 10년이 그대로 사용되었다.

### (4) 매출 추정

기존 평가에서는 기업의 과거 실적과 사업계획 분석 및 국내외 관련업계의 시장동향 분석에 기반하여 매출액을 추정하였다. 2013년도는 기업이 자체적으로 예상하는 3454백만원을 매출액으로 추정하고, 2014년부터 2022년까지는 3개의 시나리오를 가정하고 각각의 시나리오가 40%, 40%, 20% 확률로 발생할 것으로 계산하여 매출액을 추정하였다. 매출 추정은 국내 매출만으로 하였다. 평가 대상 특허권은 해외 패밀리 특허권이 없기 때문에 국내 매출만을 매출액으로 추정함이 타당하며, 기존 평가의 매출 추정액을 조정없이 〈표 6-12〉와 같이 그대로 사용되었다.

〈표 6-12〉 매출액 추정

(단위: 백만 원)

| 2013년 | 2014년 | 2015년 | 2016년 | 2017년 |
|---|---|---|---|---|
| 3454 | 4933 | 7057 | 9571 | 13106 |
| 2018년 | 2019년 | 2020년 | 2021년 | 2022년 |
| 18119 | 19025 | 19977 | 20975 | 22024 |

### (5) IP 보호부분 비중 산정

사실, 이 부분이 가장 중요하면서도 정확하게 산출하기 어려운 부분이다. 최소한의 객관적 평가를 유지하기 위해 복수의 전문가들을 통해 산정하는 것이 현실적인 방법 중 하나이다.

다음의 내용은 로열티율을 산정하는 과정에서 전문가 산정을 반영한 IP 보호부분 비중을 적용하였다.

〈표 6-13〉 IP 보호부분의 비중 산정

| 대분류 | 비중(A) | 소분류 | 비중(B) | 특허보호여부 | A×B |
|---|---|---|---|---|---|
| 수직기둥 | 5% | 지주의 설치구조(예: 지주가 지면에 설치되는 방식, 시공방식 등) | 12% | ○ | 0.5% |
| | | 지주에 설치되는 안전 표시물 구조 (예: 안전표시등, LED등, 반사코팅) | 12% | ○ | 4.5% |
| 롤러구조 | 80% | 지주와 회전롤러의 결합구조 및 회전 메커니즘(예: 롤러를 감속시키는 구조) | 10% | ○ | 20% |
| | | 회전롤러 자체의 구조 | 2% | ○ | 20% |
| | | 회전롤러의 재질 | 12% | ○ | 40% |
| 펜스구조 | 15% | 펜스의 구조 | 6% | ○ | 1.5% |
| | | 지주와 펜스의 결합구조 | 12% | ○ | 13.5% |
| IP보호 부분 비중 | | | | | 100% |

### (6) IP 담보요소 산정

IP 담보요소는 평가모델에서 처음 도입된 요소로서, 평가팀이 자체적으로 평가하여 값을 산정하였다. 권리 안정성에서 신규성 또는 진보성, 무효 가능성과 관련하여 기존 평가보고서의 선행기술조사 결과를 참고하였다.

선행기술조사 결과 관련 선행기술이 존재하나 차이점이 명확하여 무효가능성이 낮다고 판단하여 4점을 부여하였다. 기타 요인에 의한 무효가능성과 관련하여, 특별한 무효사유를 발견할 수 없어서 5점을 부여하였다. 권리보호가능성에서 해당 제품(서비스)보호 가능성과 관련해서는 현재 해당기업이 판매하고 있는 제품과 특허청구범위가 대응되지 않아 2점을 부여하였다. 국내외 IP 포트폴리오 구축의 적절성과 관련해서는 해당 기업은 충격흡수 가드레일 관련 특허를 약 20여건을 보유하고 있기는 하나 대체적으로 청구 범위가 협소하여 제품 보호가 미흡하다고 판단되어 3점을 부여하였다. 권리행사 용이성에서 침해 발견 및 입증 용이성과 관련해서는 제품을 분해하면 특허 침해를 발견할 수 있기 때문에 특허 침해 발견과 입증이 비교적 용이하여 4점을 부여하였다. 권리행사 제한 가능성과 관련하여 롤러부재를 포함하는 가드레일 구조는 원천특허권이 존재하여 평가 대상 특허의 권리행사에 제약이 있고, 다른 권리행사 제한요소(실시권 설정, 특허권 공유 등)는 없어 4점을 부여하였다.

**〈표 6-14〉** IP 담보요소의 산정

| 평가항목 | | 평가지표 | 점수 | |
|---|---|---|---|---|
| 권리성 | 권리안정성 | 신규성 또는 진보성 무효 가능성 | 4 | 0.73 |
| | | 기타 요인에 의한 무효 가능성 | 5 | |
| | 권리보로 가능성 | 해당 제품(서비스) 보호 가능성 | 2 | |
| | | 국내외 IP 포트폴리오 구축의 적절성 | 3 | |
| | 권리행사 용이성 | 침해 발견 및 입증 용이성 | 4 | |
| | | 권리행사 제한 가능성 | 4 | |
| IP 거래시장성 | | IP 분쟁 및 라이선스 활성도 | 3.5 | 0.47 |
| | | 특허출원 활성도 | 1 | |
| IP 담보요소값 | | | 0.34 | |

IP 거래 시장성에서 분쟁 활성도와 관련하여 공공시설물에 대한 특허분쟁이 타 산업분야에 비해 자주 발생한다고 볼 수 없지만 적지도 않다고 판단하고 라이선스 및 거래 활성도도 중간 수준으로 판단하여 3.5점을 부여하였다. 특허출

원 활성도와 관련하여 도로, 철도, 교량의 건설 분야 특허출원은 감소하고 있는 추세라 1점을 부여하였다. 위 점수를 대입한 결과, IP 담보요소값은 0.34으로 산정되었다.

### (7) 할인율 추정

할인율 추정방법으로 지식경제부(현, 산업통상자원부)의 기술가치평가 실무가이드의 할인율 추정방법을 사용하여 14%가 도출되었다.

### (8) 기술가치산정

위 결과를 토대로 IP가치를 산정한 결과 다음 표와 같이 6.99억 원이 도출되었다.

〈표 6-15〉 IP가치의 산정

| 구분 | 2013 | 2014 | 2015 | 2016 | 2017 | 2018 | 2019 | 2020 | 2021 | 2022 |
|---|---|---|---|---|---|---|---|---|---|---|
| 매출액 | 3454 | 4933 | 7057 | 9571 | 13106 | 18119 | 19025 | 19977 | 20975 | 22024 |
| IP 보호부분 | 1 | 1 | 1 | 1 | 1 | 1 | 1 | 1 | 1 | 1 |
| IP 보호부분 매출 | 3454 | 4933 | 7057 | 9571 | 13106 | 18119 | 19025 | 19977 | 20975 | 22024 |
| 로열티율 | 4.21% | 4.21% | 4.21% | 4.21% | 4.21% | 4.21% | 4.21% | 4.21% | 4.21% | 4.21% |
| 세전로열티 수입 | 145.4 | 207.7 | 297.1 | 402.9 | 551.8 | 762.8 | 801.0 | 841.0 | 883.0 | 927.2 |
| 법인세 | 16.00 | 23.69 | 43.36 | 66.65 | 99.39 | 145.8 | 154.2 | 163.0 | 172.3 | 182.0 |
| 세후로열티 수입 | 129.4 | 184.0 | 253.7 | 336.3 | 425.4 | 617.0 | 646.7 | 678.0 | 710.8 | 745.2 |
| 할인율 | 14% | 14% | 14% | 14% | 14% | 14% | 14% | 14% | 14% | 14% |
| 현재가치 | 113.5 | 141.6 | 171.3 | 199.1 | 234.9 | 281.1 | 258.5 | 237.7 | 218.6 | 201.0 |
| 현재가치합 | 2057.3 | | | | | | | | | |
| IP 담보요소 | 0.34 | | | | | | | | | |
| IP가치 | 699.47 | | | | | | | | | |

기술과 IP(특허)는 유사하다고 볼 수도 있지만 정확히 동일한 의미는 아니다. IP의 본질은 기술자체가 아니라 기술에 대한 재산권인 권리에 있다. 금융의 담보도 그 본질은 물건이 아니라 그 물건에 체화된 재산권이다. 그렇기 때문에

IP를 담보로 하기 위한 담보가치평가에 있어서는 그 권리의 완전성과 품질에 대한 평가요소가 비중 있게 반영되어야만 한다.

본 평가를 통해 도출된 IP 가치평가는 이러한 IP의 권리성에 집중을 해서 도출된 모델로서 실제 침해소송에서 특허권이 침해자에게 유효하게 침해주장을 하고 승소할 수 있는 특허권 인지 여부를 판단할 수 있는 기준을 가치평가의 주요 평가 항목으로 반영하였다. 또한, 담보의 또 다른 본질은 그 담보물을 매각하여 대출금을 매각금으로 회수할 수 있어야 한다는 점이다. 아직까지 제대로 활성화된 IP 거래시장이 존재하지 않는 우리나라의 실정에서 이러한 IP의 매각이라는 가정에 따른 매각금을 추정한다는 것이 쉬운 일은 아니지만 이러한 요소를 가치평가의 중요 요소로 반영하고자 하는 시도이다.

위와 같은 특허와 담보의 2가지 본질을 "IP 담보요소"라는 독립적인 변수로 가치평가 모델에 반영을 하여 기술자체가 창출할 수 있는 가치에 IP 담보로서의 완전성을 반영하여 최종 가치를 산정하는 방식으로 모델을 가정한 것이다. 그러나 본 연구를 통해 도출된 IP 가치평가 모델이 완벽한 기준이 될 수 없으며 획일적인 기준에 따른 가치평가는 분명히 한계가 있을 수밖에 없다. IP 가치평가 모델이 최종 지향하는 방향은 기술시장과 금융시장에서 자발적으로 이루어지는 시장 중심의 평가이어야 한다.[14)]

### 3) 실물옵션을 이용한 전략용 IP 가치평가

전략용 가치평가 기법으로 실물옵션을 사용할 수 있으며, 대표적으로 블랙-숄즈 모형과 이항 모형을 예로 들 수 있다. 블랙-숄즈 모형은 지속적인 가격 변동성을 가정한 옵션 평가에 적합하며, 이항 모형은 시간에 따른 가격 변동을 단계적으로 평가할 때 적합하다.

실물옵션(Real Option)을 적용한 특허기술가치평가는 전통적인 평가 방법과 달리 특허나 기술이 가진 불확실성과 유연성을 고려하여 가치를 산출하는 방법

---

14) 특허청(2013). 'IP 담보대출을 위한 IP 가치평가 모델연구' 보고서.

이다. 실물옵션법은 주로 R&D와 같은 불확실성이 높은 분야에서 사용되며, 특히 특허가 가진 '선택권'의 가치를 평가하는 데 적합하다. 실물옵션법은 옵션의 개념을 차용하여, 특허가 상업화될 때의 다양한 가능성을 고려한 가치를 산출한다. 다음은 실물옵션을 적용한 특허기술가치평가 과정을 단계별로 설명하고, 각 단계에서 중요한 요소를 구체적으로 살펴보도록 한다.

### (1) 평가 절차

#### ① 특허 분석 및 이해

특허의 기술적 특징과 법적 권리를 분석하고, 해당 특허가 제공하는 옵션(기술 활용 가능성)을 이해하는 단계이다.

- 주요 활동
  - 특허의 기술적 내용 및 청구항 분석
  - 기술의 상업화 가능성과 보호 범위 분석
  - 특허가 다른 기술이나 제품에 미치는 영향 파악

- 중요 요소
  - 청구항의 유연성: 특허가 보호하는 기술 범위와 해당 기술의 다양한 적용 가능성을 평가
  - 기술 혁신성: 해당 특허가 기술적으로 독창적이거나 중요한 기술적 발전을 포함하는지 여부를 확인
  - 특허 보호 상태: 특허가 가지는 법적 권리와 그것이 상업화 시 어떤 보호를 제공할 수 있는지 파악

#### ② 옵션 개념 설정

해당 특허가 가지는 실물옵션(즉, 선택 가능성)을 구체적으로 정의하는 단계이다.

- 주요 활동
  - 기술 상용화 시점 결정 및 옵션 유형 설정(예: 연기옵션, 확장옵션, 포기옵션 등)
  - 기술의 상업적 잠재력 및 개발 단계별 옵션 설정
  - 경쟁사와의 시장 경쟁 상황 분석을 통해 특허의 전략적 활용 가능성 파악

- 중요 요소
  - 옵션 유형: 해당 특허에 대해 상업화를 연기하거나 확장할 수 있는 옵션, 또는 상용화를 중단할 수 있는 옵션 등을 설정
  - 시점 유연성: 상업화를 언제 진행할지 결정할 수 있는 유연성이 있는지 평가
  - 경쟁 및 시장 상황: 경쟁 기술의 등장 여부에 따라 상업화 시기를 선택할 수 있는 선택권이 중요한 요소가 됨

### ③ 시장 및 기술적 불확실성 분석

특허 기술이 상용화되기까지 직면할 수 있는 시장 및 기술적 불확실성을 분석하는 단계이다.

- 주요 활동
  - 기술 개발 성공 가능성 분석
  - 시장 수요 변동 및 성장 가능성 평가
  - 정책 및 규제 변화에 따른 리스크 분석

- 중요 요소
  - 기술 리스크: 해당 특허가 기술적으로 성공할 확률을 추정하고, 불확실성을 고려
  - 시장 리스크: 기술이 상용화되었을 때 시장에서의 수요가 어떻게 변화할

지, 또는 불확실성에 대한 변동성을 분석
- 정책 및 규제 리스크: 법적 또는 규제적 변화에 따른 기술 상용화의 장애 요인을 파악

### ④ 실물옵션 평가 모델 설정

실물옵션을 활용한 특허의 경제적 가치를 계산하기 위한 평가 모델을 설정하는 단계이다. 블랙-숄즈(Black-Scholes) 모델 또는 이항 모형(Binomial Model) 등을 활용할 수 있다.

- 주요 활동
  - 블랙-숄즈 모델 또는 이항 모형을 사용한 평가 방법론 선택
  - 각 옵션의 수행 가능 시점 및 비용 산정
  - 시장 변동성 및 할인율 설정

- 중요 요소
  - 옵션 모델 선택: 블랙-숄즈 모델을 통해 특허의 옵션 가치를 계산하거나, 불확실성이 큰 경우 이항 모형을 적용하여 다양한 시나리오를 평가할 수 있음
  - 변동성(Volatility): 기술 및 시장의 변동성을 정확하게 반영하는 것이 중요. 변동성이 클수록 옵션 가치가 커질 가능성이 높음
  - 할인율: 미래 현금흐름을 현재 가치로 환산하기 위해 할인율을 설정. 기술적 리스크가 클수록 더 높은 할인율이 적용될 수 있음

### ⑤ 실물옵션 가치 계산

실물옵션법을 적용하여 특허의 가치를 계산하는 단계이다.

• 주요 활동
- 블랙-숄즈 모델을 통한 옵션 가치 계산
- 이항 모형을 사용한 다양한 시나리오 기반 가치 평가
- 각 옵션(상업화, 확장, 포기)의 경제적 가치 산출

• 중요 요소
- 옵션 가치 계산: 블랙-숄즈 공식을 사용해 특허가 가지는 옵션 가치를 계산. 이항 모형을 사용할 경우, 상용화 시점 및 단계별 가치 변화 등을 고려함
- 기회비용: 특허를 즉시 상업화하지 않고 나중에 상업화할 때 발생하는 기회비용을 고려함
- 불확실성 반영: 특허 상용화 과정에서 발생할 수 있는 불확실성(시장 변화, 기술 리스크 등)을 반영하여 계산

### ⑥ 기본 현금흐름 및 옵션 가치 통합

특허로부터 발생할 기본 현금흐름이 반영된 실물옵션 가치를 최종 가치로 산출하는 단계이다.

• 주요 활동
- 미래 현금흐름 예측 및 할인
- 기본 특허 가치가 반영된 옵션 가치
- 특허의 상업화 여부 결정

• 중요 요소
- 현금흐름 예측: 특허로부터 발생할 수 있는 미래 수익을 예측하고, 할인된 현금흐름을 산출
- 옵션과 기본 가치 통합: 실물옵션을 통해 계산된 가치를 기본 특허 가치

에 반영해 최종 가치를 산출

- 유연성 고려: 실물옵션의 유연성을 반영하여, 여러 상업화 시나리오에서 최적의 선택을 할 수 있도록 가치 평가를 조정

#### ⑦ 결론 및 보고

실물옵션법을 적용한 특허 평가 결과를 보고하는 단계이다.

• 주요 활동
  - 특허 가치평가 결과 요약
  - 실물옵션 적용 과정 및 결과 설명
  - 상업화 또는 투자 전략 제언

• 중요 요소
  - 민감도 분석: 평가 결과가 다양한 가정(변동성, 할인율 등)에 얼마나 민감한지 검토하여 신뢰성을 높임
  - 결과 보고: 실물옵션을 적용한 특허 가치평가 결과를 명확하게 제시하고, 상업화 전략 또는 투자 결정을 위한 구체적인 제언을 포함함.

### (2) 실물옵션 전략의 유형과 분석

#### ① 실물옵션 전략의 유형

• **확장옵션(Expansion Option)**: 기술 개발 성공 시 추가적인 시장 확장
• **포기옵션(Abandonment Option)**: 수익성이 없을 경우 프로젝트 중단
• **연기옵션(Option to Wait)**: 시장 상황을 관찰한 후 상업화 여부 결정
• **스위치옵션(Switching Option)**: 다른 용도로 기술을 전환하거나 활용

### ② 옵션 전략의 분석 방법

■ **확장옵션(Expansion Option)**

- **적용 상황**: 특허 기술이 초기 시장에서 성공적으로 상용화되었으며, 추가적인 시장 확장 기회가 있다.
- 예시
  - 기술: 새로운 에너지 효율 LED 특허
  - 초기 시장: 소형 가정용 조명
  - 확장 기회: 산업용 조명 시장(예: 대형 공장 및 상업용 건물)
- 분석 방법
  - 시장 가치: 초기 시장에서 예상되는 수익과 확장 시장에서 추가적으로 얻을 수 있는 잠재 수익을 평가한다.
    - ▶ 초기 시장 예상 수익: 500억 원
    - ▶ 확장 시장 추가 수익: 1,000억 원
    - ▶ 투자 비용: 확장 시장 진출에 필요한 추가 개발 및 마케팅 비용
    - ▶ 확장 비용: 200억 원
- **전략**: 확장옵션을 고려할 때, 확장 비용(200억 원)이 추가 수익(1,000억 원)의 기대 가치를 초과하지 않는 한 확장을 진행한다.
- 결론
  - 초기 시장 성공 시 확장옵션을 실행하여 시장 점유율을 극대화
  - 반대로 초기 시장에서 실패 시 확장 시장 진출을 포기, 비용 낭비 방지

■ **포기옵션(Abandonment Option)**

- **적용 상황**: 개발 중인 기술이 예상만큼 성과를 내지 못하거나 상용화 과정에서 수익성이 부족하다.
- 예시
  - 기술: 차세대 배터리 특허
  - 시장: 예상 수익이 초기 분석보다 낮아짐

- 개발 상태: 50% 개발 완료, 추가 개발 비용 필요

• **분석 방법**

- 현재 가치: 예상 수익과 잔여 개발 비용을 비교한다.
  ▶ 예상 수익: 300억 원
  ▶ 잔여 개발 비용: 400억 원
  ▶ 손실 방지: 추가 개발을 중단하면 비용 절감 가능

• **전략**: 개발을 계속 진행할 경우 손실 가능성이 높으므로, 개발 포기옵션 실행한다. 초기 투자 금액(예: 200억 원)은 회수 불가능하지만 추가 손실(400억 원)을 방지할 수 있다.

• **결론**: 포기옵션을 통해 비수익성 프로젝트의 진행을 멈추고 자원을 다른 유망 프로젝트로 재배치

■ 연기옵션(Option to Wait)

• **적용 상황**: 현재 시장 조건이 불확실하여 바로 상용화하기보다는 시장 상황을 관망하는 것이 유리하다.

• **예시**

- 기술: AI 기반 자율주행 기술
- 시장: 자율주행 차량의 법적 규제가 불확실

• **분석 방법**

- 현재 상태: 즉시 상용화 시 규제로 인해 수익성이 낮음
- 미래 상태: 규제가 완화되면 수익성이 급증할 가능성 있음
  ▶ 즉시 상용화 예상 수익: 500억 원
  ▶ 2년 대기 후 상용화 예상 수익: 2,000억 원
  ▶ 대기(연기) 비용: 100억 원(특허 유지 비용 등)

• **전략**: 대기 비용이 충분히 낮고 미래 시장 가치가 높으면 연기옵션을 실행한다. 그러나 즉시 상용화의 기회비용이 적을 경우 연기옵션을 실행하지 않는다.

• **결론:** 시장이 성숙되거나 규제가 완화될 때까지 기다리며, 최적의 상용화 시점을 선택

## ■ 스위치옵션(Switching Option)

• **적용 상황:** 특히 기술이 여러 용도로 활용 가능하며, 초기 용도에서 기대만큼 수익을 내지 못할 경우 다른 용도로 전환한다.

• **예시**
- 기술: 고내구성 복합소재
- 초기 용도: 항공기 부품
- 대체 용도: 전기차 경량화 부품

• **분석 방법**
- 현재 시장: 항공기 부품 시장에서 수익성 저조
  ▶ 예상 수익: 100억 원
- 대체 시장: 전기차 부품으로 전환 시 수익 증가 가능.
  ▶ 예상 수익: 500억 원
- 전환 비용: 재설계 및 생산 전환 비용.
  ▶ 비용: 50억 원

• **전략**
- 대체 시장의 수익성이 전환 비용보다 높으면 스위치옵션 실행
- 예상 추가 수익: 500억−100억=400억 원
- 전환 비용: 50억 원 → 수익성이 있음

• **결론:** 스위치옵션을 통해 초기 시장의 실패를 극복하고 수익성 높은 시장으로 기술을 전환이 접근법은 실물옵션을 활용해 지식재산의 가치를 극대화하고, 전략적 의사결정을 지원하는 강력한 도구로 작용할 수 있다.

다음의 표는 옵션 유형과 주요 전략을 정리한 것이다.

〈표 6-16〉 옵션 유형과 주요 전략

| 옵션 유형 | 적용 상황 | 주요 전략 | 투자 분석 |
|---|---|---|---|
| 확장옵션 | 초기 성공 후 추가 시장 진출 가능성 | 초기 성공 시 확장, 실패 시 확장 포기 | 확장 비용이 예상 수익을 초과하지 않는 한 실행. |
| 포기옵션 | 프로젝트 실패 가능성 높음 | 추가 비용 방지 위해 프로젝트 포기 | 포기를 통해 자원을 낭비하지 않고 다른 프로젝트로 전환. |
| 연기옵션 | 시장 불확실성이 높음 | 시장 성숙 또는 규제 완화 시점까지 대기 | 대기 비용이 낮고 미래 수익성이 높으면 대기. |
| 스위치옵션 | 초기 용도가 실패하고 대체 용도가 존재 | 대체 시장으로 전환 | 전환 비용 대비 추가 수익이 크면 전환 실행. |

### (3) 실물옵션을 지식재산 평가에 적용할 수 있는 이유

실물옵션은 지식재산 평가에서 불확실성과 유연성을 반영하는 강력한 도구가 될 수 있다. 특히 특허와 같이 미래 잠재력이 큰 IP에 적합하며, 확장, 포기, 연기(대기) 옵션을 적용하여 시장 가치와 투자 전략을 구체적으로 분석할 수 있다.

- **불확실성**: 특허, 상표, 저작권 등의 지식재산은 상업적 성공 가능성이나 시장 변화에 따라 가치가 크게 달라질 수 있음
- **유연성**: 기업이 지식재산을 활용하거나 상업화할지 여부를 나중에 결정할 수 있음.
- **성장 가능성**: 기술 특허는 추가 개발, 라이선싱, 혹은 확장 기회를 제공하여 미래 성장 가능성을 포함

### (4) 실물옵션의 계산 방법

실물옵션은 주로 금융 옵션의 가치평가 방법인 블랙-숄즈 모형(Black-Scholes Model) 또는 이항 모형(Binomial Model)을 활용한다. 여기서는 블랙-숄즈 모형을 예시적으로 설명한다.

기본 블랙-숄즈 공식: $C = S \cdot N(d_1) - X \cdot e^{-rT} \cdot N(d_2)$

$C$: 옵션가치(실물옵션의 현재 가치)

$S$: 현재 지식재산 가치(예상 현금흐름)

$X$: 실행 비용(추가 투자 또는 개발 비용)

$r$: 무위험 이자율

$T$: 옵션의 만기 시간(유효 기간)

$N(d_1), N(d_2)$: 누적 정규분포 함수 값

$d_1$과 $d_2$ 계산식:

$$d_1 = \frac{1n(S/X) = (r + \sigma^2/2)\,T}{\sigma\sqrt{T}}$$

$$d_2 = d_2 - \sigma\sqrt{T}$$

## (5) 실세 계산 예시

### ① 문제 설정

- 특허 기술의 예상 현재 가치 $S$: 1,000만 원
- 추가 개발 비용 $X$: 800만 원
- 옵션 만기 시간 $T$: 2년
- 변동성 $\sigma$: 30%(0.3)
- 무위험 이자율 $r$: 5%(0.05)

### ② 계산 단계

- 계산도구 준비

$$1n(S/X) = 1n(1{,}000/800) = 1n(1.25) = 0.2231$$

$$r + \sigma^2/2 = 0.05 + (0.3^2/2) = 0.095$$

$$\sigma\sqrt{T} = 0.3\sqrt{2} = 0.4243$$

- $d_1$, $d_2$계산

$$d_1 = \frac{0.2231 + 0.095 \bullet 2}{0.4243} = \frac{0.4131}{0.4243} = 0.9738$$

$d_2 = 0.9738 - 0.4243 = 0.5495$

- 옵션가치 계산

$N(d_1)$와 $N(d_2)$는 표준 정규분포표에서 확인

$N(0.9738) \approx 0.834$

$N(0.5495) \approx 0.708$

$C = 1{,}000 \cdot 0.834 - 800 \cdot e^{-0.05 \cdot 2} \cdot 0.708$

할인요소 $e^{-0.1} \approx 0.9048$:

$C = 834 - 800 \cdot 0.9048 \cdot 0.708 \approx 834 - 509.6 = 324.4$(만 원)

### ③ 분석

이 특허의 실물옵션 가치는 324.4만 원이다. 이는 현재 가치 S보다 낮지만, 추가 개발 비용 X을 초과하지 않는 한 옵션 실행이 경제적일 가능성이 크다.

CHAPTER 07

# 지식재산의 보호

1. 지식재산권 침해 회피

# CHAPTER 07 지식재산의 보호

지식재산권 보호는 창조적 산업 및 기술 분야에서 매우 중요한 역할을 한다. 최근에는 저작권 침해 등의 지식재산권 침해 사건이 증가하고 있으며, 특히 비즈니스 모델(BM) 특허와 같은 새로운 유형의 지식재산 보호에 대한 관심도 커지고 있다. 이제, 기업은 이러한 지식재산권의 침해를 대비하기 위한 전략적 방안을 적극적으로 마련할 필요가 있다. 이 장에서는 특허와 저작권을 비롯한 다양한 지식재산권 침해의 최근 동향과 이를 예방하고 회피하기 위한 방안에 대해 살펴보기로 한다.

## 1. 지식재산권 침해 회피

### 1) 침해 회피의 의의

#### (1) 지식재산권 침해의 정의와 범위

지식재산권 침해는 타인의 지식재산을 허가 없이 사용하거나 모방하여 이익을 얻는 행위를 의미한다. 주요 지식재산권은 크게 특허권, 저작권, 상표권, 디자인권 등을 예로 들 수 있으며, 침해 범위는 해당 권리가 보호하는 특정 기술, 디자인, 문학적 표현 등을 복제, 모방, 혹은 사용함으로써 발생한다. 최근 창업붐과 함께, 특히 비즈니스 모델 특허와 같은 지식기반의 창업이 늘어나면서 특허 및 저작권 침해 사례가 증가하고 있다.

#### (2) 지식재산권 분쟁 회피 방안 모색

지식재산권 분쟁을 예방하는 가장 중요한 방법은 철저한 사전 조사를 통한 침해 가능성을 분석하는 것이다. 이는 기업이 새로운 제품이나 서비스를 출시하기 전에 기존 특허 및 저작권 등록 현황을 조사하여 타인의 권리를 침해하지 않도록 하는 것이다. 또한, 지식재산권에 대한 교육과 훈련을 통해 조직 내에서 침해 가능성을 최소화하는 것이 필요하다.

결국, 지식재산권은 기업이나 개인의 핵심 자산이기 때문에 이를 효과적으로 보호하려면 법적, 기술적, 관리적 접근법을 모두 통합적으로 활용하는 것이 중요하다.

### 2) 지식재산권 배상 또는 보상 문제

지식재산권 침해시의 배상 또는 보상 문제는 민사적 책임으로 이어진다. 피해자는 법적 절차를 통해 손해 배상을 청구할 수 있으며, 이 경우 침해로 인한 손실의 크기와 권리자가 입은 피해에 따라 배상액이 결정된다. 보상은 금전적 보상뿐만 아니라, 침해된 기술이나 아이디어에 대한 사용권 협의로 이어질 수도 있다.

지식재산권 침해와 관련하여 배상과 보상은 서로 다른 개념이다. 그 차이점은 다음과 같다.

#### (1) 배상(Damages)

타인의 지식재산권을 침해한 경우, 침해자가 권리자에게 입힌 손해를 보전하기 위해 지급하는 금액이다. 따라서 침해 행위에 대한 책임을 물어 지급된다.

- **법적 성격**: 책임을 기반으로 불법행위나 계약 위반에 따른 손해를 회복시키

는 데 중점을 둠

- **기준:** 실제로 발생한 경제적 손실, 침해로 인해 권리자가 얻지 못한 수익(이익의 손실), 침해자가 부당하게 얻은 수익(부당이득)
- **예시:** A가 B의 특허를 무단 사용하여 수익을 올렸다면, B는 A를 상대로 손해배상 청구를 통해 침해로 인한 손실을 보전받음, 소송을 통해 법원이 산정한 손해 금액을 침해자가 배상

### (2) 보상(Compensation)

지식재산권이 침해된 경우는 아니지만, 공익적 목적 등으로 적법하게 권리를 사용한 경우 정당한 대가를 지급하는 것이다. 침해와 달리, 합법적인 사용이 전제된다.

- **법적 성격:** 사용을 기반으로 권리자의 손실이 발생했거나 권리자가 사용할 수 없게 된 것에 대해 대가를 지급
- **기준:** 권리자가 받을 수 있었던 합리적이고 공정한 사용료(로열티)
- **예시:** 정부가 특정 기술을 공공 복지 목적으로 강제로 사용(강제실시권)한 경우, 특허권자에게 사용료 형태로 보상을 지급, C의 저작물을 교육 목적으로 사용한 D가 정당한 라이선스 비용을 보상금으로 지급

**〈표 7-1〉 배상과 보상의 차이점**

| 구분 | 배상 | 보상 |
|---|---|---|
| 발생원인 | 불법적인 침해 행위로 인한 손해 | 합법적인 사용(강제실시권, 공익 목적 등)에 따른 대가 지급 |
| 지급주체 | 침해자 | 권리 사용을 승인받은 자 또는 법적 권한에 의해 사용한 자 |
| 지급목적 | 손해 복구 및 침해 억제 | 정당한 사용료 지급 |
| 금액산정 | 손해액, 이익 손실, 부당이득에 기반 | 합리적이고 공정한 로열티에 기반 |
| 예시 | 특허, 상표, 저작권 침해에 따른 손해배상금 | 강제실시권, 공공 목적 사용료 지급 |

### (3) 실무적 고려사항

배상은 주로 소송에서 다뤄지며, 침해자가 권리자의 손해를 배상할 의무가 있다. 반면에, 보상은 합법적인 사용의 대가로 지급되므로 소송보다 협의를 통해 이루어지는 경우가 많다.

## 3) 특허 침해에 대한 경고

특허 침해에 대한 경고 및 분쟁 소송을 준비하는 과정은 체계적이고 단계적인 접근이 필요하다. 다음 그림을 통해 특허 침해 문제에 대처하기 위한 주요 단계와 준비 사항을 설명한다.

|  |  |
|---|---|
| 1. 침해 분석 및 내부 평가 | • 특허 검토<br>• 침해 여부 판단<br>• 내부 보고서 작성 |
| ▼ | |
| 2. 사전 조정 및 협상 | • 경고장 발송<br>• 협상 제안<br>• 서면 증거 수집 |
| ▼ | |
| 3. 소송 준비 | • 법적 자문 요청<br>• 증거 수집 및 관리<br>• 소송 전략 수립 |
| ▼ | |
| 4. 소송 절차 진행 | • 소장 제출<br>• 소송 서류 교환<br>• 합의 또는 재판 진행 |
| ▼ | |
| 5. 판결 이후 대응 | • 손해 배상금 지급 등 후속 조치<br>• 승소할 경우 상대방에게 배상금 청구 |

**[그림 7-1]** 특허 침해 경고 및 분쟁 준비

### (1) 침해 분석 및 내부 평가

- **특허 검토:** 먼저 침해가 의심되는 특허를 철저히 검토한다. 특허권의 청구항과 특허명세서를 분석하여 해당 기술이나 제품이 실제로 보호받고 있는지

확인한다.

- **침해 여부 판단:** 의심 대상이 해당 특허의 청구항 범위에 포함되는지 여부를 평가한다. 이 과정에서 해당 기술이나 제품이 다른 설계 회피 기술을 사용하거나, 기술적으로 특허청구항에 포함되지 않도록 조정될 가능성을 검토할 수 있다.
- **내부 보고서 작성:** 침해 여부와 관련된 내부 평가 보고서를 작성하여, 이 문제가 소송으로 발전했을 때 대응할 수 있도록 한다.

### (2) 사전 조정 및 협상

- **경고장 발송:** 특허권자는 특허 침해가 확실한 경우 침해자에게 경고장을 발송하여 침해 사실을 알리고, 침해 행위를 중지하거나 라이선싱 계약 체결을 요구할 수 있다.
- **협상 제안:** 침해 행위를 중단하거나 라이선스 계약을 통해 상호 간의 합의에 이를 수 있는지 협상을 시도한다. 이를 통해 소송으로 인한 시간과 비용을 줄일 수 있다.
- **서면 증거 수집:** 협상 과정에서 발생하는 서면 문서 및 이메일 등 관련 자료를 확보하여 이후 소송에서 중요한 증거로 활용할 수 있도록 한다.

### (3) 소송 준비

- **법적 자문 요청:** 특허 전문가와 법률 전문가를 통해 침해 소송의 가능성과 성공 확률을 분석한다. 이를 통해 필요한 법적 전략과 소송 비용을 파악할 수 있다.
- **증거 수집 및 관리:** 침해 행위를 입증하기 위한 증거를 수집한다. 증거에는 제품 디자인, 생산 및 판매 기록, 마케팅 자료 등이 포함될 수 있으며, 전문가의 감정서나 시험 보고서도 준비할 수 있다.
- **소송 전략 수립:** 법률팀과 협력하여 소송 전략을 수립한다. 여기에는 손해배상 요구액, 소송 절차, 증거 제출 계획, 합의 조건 등이 포함된다.

### (4) 소송 절차 진행

- **소장 제출:** 소송이 결정되면 법원에 소장을 제출하여 특허 침해 소송 절차를 시작한다. 이때 상대방이 침해 행위를 중단하고 손해 배상금을 지급하도록 요구할 수 있다.
- **소송 서류 교환:** 법원 절차에 따라 양측은 관련 서류를 교환하고, 증거를 제출한다. 이 과정에서 상대방의 주장에 대응할 자료와 증거를 철저히 준비해야 한다.
- **합의 또는 재판 진행:** 소송이 진행되는 동안 양측은 합의를 시도할 수 있다. 합의가 불가능할 경우, 최종 재판을 통해 판결을 받게 된다.

### (5) 판결 이후 대응

법원의 판결에 따라 손해 배상금 지급, 제품 회수, 생산 중지 등 후속 조치를 진행한다. 승소할 경우 상대방에게 배상금을 청구하고, 특허권에 대한 보호를 강화할 수 있다. 또한, 동일한 특허 침해 문제가 발생하지 않도록 특허포트폴리오를 강화하고, 경쟁사의 특허와 기술 동향을 지속적으로 모니터링한다. 이와 아울러, 판결문을 보관하여 이후 유사한 사건에서 선례로 활용할 수 있도록 준비한다. 이러한 단계적 준비는 소송 비용을 최소화하고, 특허권을 효과적으로 보호하는 데 필수적이다.

지식재산권 침해는 현대 기업 환경에서 매우 중요한 이슈로, 특히 특허와 저작권 관련 분쟁이 빈번하게 발생하고 있다. 기업들은 철저한 사전 조사를 통해 지식재산권 침해를 예방하고, 침해 가능성이 있는 경우 회피설계 등을 통해 문제를 해결할 수 있다. 또한, 침해가 발생했을 때에는 법적 절차를 통해 적절한 보상 또는 배상을 받는 것이 중요하다. 이와 관련하여 '기술경영기반의 특허경영' 또는 관련 서적을 참고하기 바란다.

### 4) 특허 침해 회피 방안 모색

#### (1) 회피 의의

최근 특허 침해 관련 분쟁은 기술 분야를 막론하고 증가하는 추세이다. 특히 AI, 블록체인, 핀테크 등 첨단 기술 분야에서 특허 침해 소송이 활발하게 이루어지고 있으며, BM 특허와 저작권 침해 이슈가 부각되고 있다. 이는 지식기반 산업의 성장과 함께 기술 혁신이 가속화되면서 발생하는 문제로, 사업자들은 특허 전략을 명확히 수립해야 한다.

#### (2) 특허 분쟁 회피 방안

특허권 분쟁을 회피하기 위해서는 경쟁사나 다른 특허권자가 보유한 특허와의 충돌을 사전에 분석하는 것이다. 이를 위해서는 특허 검색을 통해 이미 출원 및 등록된 특허를 검토하고, 기술 개발 과정에서 기존 특허를 피할 수 있는 대체 기술이나 방식을 모색해야 한다. 또한, 잠재적인 특허 분쟁 가능성에 대비해 전문가의 도움을 받아 특허청구의 범위와 침해 가능성을 사전 분석하는 것이 중요하다.

#### (3) 특허청구범위의 회피설계 및 방법

특허 침해를 회피하기 위해서는 특허청구범위를 세심하게 분석한 후, 그 범위 밖에서 기술을 개발하거나 설계하는 방법이 있다. 이를 회피설계라고 하며, 침해가 성립되지 않도록 특허에서 청구한 권리 범위 내에서 사용되는 특정 요소를 배제하거나 변경함으로써 특허권을 침해하지 않는 기술적 해결책을 도출하는 것이 목표이다.

**① 회피설계**

• 의의

회피설계란 선행 특허발명의 보호범위, 즉 특허청구범위에 기재된 발명의 동일성(균등) 범위를 벗어날 수 있는 개량발명을 설계하는 것을 말한다. 이러한 회피설계를 통하여 선행특허의 침해로 인한 민, 형사상 책임을 면할 수 있을 뿐만 아니라, 특허전략상 선진기업들과의 특허분쟁시 크로스 라이선싱 등을 통해 로열티를 절감 할 수 있으므로 중요한 의미를 가진다.

• 회피설계의 성립요건

첫째, 우선 선행 특허발명의 문언적 침해에 해당하지 않아야 한다. 이를 위해 선행특허의 특허청구범위(청구항)에 기재된 모든 구성요소를 분석한 후, 이들 모든 구성요소(all elements)가 그대로 포함되지 않도록 이중 일부를 변경하여야 한다.

둘째, 또한 선행 특허발명의 균등범위에 속하지 않아야 한다. 이를 위해 선행특허발명의 일부 구성요소를 치환함으로써 서로 다른 기능 또는 작용효과를 나타내도록 하거나, 당업자가 치환가능할 것으로 용이하게 예측할 수 없는 구성요소로 치환하여야 한다.

셋째, 가능하면 진보성을 획득하여 특허권을 확보하는 것이 유리한다. 선행특허발명의 동일성(균등) 범위를 벗어나더라도 진보성을 인정받지 못하면 개량발명으로서 특허받을 수 없다. 이를 위해서는 구성요소의 치환으로 인한 효과가 당업자가 용이하게 예측할 수 없을 정도로 현저하여야 한다.

### ② 회피설계의 과정

우선 해당 기술 분야의 경쟁업체 또는 선도업체의 특허포트폴리오를 철저히 검색하는 것이다. 그리고 검색된 특허건들을 정밀하게 분석해야 하는 작업이 뒤따라야 한다. 여기에는 특허 맵(patent map) 작성이나 권리분석 방법이 활용될 수 있다. 이 두 방법을 통해 경쟁업체 또는 선도업체의 특허포트폴리오가 어떤 연도에, 어떤 세부기술에 많이 분포돼 있는지 파악할 수 있다.

또 해당 특허포트폴리오에 포함돼 있는 각각의 특허에 기재된 특허청구범위가 얼마나 넓은 권리범위를 형성하고 있는지에 대한 분석을 수행할 수 있다.

이때 해당 특허청구범위가 넓은 권리범위를 형성할 때에는 해당 특허에 대한 무효 가능성 여부를 분석해 보고, 동시에 특허청구의 권리범위를 벗어날 여지가 있는지 청구항의 각 구성요소(element) 기재 내용을 면밀히 살피면서 회피설계를 해야 할 것이다.

### ③ 회피설계의 구체적 방법

선행특허발명이 A+B+C 로 구성되어 있을 경우 예를 들어 다음의 5가지 방법을 통해 회피설계를 시도할 수 있다.

#### • 새로운 구성요소를 부가하는 방법(A+B+C+D)

회피설계 중에 (A+B+C)가 일체형을 가진 형태로 존재하는 경우 All Elementary Rule에 의해 선행특허발명의 권리범위에 속하게 된다. 그러나 이 경우에도 D의 부가로 인해 현저한 효과를 나타낸다면 이용발명으로서의 특허성이 인정되어 크로스 라이선스 등을 통하여 로열티를 절감할 수 있는 장점이 있다. 한편, 부가된 D가 A, B 또는 C와 유기적인 결합을 하여((A+D)+B+C, A+(B+D)+C 또는 A+B+(C+D) 등) 특유의 작용효과를 나타내는 경우에는 별개의 발명으로서 선행특허의 권리범위를 벗어날 수도 있다. 특히 화학관련 발명의 경우에는 D(반응물질 또는 촉매)의 부가가 상호의 반응을 주목적으로 하는 경우가 많아 과정의 일시점을 잡아 선행발명에서 사용하는 물질이 상호 반응 후에도 그대로의 형태로 존재하는 것을 입증하기가 극히 곤란하므로 별개 발명으로 인정될 가능성이 높다.

#### • 선행 특허발명의 구성요소중 일부를 치환하는 방법(A+B+C')

C와 C'의 기능이 실질적으로 동일하여 실질적으로 동일한 효과를 나타내는 경우에는 균등의 범위에 속하게 된다. 그러나 C와 C'가 당해 발명 내에서 서로 다른 기능을 하거나 서로 같은 기능을 하더라도 현저한 작용효과를 나타내는 경우에는 균등의 범위에서 벗어나게 된다. 특히 화학 제법발명에서는 최종물질

이 동일 또는 유사하더라도 출발물질, 반응물질, 반응조건 등의 변경으로 인해 수율이 현저히 높아지거나 작용효과가 현저히 우수한 최종물질을 생성하는 경우에는 균등물의 치환이 아닌 것으로 보는 경우가 많다.

- 선행 특허발명의 구성요소 중 일부를 생략하는 방법(A+C)

생략된 구성요소(B)가 비교적 중요도가 낮으며, 생략이 당업자에게 용이하고, 효과가 특허발명에 비해 낮은 경우에는 불완전이용발명론에 의해 선행특허발명의 권리범위에 속할 수 있다. 그러나 선행 특허발명에서 필수불가결하다고 판단되었던 구성요소를 생략함에도 불구하고 선행 특허발명과 동등하거나 그보다 우수한 효과를 나타내는 경우에는 권리범위에 속하지 않을 수 있다.

- 공지기술을 활용하는 방법(A+B+C가 공지되었거나, A+B가 공지되고 C와 유기적 결합이 아닌 경우 등)

A+B+C(또는 그 하위개념인 a+b+c) 자체가 공지된 경우에는 A+B+C(또는 그 하위 개념인 a+b+c) 자체가 공지기술제외설에 의해 선행특허발명의 보호범위에서 제외되고, A+B+C'가 공지인 경우에는 A+B+C'가 A+B+C 특허발명의 균등의 범위에서 배제된다.

- 금반언의 원칙[15]을 적용하는 방법(출원과정에서 A+B+C에서 A+B+c1으로 축소보정한 경우 등)

A+B+C에서 A+B+c1으로 축소보정한 이유가 불명확한 기재를 명확하게 하거나 당업자의 실시가능성 요건을 충족하기 위하여 보정하였다는 것이 명백한 경우에는 A+B+c1과 균등물인 A+B+c2에도 권리범위가 미친다. 그러나 왜 청구항을 축소보정하였는가가 불명확한 경우에는 그 보정은 특허성과 관련된 이유로, 즉 선행기술을 극복하기 위해 행해진 것으로 추정되므로 출원포대 금반

15) 금반언의 원칙(禁反言의 原則, estoppel)은 이미 표명한 자기의 언행에 대하여 이와 모순되는 행위를 할 수 없다는 원칙을 말한다. 모순된 선행행위를 한 자는 그에 대한 책임을 부담하여야 한다는 의미이다(위키백과).

언의 원칙[16]이 적용되어 최종 클레임에서 삭제된 A+B+c2는 균등의 범위에 속하지 않는다.

#### ④ 바람직한 회피설계

회피설계에는 특허 전문가와 기술자 공동의 노력이 필요하다. 특허 전문가만의 회피설계 도출은 기술적인 입장에서 구현이 불가능하거나 생산비용에 문제가 발생하는 설계가 될 수도 있기 때문이다. 반대로 기술자만의 회피설계 도출은 특허청구범위의 각 구성요소 분석에 부족함이 있을 수 있다. 회피설계에 쏟는 노력이 크면 클수록 향후 발생할 수도 있는 특허소송으로 훨씬 더 큰 소송비용이 드는 것을 막을 수 있을 것이다.

16) https://www.nepla.net 참조

CHAPTER 08

# IP 산업보안

1. IP 산업보안의 중요성
2. 관련법

# CHAPTER 08 IP 산업보안

기업의 산업재산권 유출 문제는 개별 기업의 문제뿐만 아니라 국가적으로도 매우 큰 문제가 되므로 이에 대해 법 규정이 계속 강화되고 있다.

이 장에서는 산업보안의 중요성과 관련법, 그리고 IP 산업보안 침해사례에 대해 살펴보도록 한다.

## 1. IP 산업보안의 중요성

### 1) 의의 및 범위

#### (1) 정의

IP 보안(Intellectual Property Security)은 기업의 지식재산(Intellectual Property, IP)을 보호하고, 외부의 침해나 내부의 유출로부터 안전하게 관리하는 모든 전략적, 기술적 조치를 의미한다. 다시 말해, 기업의 지식재산과 관련된 기술, 정보, 문서, 데이터 등을 유출, 변조, 도난, 파괴 등으로부터 보호하는 활동을 말한다.

#### (2) 의의

IP는 기업의 핵심 자산으로, 특허, 상표, 디자인, 저작권, 영업 비밀 등 다양한 무형 자산을 포함하며, 이들의 보호는 기업의 경쟁력을 유지하고 성장시키는 데 필수적이다.

- **핵심 자산 보호**: IP는 기업의 경쟁력을 결정하는 중요한 자산이며, 이를 보호하지 않으면 기술 유출, 경쟁사 모방, 경제적 손실이 발생할 수 있다.
- **기업 지속 가능성**: IP 유출로 인한 피해는 단순한 금전적 손실을 넘어 기업의 명성, 신뢰도, 지속 가능성에 영향을 미친다.
- **국가 안보 차원**: 일부 핵심 기술은 국가 전략 자산으로 간주되며, IP 산업보안은 국가 차원에서 중요성이 강조된다.

### (3) 목표 및 전략

이러한 IP 보안의 주요 목표를 요약하면 다음과 같다.

- IP 자산의 도용 및 침해 방지
- 정보 유출 방지 및 내부적 보호 강화
- 법적 보호를 위한 증거 관리 및 체계적 대응
- 기업의 경쟁력 유지 및 손실 예방

이러한 목표를 위한 IP 보안에 대한 전략은 다음과 같이 고려해야 한다.

#### ① IP 자산의 도용 및 침해 방지

지식재산(IP)은 기업의 핵심 자산으로, 기술, 브랜드, 디자인, 소프트웨어 등 경쟁력을 좌우하는 중요한 요소이다. 이를 도용하거나 침해하려는 시도는 기업의 시장 지위와 수익성을 위협할 수 있다. 따라서 특허, 상표, 저작권 등 지식재산권을 사전에 등록하여 법적 보호를 확보하고 기술 자료나 기밀 정보에 대해 암호화, 접근 제한, 보안 소프트웨어 등을 활용하여 외부 침입을 방지한다. 또한, 제3자와 계약 시 비밀유지계약(NDA)을 체결하고 계약 위반 시 법적 대응책을 마련한다. 이와 아울러, 경쟁사나 시장에서 IP 침해 여부를 정기적으로 모니터링한다.

#### ② 정보 유출 방지 및 내부적 보호 강화

IP 보안은 내부 직원, 협력사 등과 관련된 정보 유출 위험도 고려해야 한다. 내부에서 의도적 또는 비의도적으로 발생하는 정보 유출은 외부 도용보다 더 큰 피해를 초래할 수 있다. 이를 방지하기 위해 직원들에게 보안 정책과 정보 보호의 중요성을 정기적으로 교육하고 내부 네트워크와 데이터베이스에 접근 권한을 엄격히 제한하여 정보 접근을 최소화한다. 이때, 데이터를 다룰 때 기록을 자동으로 추적할 수 있는 로그 관리 시스템을 도입한다. 클라우드나 파일 공유 서비스를 사용하는 경우, 보안 프로토콜이 적용된 신뢰할 수 있는 서비스를 이용한다.

#### ③ 법적 보호를 위한 증거 관리 및 체계적 대응

IP 분쟁이 발생할 경우 법적 보호를 받으려면 자신의 권리를 입증할 수 있는 증거 자료를 철저히 준비해야 한다. 왜냐하면, 체계적이고 신뢰성 있는 증거 관리가 법적 분쟁에서 승소 가능성을 높일 수 있기 때문이다. 우선, IP 창출 과정에서 발생한 모든 문서, 원본 파일, 계약서를 보관한다. 이와 함께, 타임스탬프를 활용하여 발명 시점을 증명할 수 있는 자료를 확보한다. 만약 IP 권리를 침해받았을 경우, 침해 행위와 관련된 기록(예: 스크린샷, 이메일, 계약서)을 체계적으로 수집한다. 그 외, 전문 법률팀 또는 특허 사무소와 협력하여 신속하고 효과적으로 대응할 수 있는 체계를 구축한다.

#### ④ 기업의 경쟁력 유지 및 손실 예방

IP는 기업의 장기적 경쟁력을 뒷받침하는 핵심 자산이다. 이를 보호하지 못하면 신제품 출시 지연, 시장 점유율 감소, 경제적 손실로 이어질 수 있다. 따라서 IP 보안은 기업의 지속 가능성을 유지하기 위한 필수적인 요소이다. 주요 전략으로는 주요 IP 자산에 대한 정기적인 가치를 평가하고 필요 시 추가적인 보호 조치를 마련한다. 또한, 제품 또는 서비스의 차별화 요소를 보호하여 경쟁사가 이를 모방하지 못하도록 한다. 더욱이, 글로벌 시장에서 각 국가의 IP 법률을 이해하고 이에 따라 권리를 확보한다. 이러한 지식재산권 침해 방지를 통해 불필요한 소송 비용 및 이미지 손상을 예방한다.

## 2) IP 보안의 현황과 유형

### (1) IP 보안의 현황

IP 보안을 위협하는 경우는 다양하게 존재하는데, 예를 들어 기업 IP 데이터를 노리는 지능형 위협(Advanced Persistent Threat, APT)을 생각할 수 있으며 해커 및 사이버 공격으로 증가될 가능성이 매우 높다. 또한, 예상치도 않게 내부 직원, 협력사, 파트너사로 인한 정보 유출도 생각할 수 있다. 더욱이, 글로벌 협력 증가로 인해 IP 유출 위험은 늘 노출되어 있다. 이에 따라, 많은 기업이 IT 보안 시스템과 물리적 보안 설비에 막대한 비용을 투자하기도 한다. 이에 힘입어 인공지능(AI), 블록체인, 데이터 암호화를 활용한 보안 기술 도입의 확산 가능성도 매우 높아지고 있다. 이와 함께, 최근 들어 자주 보도되는 IP 유출 사례를 보면 그 어느 때 보다도 IP 산업 보안의 중요성이 부각되어 커져가고 있다.

### (2) IP 보안의 유형과 예방 방법

IT와 법적, 물리적 보안이 결합된 통합적 접근 방식은 IP 보호의 효율성을 극대화하며, 기업 경쟁력을 유지하고 외부 위협으로부터 안전을 보장하는 데 필수적이다. 다음은 IP 보안의 유형을 예시한 것이다.

**〈표 8-1〉** IP 보안의 유형

| IP 보안 유형 | 설명 |
|---|---|
| 물리적 보안 | 연구소, 데이터 센터, 설비 등의 물리적 보호 |
| 디지털 보안 | IP 관련 데이터를 저장, 전송, 관리하는 IT 인프라의 보호 |
| 인적 보안 | 내부 직원 및 외부 파트너와의 협력 과정에서 발생할 수 있는 유출 방지 |
| 법적 보안 | IP를 보호하기 위한 계약, 규제 준수, 법적 대응 |

IP 보안의 유형은 보호하고자 하는 지식재산(IP)의 특성과 이를 위협하는 요소에 따라 다양한 형태로 나눌 수 있다. 예를 들어, 다음과 같은 유형과 예방 방법에 대해 살펴보도록 한다.

### ① 물리적 보안(Physical Security)

물리적 보안은 IP와 관련된 자산(예: 서버, 문서, 프로토타입, 장비)을 물리적으로 보호하는 데 초점을 둔다. 이는 외부인의 무단 접근이나 내부 직원의 의도적 또는 비의도적 유출을 방지하기 위한 첫 번째 단계이다.

• 주요 예방 방법

- IP 관련 자료와 문서를 보관할 보안 구역이나 잠금 장치가 있는 캐비닛 사용
- 연구소, 데이터 센터, 사무실 등에 CCTV, 출입 통제 시스템(RFID 카드, 생체인식 등)을 설치
- 실험실과 같이 민감한 정보가 있는 장소에는 제한된 인원만 접근하도록 관리
- 폐기물을 처리할 때, 문서와 디지털 자료를 파쇄하거나 안전하게 삭제

### ② 네트워크 보안(Network Security)

디지털화된 IP가 가장 많이 저장되고 교환되는 네트워크에서 보안을 강화하는 유형이다. IP 침해는 종종 해커의 침입, 악성코드, 데이터 탈취 등의 형태로 발생하기 때문에 네트워크 보안은 매우 중요하다.

• 주요 예방 방법

- 방화벽(Firewall) 및 침입 탐지 시스템(IDS)을 통해 외부 해커의 접근을 차단
- 데이터 암호화 및 VPN[17]을 통해 안전한 데이터 전송 환경 구축
- 강력한 비밀번호 정책과 정기적인 비밀번호 변경 요구

---

17) VPN(Virtual Private Network)은 방화벽, 침입 탐지 시스템과 함께 현재 사용되는 가장 일반적인 보안 솔루션 중 하나이다(네이버 백과사전).

- 네트워크에서 비정상적인 활동을 감지하기 위한 모니터링 시스템 운영

### ③ 데이터 보안(Data Security)

IP 데이터는 디지털 환경에서 쉽게 복사되거나 이동될 수 있으므로 데이터 보안은 IP 보호의 핵심 요소이다. 이러한 데이터가 유출되면 기업에 막대한 피해를 초래할 수 있다.

• 주요 예방 방법

- 중요한 데이터에 암호화 기술을 적용하여 외부인이 읽지 못하도록 보호
- 데이터 접근 권한을 최소화하여 필요한 사람만 데이터를 열람할 수 있도록 설정
- 정기적으로 데이터를 백업하여 유실 위험에 대비
- 기밀 데이터의 외부 저장(클라우드 등)은 신뢰할 수 있는 보안 인증을 받은 서비스를 이용

### ④ 법적 보안(Legal Security)

IP 보안에서 법적 보호는 지식재산권 등록과 분쟁 시 법적 근거를 제공하는 체계적인 준비를 포함한다. 법적으로 IP를 보호받기 위해 필요한 조치를 미리 마련하는 것이 중요하다.

• 주요 예방 방법

- 특허, 상표, 저작권 등을 사전에 등록하여 법적 권리를 확보
- NDA(Non-Disclosure Agreement: 비밀유지계약), IP 소유권 계약 등 명확한 계약을 통해 IP 소유권과 사용권을 정의
- 분쟁 발생 시 입증 자료로 사용할 수 있도록 IP 개발 과정, 연구 기록, 계약서 등 문서화
- 국제 시장 진출 시 해당 국가의 IP 법률 준수

### ⑤ 운영적 보안(Operational Security)

운영적 보안은 조직 내부의 프로세스를 개선하여 IP 보호를 강화하는 데 초점을 둔다. 이는 직원 및 협력사와의 관계에서 발생할 수 있는 위험을 방지하는 데 필수적이다.

- 주요 예방 방법
  - 직원 교육을 통해 보안 인식 제고 및 보안 정책 준수 강화
  - 정기적인 내부 감사와 보안 점검을 통해 취약점을 사전 식별
  - 협력사 및 공급업체와의 계약 시 보안 요구사항 명시
  - 조직 내 IP 보호에 대한 명확한 규칙과 절차 수립

### ⑥ 클라우드 및 디지털 플랫폼 보안

기업은 IP 데이터를 클라우드나 디지털 플랫폼에서 관리하는 경우가 많다. 이러한 환경에서는 데이터 접근, 저장, 이동 과정에서 보안 취약점이 발생할 수 있다.

- 주요 예방 방법
  - 클라우드 제공 업체가 국제 보안 표준(ISO 27001 등)을 준수하는지 확인
  - 클라우드 환경에서 다단계 인증(MFA)과 암호화를 사용하여 접근을 제어
  - 데이터를 저장하거나 공유할 때 암호화 알고리즘과 보안 인증을 활용
  - 클라우드 데이터와 로컬 데이터 간 동기화를 주기적으로 확인하여 유출 여부 점검

### ⑦ 사이버 보안(Cybersecurity)

사이버 보안은 디지털 IP를 공격하려는 해커 및 악의적인 소프트웨어로부터 보호하는 데 초점을 둔다. 특히, 기술과 혁신이 포함된 IP는 사이버 공격의 주요 타깃이 된다.

- 주요 예방 방법

- IP가 저장된 시스템에 최신 보안 패치를 적용
- 정기적으로 악성코드 및 바이러스 검사를 수행
- 피싱 공격 및 소셜 엔지니어링 방지를 위한 직원 보안 교육
- 의심스러운 이메일 첨부 파일이나 링크를 열지 않도록 주의사항 마련

#### ⑧ 비즈니스 연속성 보안(Business Continuity Security)

IP 보안은 기업의 운영이 중단되거나 위협을 받았을 때도 중요한 데이터를 복구하고 사업을 지속할 수 있는 능력을 포함한다.

- 주요 예방 방법

- 데이터 유출 사고 및 재난 복구를 위한 대응 계획 수립
- 클라우드 백업 및 이중화 서버를 통해 데이터 복구 체계 마련
- 정기적으로 위기 상황을 시뮬레이션하여 대응 능력을 점검
- 사이버 공격이나 물리적 손실로 인한 IP 손실을 최소화하기 위한 보험 가입

IP 보안의 유형은 물리적 자산부터 디지털 데이터, 법적 체계, 운영 절차까지 다양한 범위에 걸쳐 있다. 각각의 유형은 상호 보완적이므로, 기업은 다층적이고 통합적인 보안 전략을 수립하여 지식재산을 효과적으로 보호해야 한다.

### 3) IT에 의한 IP 보안

IT 기술은 IP 산업보안의 핵심 도구로 자리 잡고 있으며, 최신 기술을 활용한 보안 강화가 이루어지고 있다. 이와 관련하여 다음의 경우를 생각해 볼 수 있다.

### (1) 기본적인 관리 방안

**① 비밀번호를 주기적으로 변경**

공격자의 공격(무차별 대입 공격, 사전 공격 등)에 의해 비밀번호가 노출될 수 있으므로, 비밀번호를 주기적으로 변경하여 사이버 침해사고를 예방한다.

**② 소프트웨어를 주기적으로 업데이트**

소프트웨어 업데이트는 소프트웨어 공급자가 제공하는 가장 저렴하고 효과적인 보안 수단이다. 서버의 부하가 적은 시간대에 정기적인 업데이트 일정을 설정하여 업데이트를 진행해야 한다

### (2) 보안을 위한 기술 활용

- **암호화 기술:** 데이터 저장 및 전송 과정에서 정보를 암호화하여 유출 방지
- **AI 기반 탐지 시스템:** 이상 징후를 조기에 탐지하고, 사이버 공격을 실시간 방어
- **블록체인 기술:** IP 데이터의 무결성 보장 및 신뢰 기반 시스템 구축
- **클라우드 보안:** 클라우드 기반 IP 관리 시스템의 데이터 보호

### (3) 데이터 접근 제어

- **권한 관리 시스템:** 직원 및 파트너가 접근할 수 있는 IP 데이터를 역할 기반으로 제한
- **다중 인증(MFA):** 접근 시 추가 인증 절차를 요구하여 보안 강화

### (4) IP 관리 플랫폼

- **통합 관리 시스템:** IT 플랫폼을 통해 IP 데이터를 중앙 집중화하여 관리
- **실시간 모니터링:** IP 데이터 이동 및 변경 기록을 추적하여 비정상 활동을 탐지

(5) 사이버 보안 인프라

- **방화벽 및 침입 방지 시스템(IPS):** 네트워크 기반 위협 차단
- **보안 운영 센터(SOC):** IP 보안을 위한 24시간 모니터링 및 대응

## 2. 관련법

IP 산업보안은 기업의 지식재산을 보호하기 위해 다양한 법적, 기술적, 관리적 조치를 종합적으로 운영하는 것을 의미한다. 관련 법률은 IP 침해를 예방하고, 침해 시 법적 대응을 가능하게 함으로써, 기업이 IP 자산을 효과적으로 보호할 수 있는 법적 장치를 제공한다.

### 1) 부정경쟁방지 및 영업비밀보호에 관한 법률

(1) 배경

① **글로벌 경쟁 심화:** 국제시장에서의 경쟁이 치열해지면서 기업의 기술·경영 노하우 등 비공개 정보의 가치가 급증하였고, 이로 인해 부정한 수단에 의한 영업비밀 탈취 문제가 대두되었다.

② **국제 규범과의 정합성:** 세계 각국에서 불공정 경쟁을 방지하고 영업비밀 보호를 강화하는 법적 장치가 마련됨에 따라, 우리도 국제적 기준에 부합하는 법제도를 마련할 필요성이 대두되었다.

③ **공정 경쟁 질서 확립:** 시장에서의 공정 경쟁을 저해하는 불법 행위를 근절하고, 혁신과 기술 개발을 촉진하기 위한 법적 장치 마련이 필요했다.

(2) 적용범위

모든 사업자 및 영리 목적의 개인 등이 법의 적용을 받는다. 특히, 기업 내부에서 관리되는 비밀 정보(영업비밀)에 대해 보호가 이루어진다.

#### ① 영업비밀의 범위

- **비밀성:** 공개되지 않아야 하며, 일정한 비밀 유지 조치가 이루어져 있는 정보
- **경제적 가치:** 해당 정보가 경제적 이익 또는 경쟁우위 창출에 기여하는 정보
- **실제적 관리:** 정보의 보호를 위해 합리적인 관리조치가 취해진 정보

#### ② 행위 범위

무단으로 영업비밀을 취득·사용·공개하는 행위, 또는 이를 목적으로 한 부정경쟁 행위 전반이 포함된다.

### (3) 주요내용

#### ① 영업비밀의 정의 및 보호대상

법에서는 기술적·경영상의 정보 중 공개되지 않은 사항으로서 경제적 가치를 지니고 있고, 적절한 비밀 유지 조치를 한 정보를 영업비밀로 규정한다.

#### ② 불공정 행위의 금지

- **무단 취득:** 정당한 방법이 아닌 비밀 정보의 획득 행위
- **부당 사용:** 취득한 영업비밀을 무단으로 이용하는 행위
- **무단 공개:** 영업비밀을 제3자에게 제공하거나 공개하는 행위

#### ③ 내부 관리 의무

기업 및 조직 내에서 영업비밀 보호를 위한 관리체계(예: 비밀유지계약 체결, 내부 보안 시스템 구축 등)의 마련을 요구한다.

#### ④ 구제 및 손해배상

피해를 입은 기업은 부정경쟁 행위에 대해 법적 구제를 청구할 수 있으며, 민사적 손해배상 청구와 함께 필요한 경우 금지명령 등의 구제 조치를 요청할 수 있다.

### (4) 법적 제재

#### ① 형사적 제재

고의로 영업비밀을 탈취하거나 부정하게 이용한 경우, 징역이나 벌금 등의 형사처벌이 부과될 수 있다. 범죄의 중대성에 따라 처벌 수위가 달라진다.

#### ② 민사적 제재

불법 행위로 인한 피해에 대해 피해자는 손해배상 청구 및 영업비밀 사용 중지, 반환 등의 민사 구제를 청구할 수 있다.

#### ③ 행정적 제재

경우에 따라 공정거래위원회나 기타 행정기관에 의한 제재 조치가 시행될 수 있으며, 이를 통해 불공정 행위의 재발을 방지하는 역할을 한다.

요약하여 말하면, 우리나라의 부정경쟁방지 및 영업비밀보호에 관한 법률은 기업의 경쟁력 유지와 공정 거래 질서 확립을 위해 제정되었으며, 영업비밀의 정의, 보호, 불법 행위에 대한 금지와 함께 위반 시 민형사상 제재를 규정하고 있다. 이러한 법적 장치는 국내외 시장에서의 공정 경쟁 환경을 마련하는 데 중요한 역할을 하고 있다.

## 2) 산업기술보호법

### (1) 제정 목적 및 배경

#### ① 목적

우리나라의 산업기술보호법은 국가의 핵심 산업기술이 해외로 무단 이전되거나 불법 유출되는 것을 방지함으로써 국가 경제와 안보를 확보하는 데 그 목적이 있다.

② 배경

- **글로벌 경쟁 심화:** 글로벌 시장에서 경쟁력이 결정되는 요인 중 하나가 핵심 기술인 만큼, 기술 유출에 따른 경쟁력 약화와 국가 안보 위협을 방지하기 위한 필요성이 대두되었다.
- **첨단 기술 발전:** 반도체, IT, 바이오 등 첨단 산업 분야에서의 기술 누출 위험이 커지면서, 민간과 공공 모두에서 체계적인 기술 보호가 요구되었다.

### (2) 주요 내용 및 특징

① 보호 대상 기술

국가 안보, 경제 발전, 산업 경쟁력에 중대한 영향을 미치는 첨단 기술, 국방 관련 기술, 정보통신기술 등이 보호 대상에 포함된다.

② 기술 이전 관리

해외 이전이나 기술 협력, 투자 등의 경우 정부의 사전 심사 및 승인 절차가 적용되어, 기술의 중요도와 민감도를 평가한 후 허용 여부를 결정한다.

③ 내부 보안 의무

기업 및 연구기관은 기술 유출 방지를 위한 보안 관리체계를 갖추어야 하며, 정부는 정기적인 점검을 통해 이행 여부를 감시한다.

④ 법적 제재

무단 기술 이전, 유출, 복제 등 불법 행위에 대해 형사, 민사, 행정적 제재가 부과되며, 위반 시 과태료, 벌금, 또는 징역 등 강력한 처벌이 따른다.

## 3) 산업재산정보법

산업재산정보의 관리 및 활용 촉진에 관한 법을 말한다.

### (1) 산업재산정보법 개요

#### ① 정의

산업재산정보법은 특허, 실용신안, 상표, 디자인 등 산업재산권과 관련된 정보를 체계적으로 관리하고 이를 효율적으로 활용할 수 있도록 법적 근거를 제공하는 법이다.

#### ② 제정 및 시행 배경

4차 산업혁명 시대에서 산업재산정보는 기업 및 국가 경쟁력의 핵심 자원이 되었으며, 이를 효율적으로 관리하고 활용할 체계가 필요하게 되었다. 또한, 기술 강국 간 경쟁 속에서 산업재산정보의 전략적 활용이 요구되며, 국제적 표준화와 데이터 보호가 중요해졌다. 더욱이, 기존 법령으로는 산업재산정보의 활용 촉진과 보호를 충분히 규율하지 못하는 한계가 존재하여 산업재산정보를 활용한 기술 혁신 및 창업 활성화를 유도하기 위한 법적 지원이 필요한 상황에 다다랐다.

#### ③ 목적

산업재산정보를 체계적으로 수집, 분석, 보관하여 활용성과 신뢰성을 확보하고 기업과 연구기관이 산업재산정보를 쉽게 활용할 수 있는 환경을 조성하는 데 있다. 또한, 산업재산정보의 불법 유출 및 악용을 방지함으로써 기술 혁신과 창업 활성화를 지원하여 지속 가능한 국가 산업 경쟁력을 확보하는 데 있다.

#### ④ 주요 내용

주요 내용을 요약하면 다음과 같다.

- 산업재산정보의 정의
  - 특허, 실용신안, 상표, 디자인 등 산업재산권 관련 정보, 기술 문헌, 심사 자료, 공보, 라이선스 정보 등 포함

• 정보 관리 체계 구축
- 국가 차원의 산업재산정보 데이터베이스(DB) 구축
- 빅데이터 및 인공지능(AI)을 활용한 정보 분석 체계 마련

• 정보의 공개 및 접근성 강화
- 산업재산정보를 공공 데이터로 활용할 수 있도록 공개
- 무료 또는 합리적 비용으로 제공하여 접근성 제고

• 정보 활용 촉진
- 중소기업, 스타트업, 연구기관 등이 정보를 활용하여 기술 개발 및 사업화를 촉진
- 산업재산정보를 기반으로 한 창업 지원 및 기술 이전 활성화

• 정보 보호
- 민감한 정보의 무단 공개와 불법 유출을 방지하기 위한 보안 체계 마련
- 정보의 사용 및 접근 권한을 명확히 설정

• 국제 협력
- 국제적 표준화 및 글로벌 기술 정보 교류를 위한 협력 강화

• 저촉 및 처벌 규정
- 불법 유출, 무단 접근, 허위 정보 제공 등에 대한 처벌 조항 포함

(2) 기대 효과

기업 및 연구소가 고품질의 산업재산정보를 활용하여 기술 혁신과 신산업 창출에 기여할 수 있으며, 또한 산업재산정보 유출 및 악용 방지로 기술 경쟁력을 보호하고 강화할 수 있다. 이로 인해, 산업재산정보를 활용한 창업과 기술 사업

화 촉진으로 경제 성장 동력을 확보할 수 있다. 이울러, 국제 협력 및 표준화로 해외 시장에서도 경쟁력을 발휘할 수 있는 기반을 마련할 수 있다.

### (3) 산업재산정보법의 의의

산업재산정보법은 단순히 산업재산권을 보호하는 것을 넘어, 정보를 기반으로 한 기술 혁신, 창업 활성화, 경제적 성장까지 포괄하는 법이다. 이를 통해 국가적 차원에서 산업재산정보의 활용성을 극대화하고, 글로벌 기술 경쟁에서 우위를 확보할 수 있는 전략적 도구로 작용할 것이다.

### (4) 저촉 및 처벌 사항

이에 대해 다음으로 요약된다.

〈표 8-2〉 저촉에 따른 처벌 사항

| 저촉사항 | 설명 | 처벌 |
|---|---|---|
| 불법 유출 | 산업재산정보를 무단으로 유출하거나 외국에 판매하는 경우 | 징역 5년 이하 또는 벌금 5억 원 이하 |
| 악용 | 허위 정보 제공이나 분석 결과 조작의 경우 | 징역 3년 이하 또는 벌금 3억 원 이하 |
| 부당 접근 | 무단으로 데이터베이스에 접근하거나 보안 체계를 해킹한 경우 | 징역 7년 이하 또는 벌금 7억 원 이하 |
| 기밀 유지 위반 | 계약된 기밀 정보를 제3자에게 유출한 경우 | 관련 민형사상 책임 부과 |

## 4) 시사점

산업재산정보법은 지식재산이 경제성장의 핵심 자원이 되는 시대적 요구를 반영하여, 데이터 기반 경제로 전환을 가속화하기 위한 것으로 연구자와 기업이 산업재산정보를 활용하여 신기술 개발과 창업을 촉진할 수 있게 한다. 특히 중소기업과 스타트업의 경쟁력을 강화하는 데 기여할 것으로 기대된다.

또한, 산업재산정보의 체계적인 관리와 보호를 통해 정보의 투명성과 신뢰성을 높이고, 악용 방지로 기술 경쟁력을 더욱 강화하고 글로벌 경쟁력 확보에도 기여할 것으로 보인다. 더욱이, 산업재산정보를 활용한 기술혁신은 ESG 경영(환경, 사회, 지배구조)에서도 중요한 역할을 하며, 지속 가능한 산업 발전을 지원할 것으로 예상된다.

## 3. IP 산업보안 침해사례

### 1) 주요 관련법 침해 예시

#### (1) 영업비밀 보호

영업비밀 보호는 기업의 비공개 정보(공식적으로 기밀로 간주되는 기술적, 경영상의 정보)를 보호하는 데 목적이 있다.

**<주요 침해 사례>**

- **직원의 경쟁사 유출 사례:** 한 IT 기업에서 핵심 연구원이 경쟁사로 이직하며 자사의 영업비밀(알고리즘 소스코드)을 USB에 담아 유출

  **시사점:** 내부 직원에 대한 보안 교육 강화와 기술 정보 접근 권한 관리가 중요
- **협력사의 계약 위반 사례:** 자동차 부품 제조사가 협력사에 도면 정보를 제공했는데, 협력사가 이를 무단으로 복제해 타사에 제공

  **시사점:** 협력사와의 비밀유지계약(NDA)과 보안 규정을 철저히 준비할 필요성
- **외부 해킹 및 유출 사례:** 한 바이오 기업의 연구 데이터가 해킹으로 유출되어 해외 경쟁사에 판매

  **시사점:** 네트워크 보안과 침해 탐지 시스템(IDS)을 통해 외부 침입 방지

### (2) 부정경쟁방지

부정경쟁방지법는 타인의 사업 활동이나 경제적 가치를 침해하는 불공정한 경쟁 행위를 방지한다.

<주요 친해 사례>

- **상표권 모방 사례:** 유명 브랜드의 로고를 유사하게 만든 제품을 시장에 유통하여 소비자를 혼란시킨 사건.
  **시사점:** 상표권 등록과 모니터링을 통해 모방 행위를 사전에 차단
- **기술 탈취 사례:** 한 스타트업의 혁신 기술이 대기업에 의해 복제되고 이를 기반으로 유사 제품 출시
  **시사점:** 기술 관련 특허 출원과 법적 보호 조치를 통해 권리 확보 필요
- **영업 비밀을 활용한 부정 경쟁:** 경쟁사가 전직한 직원으로부터 경쟁사의 고객 리스트를 입수해 직접 마케팅에 활용
  **시사점:** 전직 직원의 영업비밀 준수 의무를 명확히 정의

### (3) 산업기술보호법

산업기술보호법은 국가의 경제적 이익과 안전에 중요한 산업기술을 보호하기 위한 법이다.

<주요 침해 사례>

- **산업기술 해외 유출:** 반도체 제조 기술이 퇴직한 연구원에 의해 외국 기업에 판매
  **시사점:** 퇴직 후에도 산업기술 관련 비밀유지 의무를 지속하도록 규정
- **국가 중요 기술 도난:** 항공우주 분야 기술이 협력사를 통해 외국으로 유출
  **시사점:** 국가 주도의 기술 보안 및 협력사 관리 강화 필요
- **연구개발 자료의 무단 유출:** 한 대학의 연구실에서 진행하던 정부 지원 프로젝트 데이터가 해외 연구소로 유출

**시사점:** 연구기관과 산학협력단의 보안 규정 강화

## 2) 공통의 시사점

위에서 예시된 각 법률과 관련된 침해 사례는 향후 방지 조치를 강화하고 기업 및 기관의 지식재산 보호 전략을 지속적으로 고도화해야 할 필요성을 보여준다.

다음은 위에서 살펴본 내용을 통해 공통의 시사점으로 요약할 수 있다.

- **보안 의식 강화:** 직원 교육과 내부 정책을 통해 보안 의식을 강화해야 한다. 이를 위해 기밀 정보에 대한 정의와 보호 방법을 전 직원이 숙지하도록 한다.
- **법적 대응 체계 확립:** 모든 계약에 비밀유지 및 정보 보호 조항을 포함시키고, 이를 위반할 시 강력한 법적 조치를 취할 수 있도록 체계를 마련한다.
- **기술적 보안 강화:** 암호화, 네트워크 방화벽, 침입 탐지 시스템 등을 활용하여 외부 위협에 대응하고 민감 데이터에 접근하는 직원의 활동을 기록하여 사후 추적 가능성을 확보한다.
- **정기적 보안 점검 및 감사:** 기업 내외부의 보안 체계를 정기적으로 점검하고 취약점을 개선한다.
- **국제적 대응력 확보:** 글로벌 비즈니스 환경에서는 각국의 법률을 준수하며, 주요 자산에 대한 국제적 보호 조치를 준비해야 한다.

CHAPTER 09

# 지식재산기반의 기업 전략

# CHAPTER 09 지식재산기반의 기업 전략

이 장에서는 지식재산기반의 기업 전략으로서 ESG를 위한 기업 IP 경영 전략에 대해 살펴보도록 한다. ESG 경영은 환경(E), 사회(S), 지배구조(G)를 중점적으로 고려하는 기업의 책임경영의 일환으로 친환경, 노동인권과 산업안전 등을 요구 받고 있다.

## 1. ESG를 위한 기업 IP 경영 전략

### 1) ESG와 IP 연계 전략의 필요성

다음의 측면에서 양자 간의 연계 의의가 있다.

(1) 법적 보호와 혁신의 유인

ESG와 연계된 IP 전략은 법적 보호를 통해 기업의 핵심 기술을 지키고, 지속적인 혁신을 유도할 수 있다.

(2) 기업 이미지 제고

ESG를 실현하는 IP 전략은 기업의 사회적 책임을 강조하고, 고객 및 투자자 신뢰를 높이는 데 기여한다.

### (3) 미래 리스크 대비

환경 규제 강화 및 ESG 요구 증가에 대비하여, IP를 활용한 대응은 장기적 생존과 성장을 위한 필수 전략이 될 수 있다.

## 2) ESG 접근 방법

기업이 환경(E), 사회(S), 지배구조(G)를 중점적으로 고려하는 ESG 경영을 위해 지식재산(IP) 전략을 수립할 때, 다음과 같은 접근이 필요하다.

### (1) 환경(E): 친환경 기술을 중심으로 한 IP 전략

- **목표:** 환경오염을 줄이고 지속 가능성을 증진하는 기술을 개발하고 보호
- **구체적 실행 방안**
- 친환경 기술 특허포트폴리오 구축: 에너지 효율, 탄소 배출 감소, 재활용 관련 기술에 대한 특허 확보
- 그린 IP 공유와 협력: 국제 환경 기술 리더로 오픈 IP 플랫폼에서 친환경 특허를 공유
- 지속가능성 인증: IP와 관련된 기술의 친환경 인증 취득 및 마케팅 활용

### (2) 사회(S): 사회적 가치를 위한 IP 활용

- **목표:** 기술을 통해 지역 사회 문제 해결과 공정한 기술 접근성 확대
- **구체적 실행 방안**
- 사회적 기술 보급: 개발도상국 및 취약 계층에 적합한 기술 및 IP를 비영리적으로 제공
- 공유 IP 플랫폼 구축: 공익을 위한 기술 협력을 위해 라이선싱 모델을 개발
- 직원과 커뮤니티 중심 R&D: 지역사회 문제 해결에 기여하는 IP 기반 기술 개발

#### (3) 지배구조(G): 투명하고 윤리적인 IP 경영

- **목표**: 윤리적이고 투명한 지식재산 관리 체계를 통해 신뢰 구축
- **구체적 실행 방안**

– IP 가치 평가 및 공개: 특허포트폴리오의 가치를 ESG 보고서에 투명하게 공개

– 윤리적 IP 라이선싱: 불공정한 라이선싱 계약 및 소송 남용 방지

– ESG 중심의 IP 의사결정 프로세스 구축: ESG 목표와 정렬된 IP 투자 및 관리

### 3) ESG-IP 연계 매뉴얼 예시

#### (1) 매뉴얼 개요

**① 목적**

본 매뉴얼은 ESG(환경·사회·지배구조) 경영 전략과 지식재산(IP) 경영 전략 간의 연계성을 실질적으로 확보하고, 기업의 지속가능성과 경쟁력을 동시에 달성하기 위한 실행 지침을 제공하는 것을 목적으로 한다.

**② 적용 대상**

이 매뉴얼은 ESG 전략 담당부서, IP 관리부서, 기술기획부서, 지속가능경영위원회, R&D 부서 등 관련 전 부서를 대상으로 한다.

#### (2) ESG와 IP 경영의 연계 구조

다음의 표는 ESG의 각 영역별로 연계할 수 있는 IP전략을 제시한 것이다.

〈표 9-1〉 ESG와 IP 경영의 연계

| ESG 영역 | 연계 IP 전략 | 구체적 실행 항목 |
|---|---|---|
| E(환경) | 친환경 기술 보호 및 공유 | – 탄소저감·재활용 기술 특허화<br>– Green IP 정책 수립<br>– ESG 기술 비독점 라이선싱 제공 |
| S(사회) | 사회기여형 기술의 보호 및 활용 | – 공공기술 이전<br>소셜 임팩트 특허 등록<br>– 사회적 기업과 공동 R&D |
| G(지배구조) | DIN77006 기반 IP 리스크 관리 | – IP 위험 식별·대응 프로세스 운영<br>– IP 관련 의사결정의 투명성 확보<br>– IP 내부감사 체계 도입 |

## (3) 부서별 실행 지침

### ① ESG 전략 부서

- ESG 리스크/기회 식별 시 '보유 IP 자산'과 '등록 예정 기술' 포함
- ESG 경영 보고서 내 IP 활용 사례 명시
- ESG 평가 지표 내 'ESG 기여 특허 수' 포함

### ② IP 관리 부서

- ESG 기여 기술을 선별하여 우선 특허 출원
- ESG 목적의 오픈 IP 전략 수립 및 공개 범위 관리
- 지속가능성 관련 IP 분쟁 사전 예방을 위한 사내 교육 진행

### ③ 기술기획 및 R&D 부서

- 과제 기획 시 ESG 기여도 사전 검토 항목 포함
- 친환경/사회적 기술의 특허성·사업성 동시 평가
- ESG 테마 R&D(예: 기후테크, 인권보호 기술) 중심 기술로드맵 개발

## (4) 실행 절차

다음과 같이 단계별 실행을 생각할 수 있다.

STEP 1: ESG 테마 기술군 분류

- R&D 파이프라인에서 ESG와 직결된 기술 목록 작성 및 정기 갱신

STEP 2: IP 연계 전략 수립

- 식별된 기술에 대해 특허·상표·디자인 보호 전략 수립 및 외부 공개 여부 결정

STEP 3: 성과 평가 및 보고

- ESG 경영 보고서에 연계된 IP 활동 명시
- 다음과 같은 문구 사용 예시: "2025년 당사는 탄소 저감 기술 5건을 특허화하고, 그 중 2건을 공동라이선스로 개방하였습니다. 해당 기술은 ESG 전략의 일환으로, 유럽 파트너사와의 공동환경 프로젝트에 적용되었습니다."

STEP 4: 내부 감사 및 리스크 점검

- 연 1회 IP 관련 ESG 활동 점검
- DIN77006 기반 IP 프로세스와 ESG 연계 내역 문서화

### (5) 용어 및 참고 기준

- DIN77006: 독일 지식재산 경영시스템 인증 기준
- GRI 203, 305, 403: IP 관련 ESG 간접성과 보고에 활용 가능한 국제 기준
- SDG Goal 9: 혁신과 인프라 관련 IP 권리 보호 및 기술 공유 권장

### (6) 문서 보관 및 개정

- **최초 작성일**: 0000.00.00.
- **최초 발행 부서**: 지속가능전략실, IP센터 공동 발행
- **검토 주기**: 연 1회 이상
- 개정 이력은 별도 문서 관리 시스템(IPMS)에 기록

### 4) ESG 대응을 위한 지식재산(IP) 경영 보고서

다음은 보고서 구성 및 내용을 예시적으로 설명한 것이다.

#### (1) 보고서 개요

**① 목적**

EU 공급망 실사 지침(CSDDD) 및 ESG 요구사항에 대응하여, 기업의 지식재산(IP) 관리 체계를 전략적으로 재정립하고, 독일 DIN77006 수준의 IP 경영체계를 ESG 전반에 연계 적용하기 위한 내부 대응 전략 수립을 목적으로 한다.

**② 배경**

- 2024년 EU 공급망 실사 지침(CSDDD) 최종 승인
- 기업 공급망 전반에 대한 인권·환경 실사 의무 확대
- ESG 정보공개 및 이사회 책임 강화
- IP 자산의 전략적 가치 및 리스크 관리 중요성 부각

#### (2) ESG와 IP 경영의 연계 방향

**① 환경(E): IP와 녹색 기술의 전략적 관리**

- 친환경 기술의 특허 보유 및 라이선스 전략
- 탄소감축, 재활용, 에너지 효율 기술의 포트폴리오 분석

**② 사회(S): 공정한 기술거래 및 지식 공유**

- 원천기술 및 전통지식 보호
- 기술 협력 시 윤리적 계약관리 체계 수립

**③ 거버넌스(G): IP 기반 경영 의사결정**

- IP 리스크와 ESG 리스크의 통합 관리

- 이사회 수준의 IP KPI 도입

### (3) DIN77006 기반 IP 경영체계와 ESG 실사 연계 방안

다음은 리더십, 기획, 운영, 지원, 성과 평가 측면에서 IP 경영체계와 ESG 실사 연계 방안을 요약 설명한 것이다.

〈표 9-2〉 DIN77006의 주요 항목과 ESG 실사 연계

| 구분 | DIN77006 항목 | ESG 실사 연계 요소 |
|---|---|---|
| 리더십 | IP 전략과 조직 관리 | 이사회 차원의 ESG/IP 연계 KPI 구축 |
| 기획 | IP 목표 설정 및 리스크 평가 | 공급망 내 ESG/IP 리스크 통합 분석 |
| 운영 | IP 프로세스 실행 및 문서화 | 계약서 내 ESG+IP 보호 조항 반영 |
| 지원 | IP 교육, 내부 의식 고취 | ESG 교육 커리큘럼에 IP 윤리 통합 |
| 성과 평가 | IP 관련 내부 감사 및 개선 | ESG 감사 및 지속가능 공시 체계와 통합 |

### (4) 기업 대응 로드맵(2025~2027)

#### 1단계(2025년 상반기)

- IP 보유기술 중 ESG 관련 기술 식별
- IP 및 ESG 통합 진단 수행(리스크/기회 도출)

#### 2단계(2025년 하반기)

- DIN77006 기반 IP 관리 시스템 수립
- 공급망 계약서에 ESG/IP 보호 조항 삽입

#### 3단계(2026~2027년)

- ESG 보고서에 지식재산 활용 성과 정량화
- ESG 기반 기술 이전 및 협력모델 실행

#### (5) 부록

- ESG-IP 연계 체크리스트(요약)
- 참고 문서
  - EU Corporate Sustainability Due Diligence Directive(2024)
  - DIN77006: 2020 지식재산 경영시스템 요구사항
  - CSRD, EU Taxonomy 관련 가이드라인

결론적으로 보면, ESG를 위한 IP 전략은 환경, 사회, 지배구조 전반에서 기업의 지속 가능성을 지원하는 핵심 요소이다. 국내외 기업들이 ESG 목표와 IP를 연계하여 성공적인 사례를 만들어가고 있으며, 이는 글로벌 시장에서 필수적인 경쟁력으로 자리 잡고 있다. 기업은 앞으로도 ESG를 IP 관리의 중심에 두어 혁신을 주도하고, 지속 가능한 성장을 이끌어야 한다.

### 5) 사례: 국내 기업과 국외 기업

위에서 살펴본 것과 같이, ESG(Environmental, Social, Governance)는 지속 가능성과 책임 경영의 핵심 요소로, IP(지식재산) 전략을 통해 이를 실현할 수 있다. 아래는 ESG를 위한 기업 IP 전략을 국내 및 해외 사례로 나누어 분야별로 살펴본다.

#### (1) 국내 사례

**① 환경 분야: LG화학 - 생분해성 소재 특허 등록**

- **내용:** LG화학은 생분해성 플라스틱 소재(Bio-Circular Green Polymer)를 개발하고 관련 특허를 등록하여 플라스틱 폐기물 문제 해결에 기여하고 있다. 이 소재는 자연 환경에서 분해 가능하며, 해양 생태계와 토양 오염을 줄이는 데 목적이 있다.
- **의의:** 친환경 소재 개발을 통해 환경적 책임을 다하고, 지속 가능한 사업 모

델을 구축하여 ESG 목표를 달성

**② 사회 분야: 삼성전자 - 접근성 기술 특허**

- **내용:** 삼성전자는 장애인을 위한 접근성 기술(스마트폰의 음성 인식 및 점자 키보드) 특허를 등록했다. 이를 통해 청각 및 시각 장애인을 위한 혁신적인 기술을 제공하여 사회적 책임을 실현하고 있다.
- **의의:** 사회적 소외 계층의 접근성을 개선함으로써 포용적 성장과 디지털 평등을 실현

**③ 지배구조 분야: SK이노베이션 - 탄소중립 IP 포트폴리오**

- **내용:** SK이노베이션은 탄소 배출을 줄이는 기술(IP)을 개발하고 이를 포트폴리오로 관리하며, 온실가스 배출 저감을 위한 솔루션 제공에 집중하고 있다. 탄소 포집 및 저장(CCS) 기술 특허를 통해 산업 내 탄소중립 목표 달성을 지원하고 있다.
- **의의:** IP를 통해 환경과 경제적 이익의 균형을 이루며, 책임 있는 지배구조를 실현

(2) 해외 사례

**① 환경 분야: 테슬라(Tesla) - 오픈 특허 정책**

- **내용:** 테슬라는 전기차(EV) 기술의 대중화를 위해 관련 특허를 공개하는 '오픈 소스 특허 정책'을 발표했다. 이 정책은 전기차 보급을 가속화하여 화석연료 의존도를 낮추고, 전 세계적으로 탄소 배출 감소에 기여하는 것을 목표로 하고 있다.
- **의의:** 환경 문제 해결을 위해 경쟁을 넘어 협력을 강조한 IP 전략의 대표적 사례

#### ② 사회 분야: IBM - AI 윤리 특허

- 내용: IBM은 AI의 공정성과 투명성을 보장하기 위한 윤리적 AI 기술 특허를 다수 등록했다. 이를 통해 AI 알고리즘의 편향성을 줄이고, 책임 있는 기술 개발을 강조하고 있다.
- 의의: 신뢰할 수 있는 AI 기술을 통해 사회적 책임을 강화하고, 디지털 사회의 신뢰를 구축

#### ③ 지배구조 분야: 유니레버(Unilever) - 지속가능 패키징 특허

- 내용: 유니레버는 재활용 가능한 포장재 개발과 관련된 기술 특허를 확보하여, 포장 폐기물 문제를 해결하고 지속 가능한 공급망 관리를 실현하고 있다. 이 기술은 전 세계적으로 사용되는 제품의 환경 영향을 최소화한다.
- 의의: 지속 가능한 포장재 기술을 통해 투명하고 책임 있는 경영 체계를 확립

### (3) 시사점

#### ① IP를 통한 ESG 실현의 중요성

지식재산은 기업의 혁신과 경쟁력을 유지하는 핵심 자산일 뿐 아니라, ESG 목표를 달성하는 강력한 도구로 작용한다. 친환경 기술, 사회적 약자를 위한 혁신, 지속 가능한 지배구조를 지원하는 IP 전략은 장기적 관점에서 기업의 지속 가능성을 보장한다.

#### ② 산업 내 협력과 생태계 구축

테슬라의 오픈 특허 사례처럼, 개별 기업이 아닌 산업 전체가 협력할 수 있는 IP 전략은 ESG 목표를 가속화하는 데 효과적이다. 협력적 혁신 생태계는 환경 문제와 사회적 도전에 공동 대응할 수 있는 토대를 마련한다.

#### ③ 지속 가능 경영과 경제적 성과의 융합

IP는 지속 가능성을 추구하는 동시에 경제적 수익 창출을 가능하게 한다. LG

화학과 유니레버의 사례는 환경적 책임과 기업 이익의 균형이 가능함을 보여준다. 탄소중립 기술, 친환경 소재 개발 등은 미래 산업의 성장 동력으로 작용할 것이다.

위에서 살펴본 것과 같이, ESG 경영은 글로벌 경제 체계에서 기업의 경쟁력을 높여 기업의 성공을 좌우할 수 있으며 이를 위해 지식재산의 보호, 관리, 활용의 측면에서 ESG 경영을 고려하는 것은 매우 의미 있는 일이다.

PART 03

# 지식재산(IP) 경영시스템

CHAPTER 10

# 지식재산(IP) 경영시스템

1. 독일 DIN77006에 따른 IP 경영시스템
2. 독일 DIN77006을 고려한 IP 경영 운영전략

# CHAPTER 10 지식재산(IP) 경영시스템

"지식재산(IP) 경영"이란 특허 · 실용신안 · 디자인 · 상표 · 영업비밀 등 지식재산을 기업의 자산으로 활용하는 경영 전략을 통해 수익을 창출함으로써 기업 가치를 높이는 경영 활동을 말한다.[1] 따라서, 지식재산(IP) 경영은 기업의 경쟁력을 강화하고, 지속 가능한 성장을 도모하는 ESG 경영과 더불어 기업 경영의 중요한 전략적 요소이다. 이 장에서는 독일에서 시작된 기업의 IP 경영시스템에 대해 살펴보기로 한다.

## 1. 독일 DIN77006에 따른 IP 경영시스템

DIN77006은 지식재산(IP) 관리와 관련된 독일 표준으로 IP 관리 분야의 품질에 대해 DIN EN ISO 9001:2015-11의 내용을 보완한다. 여기서 알 수 있는 것처럼 이 독일 DIN77006은 ISO 표준을 따른다. 이는 IP 경영 프로세스의 품질 보증을 목표로 한다는 것이다.

이 표준은 IP의 전략적 관리, 생성, 리스크 관리 등을 포함한 9가지 주요 프로세스를 제시하고 있으며, 각 프로세스는 기업의 IP를 체계적으로 보호하고 활용하는 데 중요한 역할을 한다.

표준문서 내용 중 "지속적(fortlaufend)"이라는 용어는 시간이 지남에 따라 간

1) 지식재산 경영인증 운영요령([시행 2022. 9. 7.] [특허청고시 제2022-19호, 2022. 9. 7., 제정])

헐적인 중단이 발생하는 지속을 의미하며, "끊임없이(stetig)"는 중단 없이 지속되는 상태를 의미한다. 따라서 개선과 관련된 문맥에서 "지속적"이라는 표현이 적절하다. 여기서 시사하는 바는 본 표준문서가 기업 실정에 따라 융통성 있게 운용될 수 있다는 것을 의미한다고 할 것이다.

## 1) 개요

### (1) DIN77006 표준 문서의 구성

다음의 내용으로 구성된다.

- 1장에서는 규격의 적용 범위가 설명되며, 이는 매우 넓다. 지적 재산[2]을 소유하고 이를 관리하는 모든 조직이 포함된다.
- 2장에서는 기존의 품질 관리 시스템에서 이 규격의 위치(수준)를 설명한다.
- 3장은 규격에서 사용된 용어를 설명하여 문제에 대한 이해를 지원한다.
- 4장에서는 기업의 전체 맥락을 다루며, 이는 IPM(지식재산 경영)의 성공을 위해 매우 중요하다.
- 5장 전체는 IPM을 운영하는 데 있어서 조직(또는 기업) 관리의 중요성을 다룬다.
- 6장(계획), 7장(지원), 8장(IP서비스 제공)은 본격적인 IPM 작업을 다루며,
- 9장은 '성과 평가'에 초점을 맞추고,
- 10장은 9장에서 평가된 IPM 성과의 개선을 다룬다.

### (2) IP 경영의 주요 프로세스

기업은 관리 중이거나 생성된 지식재산(IP)의 보안과 관리를 책임진다. 이 책임에는 다음과 같은 IP 성과를 제공하기 위한 프로세스의 체계적 구현, 실현, 유지가 포함된다. 본서의 목차와 구별하기 위해 DIN77006의 목차는 편의상 #

2) 우리나라의 경우 지식재산으로 지칭

기호를 추가하였다.

- IP 전략(#5.1.2 참조)
- IP 리스크 관리(#6.1.2 참조)
- IP 인식(#7.3 참조)
- IP 관리(#8.1 참조)
- IP 창출(#8.4.2 참조)
- IP 권리화(#8.4.3 참조)
- IP 방어(#8.4.4 참조)
- IP 거래(#8.4.5 참조)
- IP 보고(#9.3.1 참조)

IP 경영시스템을 도입하면 조직(기업)은 미래 지향적인 결정을 내리고, 오류를 방지하며, 프로세스 결과를 지속적으로 개선할 수 있다.

### (3) IP 경영시스템의 목적

IP 경영시스템의 목적은 IP 리스크와 기회를 처리하기 위한 조직의 틀을 제공하는 것이다. 이를 위해 기업은 통제된 IP 경영 프로세스를 구축하여 IP 리스크를 최소화하기 위한 예방 및 보호 조치를 취하는 것이다. 이를 통해 조직은 성과 개선을 위한 기회를 조기에 발견하여 성과를 개선할 수 있다.

### (4) 성공 요인

IP 경영시스템 실행은 전략적, 운영적 결정이며, 조직의 모든 계층과 기능이 참여해야 성공할 수 있다. 성공을 위해서는 다음과 같은 주요 요인이 필요하다.

- 최고 경영진의 리더십과 책임
- 조직 내 IP 문화의 조성

- 내부 및 외부 커뮤니케이션
- 시스템 유지에 필요한 자원 제공
- 조직의 전략적 목표와 일치하는 IP 정책
- IP 리스크 관리 및 성과 평가

### (5) 기본원리인 "계획–실행–검토–개선" 사이클

IP 경영시스템은 PDCA(계획–실행–검토–개선) 개념을 기반으로 하며, 이를 통해 지속적인 개선을 이룰 수 있다.

PDCA는 다음과 같은 방식으로 시스템 및 그 요소에 적용될 수 있다.

① **계획**: IP 리스크와 기회를 평가하고, 기업의 IP 정책에 따라 목표 및 프로세스를 수립한다.
② **실행**: 계획한 프로세스를 실행한다.
③ **검토**: IP 정책과 목표에 맞게 프로세스 성과를 평가하고, 결과를 보고한다.
④ **개선**: 의도한 결과를 달성하기 위해 개선 조치를 취한다.

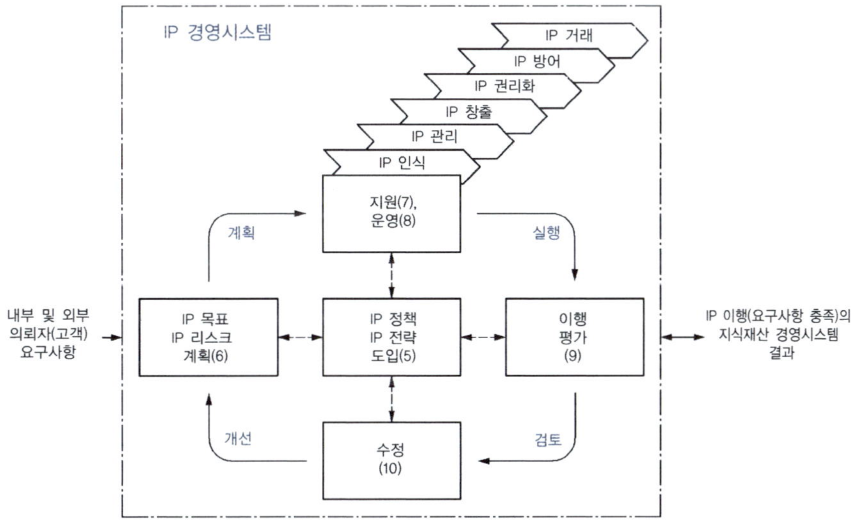


**[그림 10-1]** IP 경영시스템의 프로세스

출처: DIN77006.

### (6) 문서 내용과 구성

이 문서는 ISO의 경영시스템 표준 요구 사항을 따른다. 이러한 요구 사항에는 여러 ISO 경영시스템 표준을 구현하는 사용자에게 편리하게 설계된 "ISO 경영시스템 표준의 기본 구조"와 동일한 본문 및 공통 명칭, 핵심 정의가 포함된다.

이 문서는 조직이 IP 경영시스템을 도입하고 그 적합성을 평가하는 데 사용할 수 있는 요구 사항을 포함한다. 이 문서와의 적합성을 입증하고자 하는 기업은 다음과 같은 방법을 선택할 수 있다:

- 자체 평가 및 자체 선언을 수행하거나, 고객과 같은 조직(예를 들어, 바이어 등)에 관심이 있는 당사자(기업)에게 그 적합성을 확인받는 방법
- 조직 외부 당사자(감사자 또는 인증기관)에게 자체 선언을 확인받는 방법

이 표준문서의 1장에서 3장까지는 문서 사용에 필요한 적용 범위, 규범적 참조, 용어가 정의되어 있으며, 4장에서 10장까지는 이 문서와의 적합성을 평가하기 위한 요구 사항이 포함되어 있다.

아래에서는 우선 DIN77006의 실질적인 내용을 구성하는 본문 3장부터 내용을 요약 소개한다.

## 2) 문서 내용의 주요 구성

여기서는 원문의 구성을 그대로 따르기 위해 제3장인 용어부터 원문 목차 번호를 따르되 이미 밝힌 바와 같이 편의상 본서 목차와의 구별을 위해 # 부호를 추가한다.

### #3. 용어

이 문서의 적용을 위해서는 DIN EN ISO 9000:2015-11의 용어가 적용된다. 필요한 경우 여기서 수정 또는 보완되거나 IP 경영시스템과 관련된 추가 용어

도 적용된다.

#3.1 최고 경영진

조직의 최고 수준에서 조직을 이끄는 개인 또는 그룹

#3.2 이해 관계자

결정 또는 활동에 영향을 미치거나, 그로 인해 영향을 받거나, 영향을 받을 수 있는 개인 또는 조직

#3.3 조직

자신의 목표를 달성하기 위해 책임, 권한 및 관계를 가진 기능을 수행하는 개인 또는 개인 그룹

#3.4 외주

조직의 기능이나 프로세스 중 일부를 외부 조직이 수행하는 계약

#3.5 프로세스

결과를 얻기 위해 투입물을 사용하는 상호 연결된 활동들의 집합

#3.6 역할

IP 경영에서 할당된 책임 및 과제를 수행하는 사람들의 책임 및 권한

#3.7 감사(Audit)

객관적인 증거를 얻고 이를 객관적으로 평가하여 감사 기준이 충족되는지를 결정하기 위한 체계적이고 독립적이며 문서화된 과정

#3.8 요구 사항

설정되었거나 일반적으로 가정된 필수 또는 기대사항

#3.9 문서화된 정보

IP 경영시스템과 관련된 프로세스 및 성과에 대한 정보로, 조직에 의해 관리 및 유지되어야 하는 정보

#3.10 지속적 개선

성과를 높이기 위한 반복적인 활동

#3.11 역량

예정된 결과를 달성하기 위해 지식과 기술을 적용할 수 있는 능력

#3.12 적합성

요구 사항을 충족하는 상태

#3.13 부적합성

요구 사항을 충족하지 못한 상태

#3.14 시정 조치

부적합성의 원인을 제거하고 재발을 방지하기 위한 조치

#3.15 효과성

계획된 활동이 실현되고 예정된 결과가 달성된 정도

#3.16 비즈니스 모델

조직이 지속적으로 제품과 서비스를 제공하는 경제적 기능을 설명한 것

#3.17 지식재산(IP)

특허, 상표, 저작권 등 산업재산권과 노하우 및 무형 자산

#3.18 지식재산 관리(IP 경영)

조직의 가치 창출 과정에서 지식재산과 관련된 모든 프로세스의 총합

#3.19 IP 경영시스템

IP 정책 및 목표를 설정하고 달성하기 위한 조직 내의 상호 연결된 요소들의 집합

#3.20 IP 정책

최고 경영진에 의해 공식적으로 표현된 조직의 지식재산(IP) 관련 목표 및 방향

#3.21 IP 전략

장기적 비즈니스 목표를 달성하기 위해 지식재산을 사용하는 개념

#3.22 IP 목표

지식재산과 관련하여 달성해야 할 결과

#3.23 IP 리스크

지식재산과 관련된 불확실성의 영향

#3.24 IP 성과

측정 가능한 결과

#3.25 IP 경영

지식재산을 관리하고 유지하기 위한 반복적인 활동 및 프로세스

#3.26 IP 보고

IP 성과를 문서화하고 평가하기 위한 정보 수집, 분석 및 보고

#### #3.27 모니터링

시스템, 프로세스 또는 활동의 상태를 확인하는 활동

#### #3.28 IP 필요성

지식재산(IP)은 조직의 비즈니스 목표를 달성하는 데 필요한 자산이다. IP 필요성은 기존의 지식재산, 아직 존재하지 않는 지식재산, 또는 조직의 통제 범위 내에 있지 않은 지식재산을 포함할 수 있다. 조직에 아직 없는 지식재산에 대한 필요성은 IP 창출 또는 IP 거래를 통해 충족된다.

### #4. 조직의 맥락

#### #4.1 조직과 그 맥락 이해

조직은 IP 경영의 목표를 달성하는 데 영향을 미칠 수 있는 내부 및 외부 요인을 파악해야 하며, 이 정보들을 지속적으로 모니터링하고 필요시 업데이트해야 한다.

#### #4.2 이해 관계자의 요구와 기대 이해

조직은 고객의 요구와 법적 요구 사항을 충족하기 위해 지속 가능한 제품 및 서비스를 제공하는 능력에 영향을 미치는 이해 관계자를 식별하고, 이들의 요구 사항을 모니터링하고 평가해야 한다.

#### #4.3 IP 경영의 적용 범위 설정

조직은 IP 경영시스템의 경계를 설정하고, 해당 범위 내에서 모든 관련 요구 사항을 적용해야 하며, 이를 문서화하여 유지해야 한다.

#### #4.4 IP 경영시스템과 그 프로세스

조직은 필요한 프로세스를 설정, 실행, 유지하고 지속적으로 개선해야 한다. 프로세스의 투입물, 결과물, 순서 및 상호작용을 명확히 하여 이들을 효과적으로 관리해야 하며, 이에 필요한 자원을 확보하고 책임과 권한을 할당해야 한다.

## #5. 리더십

### #5.1 리더십 및 의무

최고 경영진은 IP 경영시스템의 효과성을 책임지며, IP 정책과 목표를 조직의 맥락과 전략적 방향에 맞게 설정하고 실행해야 한다. 또한, 조직의 전반적인 IP 인식 수준을 높이고, 관련 자원을지원해야 하며, IP 경영시스템의 지속적인 개선을 촉진해야 한다.

#### #5.1.2 IP 전략

최고 경영진은 IP 전략과 관련하여 리더십과 책임을 수행해야 하며, 다음을 보장해야 한다.

a) IP 전략이 조직의 비즈니스 모델에서 도출되며, 목표 및 목표 달성을 위한 방법이 명확히 기술된다. 여기에는 비즈니스 목표를 달성하기 위해 필요한 IP 포지셔닝에서 비롯된 IP 요구사항의 결정이 포함된다.

b) IP 전략이 전략적 옵션을 고려하고, 이를 통해 시장 지위를 적극적이고 지속적으로 발전시키기 위한 IP 활용 조치를 도출한다.

c) IP 전략이 실행을 위한 필수적인 재정적·인적 자원 및 조직적 프레임워크에 대한 내용을 포함한다.

d) IP 전략이 문서화된 정보로 제공되고 유지된다.

### #5.2 IP 정책 설정 및 발표

최고 경영진은 IP 정책을 설정하고, 이를 문서화하여 조직 내외부에 적절하게 공유해야 한다.

### #5.3 책임 및 권한

조직 내에서 관련 역할에 대한 책임과 권한을 명확히 하고, IP 경영시스템의 요구 사항이 충족되도록 보장해야 한다.

## #6. 계획 수립

### #6.1 위험 및 기회 대응 계획

조직은 IP 경영시스템의 목표를 달성하기 위해 위험과 기회를 파악하고, 이들에 대해 적절히 대응하는 계획을 수립해야 한다. 위험 관리 활동은 조직의 가치 창출에 미치는 영향에 비례해야 한다.

#### #6.1.2 조직의 계획

조직은 다음을 계획해야 한다:

a) IP 리스크 및 기회 대응 조치(IP 리스크 관리)

- 타인의 IP 및 자사 IP로 인한 위험 요소를 식별
- 식별된 리스크를 평가
- 리스크를 관리하기 위한 적절한 조치를 수립
- 경제적 손실을 방지하고, 자사의 조치 행위를 보장

※ 참고: 일반적인 IP 리스크의 원천은 다음과 같다.

- 제3자의 보호권(특허권, 상표권 등)
- 영업비밀 보호 관련 요구사항
- 계약(라이선스 및 사용 계약, 근로 계약, 임시직 계약, 공급업체·고객·협력 파트너·학술 파트너와의 계약, 비밀유지 계약)
- 조직의 내부 및 외부 이해관계자와의 커뮤니케이션
- 국내외 법적 요구사항
- 소유권 문제

b) 이러한 조치가 조직의 IP 관리 시스템 프로세스에 어떻게 통합되고 실행될 것인지

c) 이러한 조치의 효과성을 어떻게 평가할 것인지

리스크 및 기회 대응 조치는 조직의 가치 창출에 미치는 잠재적 영향에 비례해야 한다.

#6.2 IP 목표와 그 달성을 위한 계획

조직은 IP 경영시스템 목표를 설정하고, 이를 달성하기 위한 계획을 수립해야 한다. 목표는 IP 정책 및 전략과 일치해야 하며, 측정 가능하고 주기적으로 모니터링 및 업데이트되어야 한다.

#6.3 변경 사항에 대한 계획

조직은 IP 경영시스템의 변경 필요성을 인지하고, 이를 계획적으로 실행해야 한다.

#6.4 조직이 고려해야 할 사항

a) 변경의 목적과 그로 인한 잠재적 결과

b) IP 경영시스템의 통합성

c) 자원의 가용성

d) 책임 및 권한의 할당 또는 재할당

## #7 지원

#7.1 IP 경영 자원

#7.1.1 일반사항

조직은 IP 경영을 구축, 실행, 유지 및 지속적으로 개선하기 위한 필요한 자원을 정의하고 제공해야 한다. 기존 내부 자원의 역량과 제한 사항, 필요에 따라 외부 공급업체도 고려해야 한다.

#7.1.2 인력

조직은 IP 경영의 효율적 실행과 관련 프로세스 운영 및 통제를 위해 필요한 역량을 갖춘 인력을 배치해야 한다.

#7.1.3 인프라

조직은 관련 프로세스를 실행하기 위해 필요한 인프라를 정의하고, 제공하며, 유지 관리해야 한다.

※ 참고: 인프라에는 다음이 포함될 수 있다.

a) 장비, 하드웨어 및 소프트웨어 포함

b) 법률, 규정 및 데이터베이스에 대한 접근

c) 정보 및 통신 기술

#### #7.1.4 프로세스 환경

조직은 프로세스 실행 및 IP 경영 활동의 적합성을 달성하기 위한 환경을 정의하고 제공하며, 이를 유지해야 한다.

#### #7.1.5 조직의 지식

조직은 IP 프로세스 실행 및 IP 경영시스템의 요구 사항 준수를 달성하기 위해 필요한 지식을 정의하고, 이를 유지하며, 필요에 따라 제공해야 한다. 변화하는 요구 사항을 처리할 때, 조직은 현재의 지식을 평가하고 필요한 추가 지식 또는 업데이트를 확보할 방법을 결정해야 한다. 조직은 이 지식을 적절한 문서화된 정보로 유지하고 보관해야 한다. 또한, 최신 법규에 대한 접근을 보장하고 이를 직원들에게 적절히 제공해야 한다.

#### #7.2 역량

조직은 IP 경영시스템의 성능에 영향을 미치는 활동을 수행하는 인력의 역량을 정의하고, 적절한 교육과 훈련을 통해 이를 확보해야 한다.

#### #7.3 IP 인식

조직은 IP 경영시스템에서 활동하는 인력이 다음 사항에 대해 인식할 수 있도록 해야 한다:

a) IP 전략, 정책 및 목표

b) IP 성과 향상의 중요성

c) IP가 비즈니스 모델에서 가지는 경제적 역할

d) IP 경영시스템 요구 사항을 충족하지 못했을 때의 결과

#7.4 커뮤니케이션

조직은 IP 경영시스템과 관련한 내부 및 외부 커뮤니케이션을 정의해야 한다. 이에는 누가, 무엇을, 언제, 누구와, 어떻게 커뮤니케이션할 것인지를 포함한다. 필요시 적절한 문서화를 통해 결과를 보관해야 한다.

#7.5 문서화된 정보

#7.5.1 일반사항

조직의 IP 경영시스템은 다음을 포함해야 한다:

a) 이 표준에서 요구하는 문서화된 정보

b) IP 경영시스템의 효과성을 보장하기 위해 조직에서 필요하다고 판단하는 문서화된 정보

#7.5.2 작성 및 업데이트

문서화된 정보를 작성하거나 업데이트할 때, 조직은 다음을 보장해야 한다:

a) 적절한 식별 및 설명(예: 제목, 날짜, 작성자 등)

b) 적절한 형식(예: 언어, 소프트웨어 버전) 및 매체(종이 또는 전자)

c) 적합성과 적절성을 검토하고 승인

#7.5.3 문서화된 정보의 관리

#7.5.3.1 IP 경영시스템에 필요한 문서화된 정보는 다음을 보장하기 위해 관리되어야 한다:

a) 정보가 필요할 때 적합한 시간과 장소에서 사용할 수 있어야 한다.

b) 정보는 기밀성 상실, 부적절한 사용 또는 무결성 손실로부터 적절하게 보호되어야 한다.

#7.5.3.2 문서화된 정보를 관리하기 위해 조직은 다음 활동을 고려해야 한다:

a) 문서의 배포, 접근, 검색 및 사용

b) 보관 및 저장, 가독성 유지 포함

c) 변경 사항 모니터링(예: 버전 관리)

d) 문서의 보관 및 폐기

외부에서 제공된 문서화된 정보가 조직의 IP 경영시스템 계획 및 운영에 필요할 경우, 해당 정보는 적절하게 식별되고 관리되어야 한다.

문서화된 정보는 IP 경영시스템과의 준수를 증명하기 위해 보관되어야 하며, 우발적인 변경으로부터 보호되어야 한다.

접근 권한은 정보에 대해 읽기만 가능하게 할지 또는 수정 권한까지 줄지를 결정할 수 있다.

## #8. IP 성과 제공

### #8.1 IP 성과와 관리의 운영 계획 및 통제

조직은 IP 성과 제공, IP 경영 및 문서 #6에서 규정된 조치를 실행하기 위한 프로세스를 계획, 구현 및 관리해야 하며(#4.4 참고), 이를 통해 다음을 수행해야 한다:

a) IP 성과 요구 사항을 정의하고, 관련 프로세스의 기준을 설정한다.

b) IP 경영 요구 사항을 정의하고, 제공되는 IP 성과의 성격에 맞게 프로세스 기준을 설정한다.

c) 요구 사항과의 준수를 보장하기 위해 필요한 자원(인력 및 자격 포함)을 결정한다.

d) 설정된 기준에 따라 프로세스를 통제한다.

e) 문서화된 정보를 적절한 수준에서 결정하고, 유지하며, 보관해야 한다.

프로세스가 계획대로 실행되었음을 신뢰할 수 있도록 보장한다. 성과가 요구

사항과 일치함을 증명한다. IP 경영의 문서화 요구 사항을 보장한다. 계획의 결과는 조직의 운영 절차에 적합해야 한다. 조직은 계획된 변경 사항을 모니터링하고, 의도치 않은 변경의 결과를 평가하며, 필요한 경우 부정적인 영향을 줄이기 위한 조치를 취해야 한다. 또한 조직은 외주된 프로세스가 적절하게 통제되도록 보장해야 한다(#8.3 참고).

#8.2 IP 성과에 대한 요구 사항

#8.2.1 고객과의 성과 관련 커뮤니케이션

IP 성과와 관련된 커뮤니케이션은 다음을 포함해야 한다.

a) 제공될 IP 성과에 대한 관련 정보의 상호 공유

b) 통지, 요청, 계약 또는 주문(변경 사항 포함)의 처리

c) IP 성과에 대한 피드백 수집(이의 제기 및 불만 포함)

d) 고객, 공급업체 및 비즈니스 파트너의 IP 처리 및 문서 관리

e) 필요에 따라 특정 요구 사항 수립

#8.2.2 IP 성과 요구 사항의 결정(요구 명확화)

조직 또는 고객의 의뢰로 제공되는 IP 성과에 대한 요구 사항을 결정할 때는 다음 사항을 보장해야 한다.

a) IP 성과에 대한 공식적 및 실질적 요구 사항이 수립되며, 다음을 포함한다:

- 해당 법적 및 규제 요구 사항
- 조직에서 필수적이라고 판단하는 요구 사항

b) 조직이 약속한 IP 성과를 기한 내에, 그리고 법적 절차를 준수하여 충족할 수 있는지 확인한다.

#8.3 외주 제공 프로세스, 서비스 및 제품의 통제

#8.3.1 일반사항

조직은 외부에서 제공되는 프로세스, 서비스 및 제품이 요구 사항을 충족하는지 확인해야 한다. 외부에서 제공되는 프로세스, 서비스 및 제품에 대한 통제

조치는 다음 경우에 결정된다:

a) 외부 공급업체가 조직의 서비스 및 제품에 통합하기 위해 서비스를 제공할 경우

b) 조직의 결정에 따라 프로세스 또는 부분 프로세스가 외부 공급업체에 의해 제공되는 경우

조직은 외부 공급업체의 평가, 선택, 성능 모니터링 및 재평가 기준을 정하고, 이를 기반으로 프로세스 또는 제품 및 서비스를 제공하는 외부 공급업체의 능력을 평가해야 한다. 이러한 활동과 평가에서 필요한 조치에 대한 문서화된 정보를 유지해야 한다.

외주된 유지보수 비용의 지불, IP 경영 소프트웨어, 또는 특허 출원 및 등록 추적 서비스는 외부에서 제공되는 프로세스 또는 서비스의 예이다.

#### #8.3.2 외부 공급업체에 제공되는 정보

조직은 외부 공급업체에게 다음 사항에 관한 요구 사항을 명확히 전달해야 한다:

a) 제공될 프로세스, 서비스 및 제품

b) 인력의 역량, 필요한 자격 포함

c) 외부 공급업체와 조직 간의 협력, 특히 법적 규정을 준수하는 부분

d) 다음 항목에 대한 승인

- 제품 및 서비스
- 방법, 프로세스 및 장비
- 제품 및 서비스의 승인 절차

e) 외부 공급업체 성과의 통제 및 모니터링

### #8.4 IP 성과 제공 프로세스

#### #8.4.1 IP 성과 제공의 통제

조직은 IP 성과를 일관되고 안전한 조건에서 제공해야 한다. 적절하다면, 안

전한 조건에는 다음이 포함되어야 한다:

a) 다음을 명확히 규정하는 문서화된 정보의 가용성
   - 제공될 IP 성과, IP 부분 성과 또는 수행할 작업의 특징
   - 달성할 결과

b) 모니터링, 검사 및 문서화를 위한 적절한 자원의 가용성 및 활용

c) 적절한 단계에서 모니터링 및 검사 활동을 수행하여 제공된 IP 성과가 문서 #8.2에 명시된 요구 사항을 충족하는지 확인

d) IP 성과 제공을 위한 적절한 인프라 및 환경 활용

e) 필요한 자격을 포함한 유능한 인력의 지정

f) 프로세스 성과 목표를 일관되게 달성할 수 있는 능력의 정기적인 검토

g) 오류를 방지하기 위한 조치 시행

h) 최종 승인 및 완료 처리

#### #8.4.2 IP 창출

조직은 IP 창출 절차 및 방법을 도입, 실행 및 유지해야 하며, 이는 규제 요구 사항을 충족하는 것 외에도 IP 전략에 맞춰 IP 요구를 충족하도록 체계적으로 설계되어야 한다.

#### #8.4.3 IP 권리화

조직은 제3자의 활동을 지속적으로 모니터링하고, 이를 IP 포트폴리오와 비교하여 제3자가 자사의 권리를 침해하는 잠재적인 상황을 인지하고, 필요한 경우 적절한 대응을 해야 한다.

#### #8.4.4 IP 방어

조직은 제3자가 자사의 IP에 대해 제기하는 주장에 적절히 대응할 수 있도록 전략과 절차를 도입, 실행 및 유지해야 한다.

#8.4.5 IP 거래

조직의 IP 권리가 제3자에게 사용권(라이선스)을 부여하거나 판매(소유권 이전)를 통해 제공될 경우, 권리의 법적 이전이 적법하게 이루어지도록 적절한 절차와 방법을 도입, 실행 및 유지해야 한다.

#8.5 IP 성과 또는 IP 부분 성과의 승인(중간 및 최종 검사)

조직은 적절한 단계에서 계획된 조치를 실행하여 IP 성과 또는 IP 부분 성과가 요구 사항을 충족했는지 확인해야 한다(중간 및 최종 검사).

#8.6 비적합한 결과의 통제(결함 처리)

#8.6.1 조직은 요구 사항을 충족하지 않는 결과가 식별되고 통제되며, 이를 통해 비의도적인 사용을 방지(결함 처리).

결함은 다음과 같은 원인으로 발생할 수 있다:

a) 기술적 원인

b) 행정적 원인

c) 조직적 원인

d) 방법적 원인

e) 인적 원인

#8.6.2 조직은 비적합한 결과를 다음과 같은 방법으로 처리해야 한다:

a) 수정

b) 사실이 명확해질 때까지 IP 성과 제공 중단

c) 관련된 당사자에게 통보

d) 향후 조치에 대한 명확화

결함이 수정된 후, 해당 결과가 요구 사항을 충족하는지 확인해야 한다.

#8.6.3 조직은 다음 사항을 설명하는 문서화된 정보를 보관해야 한다.

a) 비적합성의 설명

b) 취해진 조치

c) 받은 승인 사항

d) 비적합성에 대한 조치를 결정한 담당 부서

## #9. 성과 평가

### #9.1 검토, 분석 및 평가

#### #9.1.1 일반 사항

조직은 다음 사항을 결정해야 한다:

a) 무엇을, 얼마나 자주, 무엇에 대해 검토해야 하는지

b) 적합한 결과를 보장하기 위한 검토, 분석 및 평가 방법

c) 검토가 언제 수행될지

d) 검토 결과가 언제 분석되고 평가될지

조직은 IP 경영시스템의 성과와 효율성을 평가해야 한다. 조직은 결과에 대한 적절한 문서화된 정보를 증거로 보관해야 한다.

IP 경영 프로세스와 방법의 모니터링에서는 일반적으로 양적 측정이 아닌, 설정된 기준에 따라 평가한다.

#### #9.1.2 내부 의뢰인 또는 외부 고객의 만족도

조직은 고객 또는 내부 의뢰인의 요구와 기대를 충족했는지에 대한 인식을 적절하게 파악해야 한다. 조직은 이러한 인식을 수집하고 검토하는 방법을 결정해야 한다. 적절한 경우, 조직은 내부 의뢰인 또는 외부 고객의 만족도와 관련된 문서화된 정보를 적절히 보관해야 한다. 인식 모니터링의 예로는 설문조사, 내부 의뢰인 또는 고객이 제공한 피드백, 요구 사항 충족에 대한 커뮤니케이션이 포함될 수 있다.

#9.1.3 분석 및 평가

조직은 전략, 프로세스 및 방법의 검토 결과로 얻어진 데이터와 정보를 분석하고 평가해야 한다.

분석 결과는 다음을 평가하는 데 사용해야 한다:

a) IP 성과의 적합성

b) 설정된 성과 지표의 충족 수준[#4.4.1 c) 참조]

c) IP 경영시스템의 성과와 효율성

d) IP 포트폴리오의 적절성

e) IP 전략, IP 계획 및 IP 목표가 효과적으로 구현되었는지

f) IP 위험 및 기회에 대처한 조치의 효과성

g) 외부 공급업체의 성과

h) IP 경영시스템 개선의 필요성

※ 참고: 데이터 분석 방법은 IP 보고서에서 파생될 수 있으며, 통계적 절차를 포함할 수 있다.

#9.2 내부 감사

#9.2.1 조직은 계획된 간격으로 내부 감사를 수행하여 다음에 대한 정보를 확보해야 한다.

a) IP 경영시스템이 조직의 요구 사항과 본 표준의 요구 사항을 충족하는지 여부

b) 효과적으로 구현되고 유지되는지 여부

#9.2.2 조직은 다음을 수행해야 한다.

a) 감사 프로그램을 계획, 수립, 구현 및 유지해야 하며, 여기에는 감사 빈도, 방법, 책임, 계획 요구 사항, 보고가 포함되며, 관련된 프로세스의 중요성, 조직에 영향을 미치는 변경 사항, 이전 감사의 결과 등을 고려해야 한다.

b) 각 감사에 대한 감사 기준과 범위를 설정해야 한다.

c) 감사원이 감사 과정에서 객관성과 공정성을 보장할 수 있도록 감사원을

선정하고 감사를 수행해야 한다.

d) 감사 결과가 적합한 경영진에게 보고되도록 해야 한다.

e) 적절한 수정 및 시정 조치를 지체 없이 시행해야 한다.

f) 감사 프로그램의 구현 및 감사 결과를 증명할 문서화된 정보를 보관해야 한다.

#9.3 경영 검토 및 IP 보고

#9.3.1 일반 사항

최고 경영진은 조직의 IP 경영시스템을 주기적으로 검토하여 그 지속적인 적합성, 적절성 및 효과성을 보장하고, 조직의 전략적 방향과의 일치 여부를 확인해야 한다. 최고 경영진은 IP 보고의 결과를 분석하여 IP 활동의 조정(컨트롤링)을 위한 조치를 도출해야 한다.

#9.3.2 경영 검토의 입력

경영 검토는 다음 사항을 고려하여 계획 및 수행되어야 한다:

a) 이전 경영 검토 조치의 상태

b) IP 경영시스템에 영향을 미치는 외부 및 내부 사항의 변화

c) IP 경영시스템의 성과와 효과에 대한 정보, 포함 사항:

- 내부 및 외부 고객의 만족도 및 관련 이해관계자의 피드백
- IP 목표 달성 정도
- 성과 지표 평가 결과
- IP 성과 및 부분 성과의 적합성
- 비적합성(결함 처리) 및 시정 조치
- 검토 및 분석 결과
- 감사 결과
- 외부 공급업체의 성과

d) 자원의 적절성

e) 위험과 기회에 대한 조치의 효과(#6.1 참조)

f) 개선 가능성

#### #9.3.3 경영 검토의 결과

경영 검토의 결과는 다음과 같은 결정 및 조치를 포함해야 한다:

a) 개선 가능성에 대한 기회

b) IP 경영시스템에 대한 변경 필요

c) IP 관련 투자 배분 및 사용

d) 자원 필요

조직은 경영 검토 결과를 증명할 문서화된 정보를 보관해야 한다.

### #10. 개선

#### #10.1 일반 사항

조직은 개선 기회를 식별하고 선택해야 하며, 내부 고객 및 외부 고객의 요구 사항을 충족하고 고객 만족도를 높이기 위한 조치를 취해야 한다. 이에는 다음이 포함된다.

a) 요구 사항을 충족하고 미래 요구 사항 및 기대를 고려하기 위한 IP 성과 향상

b) 원치 않는 영향 수정, 방지 또는 감소

c) IP 경영시스템의 성과와 효과성 향상

개선의 예에는 시정, 시정 조치, 지속적 개선, 혁신 및 재구성이 포함될 수 있다.

#### #10.2 비적합성 및 시정 조치

#### #10.2.1

비적합성이 발생한 경우(법적 요구 사항 불이행 포함), 조직은 다음을 수행해야

한다.

a) 이에 대응하고, 필요시 검토 및 시정을 위한 조치를 취한다. 그 결과를 처리한다.

b) 비적합성 또는 법적 불이행 사건의 원인을 제거하여 동일한 문제가 재발하거나 다른 곳에서 발생하지 않도록 조치를 평가한다. 이를 위해:

- 비적합성 또는 불이행 사건을 검토하고 분석한다.
- 원인을 식별한다.
- 유사한 사건이 존재하거나 발생할 가능성이 있는지 평가한다.

c) 필요한 조치를 취한다.

d) 취해진 시정 조치의 효과를 검토한다.

e) 필요 시 계획 중에 식별된 위험 및 기회를 업데이트한다.

f) 필요시 IP 경영시스템을 변경한다.

비적합성은 이 표준의 요구 사항이나 내부 또는 외부 고객의 기대를 충족하지 못하는 경우를 의미한다.

**#10.2.2 조직은 다음을 증명할 문서화된 정보를 보관해야 한다:**

a) 비적합성(또는 불이행 사건)의 유형과 그에 따른 조치

b) 각 시정 조치의 결과

**#10.3 지속적 개선**

조직은 IP 경영시스템의 적합성, 적절성 및 효과성을 지속적으로 개선해야 한다. 조직은 분석 및 평가 결과, 그리고 경영 검토의 결과를 고려하여 지속적 개선의 일환으로 다루어야 할 요구 사항이나 기회가 있는지 여부를 결정해야 한다.

위에서 전체 구성을 살펴보면, 지식재산 경영이 전사적 목표 아래 일치화가

이루어지고 전사적으로 운용되어야 한다는 것이다.

### 3) 내용 구성의 핵심적 개념

위의 구성 내용을 살펴보면 결국 다음과 같은 주요 내용으로 요약된다.

(1) 지식자산 관리의 개념 및 정의

- **지식자산(Knowledge Assets)**: 조직에 가치를 창출할 수 있는 지식, 정보, 경험, 노하우 등 무형의 자산
- **지식자산 관리(Knowledge Asset Management)**: 지식자산을 체계적으로 식별, 보호, 개발, 활용하는 프로세스

(2) 지식자산 관리의 원칙

- **조직의 전략적 목표와 연계**: 지식자산 관리 활동이 조직의 전략적 목표와 일치해야 함
- **리더십**: 경영진의 리더십과 지원이 필수적이며, 지식자산 관리를 위한 명확한 책임과 역할이 정의되어야 함
- **위험 관리**: 지식자산의 손실, 유출, 부적절한 사용 등을 방지하기 위한 리스크 관리 체계 필요

(3) 지식자산의 식별 및 분류

- 지식자산을 식별하고 이를 중요도 및 활용도에 따라 분류하는 방법론 제시
- 지식자산의 유형(예: 특허, 노하우, 고객 데이터 등)에 따른 관리 방법 차별화

(4) 지식자산의 보호 및 보존

- **법적 보호**: 특허권, 저작권, 상표권 등 지적 재산권의 보호 방법
- **보안 관리**: 지식자산의 무단 접근, 도난, 유출 등을 방지하기 위한 정보 보

안 조치

- **지속적 보존:** 시간이 지나도 중요한 지식자산이 유지되도록 보존 전략 수립

### (5) 지식자산의 활용 및 개발

- **내부 활용:** 조직 내부에서 지식자산을 활용하는 방법(예: 지식 공유, 혁신 촉진)
- **외부 활용:** 라이선싱, 협력, 기술 이전 등을 통해 지식자산을 외부에서 활용하는 방법.
- **지속적 개발:** 새로운 지식자산을 창출하고 기존 자산을 발전시키는 프로세스

### (6) 지식자산 관리 시스템의 평가 및 개선

- **모니터링 및 평가:** 지식자산 관리 시스템의 효과성을 주기적으로 평가
- **지속적 개선:** 평가 결과에 따라 시스템을 지속적으로 개선하는 메커니즘 마련

### (7) 규제 및 준수 사항

- **법적 준수:** 지식자산 관리와 관련된 국내외 법률 및 규제를 준수하기 위한 체계 구축
- **표준 준수:** DIN77006 표준의 요건을 충족하기 위한 내부 정책 및 절차 마련

## 2. 독일 DIN77006을 고려한 IP 경영 운영전략

위의 열거된 DIN77006의 지침 등은 하나의 예시적인 방향을 제시한 것이지만, 다음을 통해 구체적인 방향도 함께 지시되고 있다.

### 1) 9가지 주요 프로세스

이미 언급된 위의 9가지 프로세스에 대해 실무적으로 접근할 수 있는 방법을

다음과 같이 설명할 수 있다.

- IP 전략
- IP 리스크 관리
- IP 인식
- IP 관리
- IP 창출
- IP 권리화
- IP 방어
- IP 거래
- IP 보고

### (1) IP 전략

최고 경영진은 IP(지식재산) 전략과 관련하여 다음과 같은 방식으로 리더십과 책임을 보여야 한다.

a) IP 전략이 비즈니스 모델에서 도출되고, 목표와 목표 달성을 위한 방법이 명확히 기술되어야 한다. 여기에는 특히, 비즈니스 목표를 달성하기 위해 필요한 IP 포지셔닝에서 파생된 IP 요구 사항의 정의가 포함되어야 한다.
b) IP 전략이 전략적 옵션을 고려하고, 이를 기반으로 시장 지위의 적극적이고 지속적인 발전을 위한 IP 활용 방안을 도출해야 한다.
c) IP 전략에는 이를 실행하기 위한 재정적, 인적 자원 및 조직적 조건의 설명이 포함되어야 한다.
d) IP 전략이 문서화된 정보로 제공되고 유지되어야 한다.

여기서는 경쟁사 활동의 평가가 중요하며 차별화 정도의 결정이 핵심이다. 고객에게 제공되는 가치의 설명, 경쟁 환경에서의 조직의 IP 상황 비교, 잠재적 파트너, 경쟁자 및 그들의 IP 활동과 그로 인한 차별화 요소를 중심으로 고려한다. 특히 DIN77006에 따르면 조직의 목표를 고려하여 경쟁 환경에 맞춘 IP 전략 개발에 다음을 포함하고 있다.

- 중요 개발 경로 분석 및 관련 미래 트렌드 식별
- 자사의 가치 있는 자원, 제품 및 서비스에 대한 모방 방지 조치 설정
- 관련 국가 및 지역에서의 시장 지위 보호 조치 설정과 미래 시장의 지위 확보
- 독점적인 특성을 소통하는 조치(예: 브랜드)

이를 위해 실무적으로 해야 할 일과 작성할 문서, 적용 가능한 기법은 예를 들어 다음과 같다.

#### ① 실무적으로 해야 할 일

- 기술 발전 및 시장 변화에 따른 IP 목표 설정
- 경쟁사의 IP 동향 모니터링 및 분석
- IP 포트폴리오 관리와 장기적인 보호 및 활용 계획 수립

#### ② 작성할 문서

- **IP 전략 계획서:** IP 목표, 우선순위, 자원 배분 등을 명시한 문서
- **SWOT 분석 보고서:** IP 관련 강점, 약점, 기회, 위협을 분석한 문서
- **시장 및 경쟁사 분석 보고서:** 경쟁사의 IP 활동과 시장 동향을 분석한 보고서

#### ③ 적용 가능한 기법

- SWOT 분석 기법
- 5 FORCE 분석 기법
- IP 포트폴리오 분석 기법

### (2) IP 리스크 관리

IP 리스크가 현실화될 경우, 해당 기업에 치명적일 수 있다. 관련 보호법 위반시 권리 보유자가 예를 들어 법원의 금지 명령으로 신속한 방어 조치를 취할 수 있다. 이러한 상황은 판매 또는 확장 프로세스를 갑작스럽게 중단시키고, 전체 사업 모델이 무산될 위험을 초래할 수 있다. 결국 해당 기업이 침해를 받지 말아야 하지만 또한 타 기업에 대해서도 침해하지 말아야 한다는 것이다.

이 항목의 하위(표준문서 #6.1.2)에서 설명하는 내용은, 리스크가 주로 타인의 IP에서 발생하지만, 자사의 IP로 인해 리스크가 발생할 수 있음을 시사한다. 예를 들어, 자사 보호권을 획득하거나 처리하는 과정에서 문제가 생길 수 있다. 자사의 상표권이 사전 조사를 충분히 하지 않고 형식적으로 유효하게 획득되었을지라도, 이 상표권이 다른 기업이 보유한 더 오래된 권리에 의해 침해 소송을 당할 위험이 있다는 것이다.

따라서 조직은 IP 리스크 관리를 위해 다음을 고려해야 한다.

- 외부 및 내부 IP로 인한 위협 상황의 인식
- 식별된 리스크의 평가
- 리스크 통제를 위한 적절한 조치 설정
- 경제적 손실 방지 및 자율성 확보

예를 들어, 이를 좀 더 구체적으로 살펴보면 다음과 같은 내용이 포함된다.

- 침해 위험 식별 및 방지
- 제3자의 IP 활동 감시(타인의 권리 감시, 문헌 조사 등)
- 주기적 검색 및 적용된 기준의 정기적인 검토와 업데이트
- 타인의 권리 침해 여부를 개발 단계에서부터 확인
- 제품, 서비스 및 비즈니스 모델의 생애 주기 동안 지속적으로 타인의 권리 침해 여부 확인

- IP 전략에서 목표로 한 독점적 위치의 달성 여부 모니터링 및 평가,
- 기존 노하우 보호 조치, 예를 들어 무단 접근 등 조치
- 실시 자유[3](Freedom To Operate, FTO)

이러한 조치들은 조직의 IP 경영시스템 프로세스에 통합되고 실행되어야 하고 조치의 효과 또한 평가하여야 한다.

리스크 관리 조치에도 불구하고 충돌이 발생하면, 리스크 관리는 이를 해결하기 위한 관리로 확대된다. 이때 충돌 상황에서 적용할 수 있는 해결 기법과 절차는 경험과 문서화를 통해 준비하고 검증된 방식을 사용한다.

이를 위해 실무적으로 해야 할 일과 작성할 문서, 적용 가능한 기법은 예를 들어 다음과 같다.

#### ① 실무적으로 해야 할 일

- IP 침해 리스크 평가 및 관리
- IP 분쟁 가능성 파악 및 대응 계획 수립
- 새로운 법률이나 규제 변화에 따른 리스크 분석
- 사내외 협력 및 라이선싱 계약에서의 IP 관련 리스크 관리

#### ② 작성할 문서

- **IP 리스크 평가 보고서:** IP 침해 가능성 및 분쟁 가능성을 평가한 보고서
- **리스크 관리 계획:** 리스크 대비 전략 및 대응 시나리오

#### ③ 적용 가능한 기법

- **리스크 평가 매트릭스:** 리스크의 발생 가능성과 영향을 기반으로 리스크 우선순위를 결정
- **법적 분석 툴:** 법적 리스크를 분석하는 소프트웨어를 통해 IP 침해 여부와

3) 제품, 기술, 서비스 등이 다른 사람의 특허나 지식재산권을 침해하지 않는 것(네이버 어학사전).

대응 방안을 파악

### (3) IP 인식

IP 인식 증진의 목표는 조직 내 모든 이해 관계자들이 IP의 경제적 역할을 적절히 이해하도록 하는 것이다. 이를 위해 IP 인식 증진 과정에는 연구개발, 마케팅, 판매, 재무, 생산, 인사, 경영, IP 부서, 법무 부서 등 전 부서의 기능별 직원들을 대상으로 한 맞춤형 교육 개발 및 교육 실행이 중요하다. 이를 통해 조직의 IP 전략 주요 내용을 전달하고 이에 대한 관심과 지원을 창출하는 커뮤니케이션을 활성화한다.

이를 위해 실무적으로 해야 할 일과 작성할 문서, 적용 가능한 기법은 예를 들어 다음과 같다.

#### ① 실무적으로 해야 할 일

- 전 직원 대상 IP 교육 프로그램 운영
- IP 관련 법률 및 정책, 내부 절차에 대한 교육
- 직원들이 IP의 중요성을 이해하고 침해를 방지할 수 있도록 교육
- R&D 팀, 마케팅 팀 등 주요 부서의 IP 경영 교육 강화

#### ② 작성할 문서

- **교육 계획서:** 직원 대상 IP 교육 프로그램의 목표, 일정, 교육 내용
- **교육 평가 보고서:** 교육 후 학습자의 이해도 및 인식 변화 평가 보고서

#### ③ 적용 가능한 기법

- **e-러닝 플랫폼:** 온라인 교육 플랫폼을 통해 IP 관련 교육 제공
- **워크숍 및 세미나:** 실무적인 IP 경영과 법적 이슈를 다루는 세미나 운영

### (4) IP 관리

IP 관리 시스템 요구 사항을 충족하기 위해 재량권과 책임을 가지고 결정할 권한이 있으며, 다음을 포함한다.

a) 하나 이상의 프로세스를 설정하여 해당 프로세스가 통제되고 계획된 대로 실행되며, IP 관리 시스템의 목표 결과를 달성할 수 있음을 신뢰할 수 있도록 해야 한다.
b) IP 관리 시스템의 요구 사항을 연구개발, 판매 및 마케팅과 같은 다양한 비즈니스 프로세스에 통합해야 한다.

이를 위해 실무적으로 해야 할 일과 작성할 문서, 적용 가능한 기법은 예를 들어 다음과 같다.

#### ① 실무적으로 해야 할 일

- IP 포트폴리오의 전반적인 관리 및 업데이트
- 특허, 상표, 저작권 등 다양한 IP 자산의 상태 및 기한 관리
- 기술, 시장, 경쟁사 상황 변화에 맞추어 IP 포트폴리오를 최적화

#### ② 작성할 문서

- **IP 포트폴리오 관리 시스템:** 모든 IP 자산의 상태, 만료일, 갱신 정보를 담은 데이터베이스
- **IP 자산 현황 보고서:** 현재 보유한 모든 IP 자산 목록과 상태 보고서

#### ③ 적용 가능한 기법

- **포트폴리오 관리 툴:** 특허 및 IP 자산을 효율적으로 관리하는 소프트웨어(예: Anaqua[4] 등)

4) https://www.anaqua.com

- **비용/이익 분석**: 각 IP 자산의 비용 대비 이익을 평가하여 비효율적인 자산을 제거

### (5) IP 창출

IP 창출을 위한 창의적 성과를 촉진하는 것은 체계적이고 목표에 맞는 IP 설계와 부분적으로 일치한다. 특히 이 영역에서 회사는 외부 크리에이티브 인력(예: 브랜드 개발자, 디자이너 등)의 서비스를 적절히 활용할 수 있다.

보호권은 고객의 가치 제안을 충분히 보호하고, 경쟁자가 이를 침해하지 않도록 방어할 수 있어야 한다. 단일 보호권으로는 충분하지 않은 경우, 여러 보호권을 묶어 효과를 발휘할 수 있도록 여러 보호권을 확보해야 한다. 하지만 보호 범위를 확대하려면 R&D 비용이 비례적으로 증가할 수 있으며, 그 한계가 있을 수 있다. 따라서 기업은 적정한 보호 범위를 가진 보호권을 확보하는 데 초점을 맞추는 것이 합리적이다.

따라서 IP를 창출하는 데 있어 기업은 다음의 세 가지 과제를 수행할 필요가 있다.

- IP(특히 IP 포트폴리오)의 체계적이고 목표에 맞는 설계
- 가치 있는 IP의 체계적인 식별
- IP 창출을 위한 창의적인 성과 촉진

체계적이고 목표에 맞는 IP 설계는 회사의 연구개발(R&D) 노력과 사업 목표에 맞춘 창조적 프로세스를 통해 지적 재산을 창출하는 것이다. 당연히 이러한 창조적 프로세스도 체계적이고 가치 창출 중심으로 운영되어야 한다. 이는 IP 포트폴리오의 형성에도 동일하게 적용된다. 개별 IP의 포지션(예: 각 보호권)은 체계에 맞고 사업 목표에 기여해야 하며, 이러한 개별 포지션은 전체적인 포트폴리오로 결집되어야 한다. 포트폴리오가 목표에 맞게 구축, 설계 및 관리되면 포트폴리오의 성과가 향상되며, 이는 IP 정리 등을 통해 비용 측면에서도 고려

될 수 있다.

IP 창출은 정의된 IP 전략을 따라 IP 필요를 충족하기 위해 IP 포트폴리오를 체계적으로 개발하고 가치를 지닌 IP를 만들어 내는 과정이다. IP 창출에는 다음이 포함될 수 있다.

- **가치 있는 지적 재산 창출을 위한 접근 방식의 체계적 식별:** 발명 평가 제도를 통해 그 가능성을 판별
- **권리 출원에 대한 결정:** 발명의 요건 및 사업화 가능성을 고려
- **IP 침해 회피:** 다양한 보호 메커니즘을 고려하여 통합적이고 최적화된 IP 포트폴리오를 설계
- **혁신적 프로세스와 발명:** 혁신 프로세스에서 신제품 및 서비스에 대한 독점적 위치 확보

이를 위해 실무적으로 해야 할 일과 작성할 문서, 적용 가능한 기법은 예를 들어 다음과 같다.

**① 실무적으로 해야 할 일**

- 신규 아이디어나 발명에 대한 검토 및 보호 가능성 분석
- 발명자의 아이디어를 체계적으로 수집하고 평가
- 특허 출원 및 등록 절차 수행

**② 작성할 문서**

- **발명 신고서:** 발명자가 아이디어를 공식적으로 보고하는 문서
- **IP 창출 평가보고서:** 발명이나 혁신의 상업적, 법적 가치 평가를 위한 보고서
- **특허 출원 문서:** 특허 출원을 위한 기술 설명서 및 법적 서류

③ 적용 가능한 기법

- **발명 평가 시스템:** 발명 아이디어의 혁신성과 상업적 가치를 평가하는 방법 수립
- **지적 자산 관리 소프트웨어:** 발명 아이디어 및 관련 서류를 체계적으로 관리 구축

### (6) IP 권리화

IP 권리화는 제3자에 의한 자사 권리 침해 가능성을 체계적으로 인식하고, 적절한 대응 조치를 취하는 것을 목표로 한다. 이러한 IP 권리화는 적합하고 높은 품질의 지적 재산권을 확보하는 것으로 시작된다. IP 경영 표준을 충족하는 회사는 최대한 보호 범위가 넓은 보호권을 획득하여, 침해에 대한 소송에서 성공 가능성을 높이고, 소송 위험을 줄이는 것이 목표이다.

전략적으로 중요한 점은, 회사가 제공하는 고객 이익을 보호하는 보호권이 회사의 제품 환경에도 적용되어 경쟁자가 동등한 고객 가치를 제공하는 것을 막을 수 있어야 한다는 것이다.

IP 권리화만 아니라 #5.7에 따른 IP 방어 과정에서, 기업은 1항 "적용 범위"에 명시된 바와 같이 정기적으로 제3자와 협력해야 한다. 여기에는 변리사나 변호사뿐만 아니라 브랜드 개발자 등도 포함된다. 이와 관련하여 #4.5.3 하위 항목에서 규정한 이 표준의 요구사항을 준수해야 한다.

협력 방식과 그 결과는 IP 관리의 품질 목표에 부합해야 한다. 이를 달성하려면 언급된 제3자가 기업의 IP 경영에 대해 정확하게 숙지하고, 해당 IP 경영의 전략적 방향을 이해하며 협력을 통해 이를 내면화해야 한다.

IP 권리화에는 다음이 포함된다.

- 자사 권리를 잠재적으로 침해하는 제품 및 서비스 식별
- 마케팅, 판매 및 서비스 직원에 의한 시장 감시
- 홍보 자료(브로셔, 웹사이트, 타인의 권리 등)와 무역박람회 등의 분석을 통한

잠재적인 침해 행위 조사

- 경고, 소송, 가처분 명령(중지, 회수, 정보 제공 또는 손해 배상 청구 목표)을 포함한 조치의 효과와 결과에 대한 고려

이를 위해 실무적으로 해야 할 일과 작성할 문서, 적용 가능한 기법은 예를 들어 다음과 같다.

#### ① 실무적으로 해야 할 일

- IP 침해 사례 파악 및 대응 조치(소송, 경고 등)
- 침해 발생 시 법적 대응 전략 수립 및 실행
- IP 보호를 위한 계약 관리 및 법적 조치 이행
- IP 권리 침해자에게 경고 및 합의 유도

#### ② 작성할 문서

- **IP 권리 실행 보고서:** 침해 사건 발생 시 대응 절차 및 진행 상황을 기록한 문서
- **소송 및 경고장:** 법적 대응을 위한 소송 서류 및 경고장

#### ③ 적용 가능한 기법

- **조기 경고 시스템:** IP 침해 가능성을 감지하는 시스템(예: 특허 모니터링)
- **법적 대응 시스템:** 법적 대응 절차와 관련된 문서 관리 소프트웨어

### (7) IP 방어

기업은 제3자가 제기한 IP 주장에 대해 체계적으로 검토하고, 필요에 따라 적절한 조치를 취해야 하고 IP 방어와 관련된 문서화된 정보를 유지하고 적절한 범위 내에서 보관해야 한다.

IP 방어에는 다음의 내용이 포함될 수 있다.

- IP 공격 분석 및 평가
- 대응 대안 식별 및 관련 비용/위험 평가
- 인적 및 재정적 자원의 제공
- 권리 요구에 대한 응답, 중지 명령 제출, 부정확성 확인 소송, 반소, 자사 권리에서의 반격, 우회 가능성 개발, 또는 라이선스 취득과 같은 조치의 고려 및 실행

이를 위해 실무적으로 해야 할 일과 작성할 문서, 적용 가능한 기법은 예를 들어 다음과 같다.

**① 실무적으로 해야 할 일**

- 자사 IP에 대한 침해 방어 전략 수립
- 경쟁사 또는 타사로부터의 IP 소송에 대한 대응 준비
- 방어를 위한 증거 수집 및 법적 방어 자료 준비
- IP 소송의 비용 분석 및 방어 비용 관리

**② 작성할 문서**

- **IP 방어 전략 보고서:** 자사 IP를 방어하기 위한 대응 전략과 실행 계획
- **법적 방어 기록:** 소송 및 법적 방어를 위한 증거와 서류 모음

**③ 적용 가능한 기법**

- **소송 시뮬레이션:** IP 소송의 결과를 예측하기 위해 다양한 법적 시나리오를 시뮬레이션
- **법률 전문가 자문:** 외부 법률 전문가와 협력하여 방어 전략 강화

### (8) IP 거래

IP 거래는 IP 및 관련 법적 지위의 획득 및 활용, 라이선스 관계를 포함한다

고 볼 수 있다. 일반적으로 IP 거래 프로세스는 다음과 같다.

❶ 라이선스 상황 분석
↓
❷ IP 자산의 경제적 가치평가
↓
❸ 라이선스 협상 및 계약
↓
❹ 로열티 관리
↓
❺ 지급 및 수입 관리
↓
❻ 문서화 관리 및 실행

**[그림 10-2]** IP거래 프로세스

이를 위해 실무적으로 해야 할 일과 작성할 문서, 적용 가능한 기법은 예를 들어 다음과 같다.

#### ① 실무적으로 해야 할 일

- IP 라이선싱, 양도, 공동 개발 계약 관리
- IP 거래 시 자산 가치를 평가하고 협상 전략 수립
- IP 매각 또는 라이선스 계약 조건 협상
- 공동 개발 시 IP 권리 및 사용 범위 관리

#### ② 작성할 문서

- **IP 거래 계약서:** IP 매각, 라이선싱, 양도 계약 문서
- **거래 보고서:** IP 거래의 경제적 효과와 법적 사항을 다룬 보고서

#### ③ 적용 가능한 기법

- **IP 평가 모델**: IP의 시장 가치를 평가하는 모델(예: DCF, 시장 접근법)
- **거래 관리 툴**: 라이선스 및 계약 상태를 추적하는 소프트웨어

### (9) IP 보고

IP 보고는 IP 성과 평가가 주된 내용이다. IP 보고서 결과는 조직 전체의 IP 활동을 관리하는 데 사용되어야 한다. 여기에는 IP 투자 및 자원의 할당과 활용도 포함된다. IP 보고서의 프로세스에는 다음이 포함된다.

- 핵심 성과 지표(KPI) 및 관리 지표 설정
- 자사 IP의 시장 및 경쟁 효과 분석
- 목표 편차의 원인 분석
- IP 비용 컨트롤링(계획된 IP 관련 조치, IP 창출 및 유지 비용 할당, 예상 비용 예측, IP 관련 목표에 따른 권리 할당, IP 포트폴리오의 시장 영향에 대한 평가)

이를 위해 실무적으로 해야 할 일과 작성할 문서, 적용가능한 기법은 예를 들어 다음과 같다.

#### ① 실무적으로 해야 할 일

- IP 자산의 재무적 가치를 회계 보고서에 반영
- IP와 관련된 주요 활동, 비용, 이익을 경영진 및 투자자에게 보고
- IP와 관련된 성과를 평가하고, 성과 지표를 개발

#### ② 작성할 문서

- **IP 자산 회계 보고서**: IP 자산의 가치를 평가하고 회계상 기록한 보고서
- **IP 성과 보고서**: IP 활용 성과, 라이선스 수익 등을 평가한 보고서

③ 적용 가능한 기법

- **IP 회계 기준:** 회계상 IP 자산을 반영하는 방법(예: IFRS 기준)
- **성과 지표 분석:** IP 자산의 ROI(투자 대비 수익률)를 평가하는 지표

## 2) 프로세스 간 상호 연관 관계

IP 전략은 모든 프로세스의 기초가 된다. 이를 바탕으로 IP 창출이 이루어지며, 생성된 IP는 IP 관리를 통해 보호된다. 또한, IP 리스크 관리는 IP 자산을 관리하는 과정에서 발생하는 잠재적 문제를 해결하고, 이를 바탕으로 IP 권리화 및 IP 방어 전략이 결정된다.

IP 거래는 IP 자산을 상업적으로 활용하는 부분과 관련이 있으며, IP 보고는 IP 자산의 성과를 재무적 측면에서 반영하는 역할을 한다.

IP 인식 교육은 모든 직원이 IP 전략을 이해하고 실행하는 데 기여하며, 모든 프로세스가 효과적으로 운영될 수 있도록 한다.

이러한 프로세스들은 상호 유기적으로 연결되어 있어, 하나의 프로세스가 잘 작동하지 않으면 다른 프로세스에도 영향을 미치게 된다. 예를 들어, IP 창출과 IP 관리가 제대로 이루어지지 않으면 IP 권리화나 방어에서도 문제가 발생할 수 있으며, IP 인식 교육이 부족하면 IP 경영 전반의 효율성이 저하될 수 있다.

## 3) IP 성과 보고서

IP 성과 보고서는 기업이 보유한 IP 자산의 성과, 관리 현황, 상업적 활용 및 그에 따른 수익 등을 평가하고 보고하는 문서이다. 이러한 보고서는 경영진, 투자자, 이사회 등에 IP 관련 성과를 투명하게 전달하고, 향후 전략을 세우는 데 중요한 역할을 한다.

아래에서는 IP 성과 보고서의 목차 예시와 보고서 예시에 대해 살펴본다.

### (1) IP 성과 보고서의 목차 예시

아래 내용은 예를 들어, 보고서 목차에 따른 보고서의 구성을 예시한 것이다. 보고서 구성에는 다음의 내용들이 포함될 수 있지만, 경우에 따라서는 기업의 실정에 따른 해당되는 사항들을 중심으로 작성할 수 있다.

**보고서 구성 예시**

1. 서문(Executive Summary)
- 보고서의 목적
- 주요 성과 요약

2. 보고서의 전반적인 개요
- IP 전략 개요(IP Strategy Overview)
- 회사의 IP 경영 및 보호 전략 개요
- IP 전략 목표 및 성과 지표 설정
- 산업 내 IP 환경 변화와 대응 전략
- IP 자산 현황(IP Portfolio Overview)
- 현재 보유한 특허, 상표, 저작권, 영업 비밀 등 IP 자산 목록
- IP 자산의 주요 분야별 분포(예: 기술, 제품, 서비스 등)
- 국가별 또는 지역별 IP 자산 현황

3. IP 창출 활동(IP Creation Activity)
- 최근 발명 및 혁신 활동 요약
- 신규 특허 출원 및 등록 현황
- 특허, 상표, 디자인, 저작권 등 새롭게 창출된 IP 자산
- 발명자 기여 및 내부 IP 경영 프로세스 강화 활동

4. IP 보호 및 관리(IP Protection and Management)
- IP 보호 전략 및 조치 사항(특허, 상표 등 보호 상태)
- IP 포트폴리오 관리 현황(갱신, 유지, 취소된 자산)
- IP 경영시스템 및 도구 사용 현황

5. IP 리스크 관리(IP Risk Management)
- 주요 리스크 분석 및 대응 계획
- 경쟁사의 특허 또는 상표 침해 가능성 평가
- 법적 분쟁 사례 및 대응 전략

6. IP 거래 및 상업적 활용(IP Transactions and Commercialization)
- IP 라이선싱 현황 및 계약 성과
- 공동 개발 및 IP 공유 계약 내용
- IP 매각 또는 이전 사례
- 상업화된 기술/제품의 성과 평가(매출, 로열티 수익 등)

7. IP 집행 및 소송(IP Enforcement and Litigation)
- 주요 IP 분쟁 사례 및 진행 상황
- 침해 소송 결과 및 법적 대응 성과
- IP 보호를 위한 경고장 및 소송 대응 전략

8. 재무적 성과(Financial Performance of IP)
- IP 관련 매출 및 수익(로열티, 라이선스 수익, 공동 개발 수익 등)
- IP 자산의 재무적 평가 및 회계 반영
- IP 자산에 대한 투자 대비 성과 분석(ROI 분석)

9. 미래 계획 및 전망(Future Plans and Outlook)
- 향후 IP 전략 및 목표
- 새로운 기술 개발과 IP 창출 계획
- IP 보호 및 관리 시스템의 개선 방향

부록(Appendices)
- 상세한 IP 자산 목록
- 법적 소송 관련 문서
- 기술 보고서 및 IP 관련 추가 자료

## 4) 기업 사례

실제 기업에서 작성된 IP 성과 보고서는 공개적으로 제공되지 않는 경우가 많지만, 몇몇 주요 기업이나 연구 기관에서 제공하는 공개된 보고서나 사례 연구를 참고할 수 있다. 이러한 보고서는 주로 연차 보고서의 일부로 제공되거나, IP 경영 전략의 성과를 평가하기 위한 목적으로 작성된다. 아래에 몇 가지 사례를 소개한다.

### (1) 퀄컴(Qualcomm)의 IP 성과 보고서

퀄컴은 IP 라이선싱을 통해 막대한 수익을 창출하는 회사로, 매년 연례 보고서에 IP 관련 성과를 포함하여 보고한다. 퀄컴의 보고서에서는 보유 특허 수, 라이선스 수익, 특허 분쟁 결과 등을 상세히 다루며, 특히 5G 기술과 관련된 IP 전략의 성과를 강조한다.

• 주요 내용

– 5G 관련 특허포트폴리오 현황
– IP 라이선싱 수익 및 주요 파트너십
– 법적 분쟁과 소송 사례(애플과의 특허 분쟁 등)
– IP 전략에 따른 기술 혁신 성과

(2) IBM의 IP 성과 보고서

IBM은 세계에서 가장 많은 특허를 보유한 회사 중 하나로, 매년 연례 보고서에서 IP 성과를 공개한다. IBM의 보고서는 기술 혁신을 통한 IP 창출, 특허 라이선스 활동, IP 소송 및 집행 전략 등을 포함한다.

• 주요 내용

– 신규 특허 출원 및 등록 현황
– IP 상업화 성과(라이선스 수익)
– 주요 IP 분쟁 사례와 법적 대응 결과
– 미래 IP 창출 계획 및 목표

퀄컴과 IBM 같은 글로벌 기업은 이러한 보고서를 통해 자사의 기술 혁신과 IP 상업화 성과를 지속적으로 평가하고, 이를 토대로 경쟁력을 강화하고 있다. IP 성과 보고서는 기업의 장기적 IP 전략 수립과 지속 가능한 경쟁 우위 확보에 중요한 역할을 한다.

CHAPTER **11**

# 최강의 지식재산(IP) 경영시스템 전략

1. 전사적 지식재산(IP) 경영
2. 전사적 인프라 구축
3. 전문가 육성 및 협업

# CHAPTER 11 최강의 지식재산(IP) 경영시스템 전략

지식재산(IP) 경영은 글로벌 경제에서 기술 혁신과 창의적인 아이디어가 기업의 성공과 실패를 좌우할 수 있기 때문에 지식재산의 보호, 관리, 활용이 더욱 중요해지고 있다. 이 장에서는 기업의 IP 경영에 필요한 주요 전략과 방법을 생각해 보기로 한다.

## 1. 전사적 지식재산(IP) 경영

### 1) 최고 경영진의 리더십과 책임

IP 경영이 성공하려면 최고 경영진의 강력한 리더십이 필수적이다. 경영진은 IP의 중요성을 인식하고, 이를 회사의 핵심 전략에 반영해야 한다. 리더십은 IP 경영과 관련된 모든 활동을 감독하며, IP 경영이 조직 전체에 걸쳐 효과적으로 시행되도록 책임을 져야 한다.

#### (1) 리더십과 책임이 필요한 이유

지식재산(IP) 경영은 기업의 혁신과 경쟁력 확보의 핵심 자산이다. 이를 위해 최고 경영진의 리더십은 이러한 자산을 효과적으로 보호하고 전략적으로 활용해야 할 의무가 있다. 왜냐하면, 최고 경영진이 지식재산 전략을 직접 주도하고 책임을 질 때, IP 경영은 조직의 비전과 일치하며, 자원 배분 및 위험 관리를 강화하여 기업 가치와 지속 성장 가능성을 높일 수 있기 때문이다. 따라서, 기업의 최고 경영진, 특히 최고 경영자는 다음과 같은 구체적인 실천 방안을 갖고 지속적으로 이행해야 성과를 거둘 수 있다.

### (2) 구체적인 실행 방안과 내용

우선, 최고 경영진은 기업의 장기 비전에 맞춘 지식재산 전략을 수립해야 한다. 그리고 이는 혁신 기술 보호와 특허포트폴리오 강화 등 기업의 미래 성장동력을 확보하는 데 초점을 맞추어야 한다. 이를 위해서는 무엇보다도 전사적 IP 경영 체계 구축이 필요하다. 모든 부서가 IP의 가치를 인식하도록 IP 관련 교육과 정책을 마련하고, IP 경영에 대한 명확한 프로세스를 구축해야 한다.

R&D와 IP의 연계 강화를 위해서 연구개발(R&D) 부서와 IP담당 부서가 협력하여 혁신 기술의 도출과 보호를 함께 고민할 수 있도록 해야 하고 R&D 투자 대비 효과를 극대화하는 방법도 같이 생각하도록 해야 한다.

또한, IP 침해와 같은 리스크를 사전에 분석하고 대응할 수 있는 체계를 마련하여 법적 분쟁을 예방하도록 해야 한다. 이러한 실행 방안은 최고 경영진이나 최고 경영자의 적극적인 참여를 통해서만 가능하고 이를 통해 전사적 역량을 결집하여 지식재산을 기업의 지속 가능한 경쟁력으로 전환할 수 있는 것이다.

## 2) 조직의 전략적 목표와 일치하는 IP 정책

조직의 전략적 목표와 일치하는 IP 정책을 수립하는 것은 IP 경영의 핵심이다. IP 정책은 기업의 장기적 성장 목표와 연계되어야 하며, 이를 통해 기업이 기술적 우위를 유지하고, 시장에서 차별화된 가치를 제공할 수 있도록 지원해야 한다.

이를 위해, 조직의 전략적 목표와 일치하는 지식재산(IP) 정책을 효과적으로 운영하기 위한 구체적인 실행 방안을 다음과 같이 생각해 볼 수 있다.

### (1) 핵심 기술 분야의 집중적인 IP 포트폴리오 강화

조직의 핵심 사업 영역과 연관된 기술을 분석하고, 관련된 특허, 상표, 디자인을 집중적으로 출원하여 지식재산(IP) 포트폴리오를 강화한다. 예를 들어, 친환경 기술을 개발하는 기업이라면 탄소 저감 기술과 관련된 특허를 다수 확보하여 경쟁 우위를 강화한다. 이러한 집중적인 IP 포트폴리오 구축은 조직의 전략적 목표를 보호하는 동시에, 경쟁사와의 기술 격차를 벌려 시장에서의 지배력을 높이는 데 기여할 수 있다. 또한, 집중된 IP 포트폴리오는 기술거래 등 협상에서 강력한 교섭 수단이 될 수 있다.

### (2) IP 리스크 관리 체계 수립

조직의 주요 IP를 모니터링하고, IP 침해 가능성을 사전에 감지하기 위해 정기적인 특허 조사와 시장 조사를 수행한다. 또한, IP 관련 분쟁이 발생할 경우를 대비해 법적 대응 절차를 명확히 정의한다. 이러한 IP 리스크 관리는 침해 리스크를 최소화하여 예상치 못한 법적 분쟁을 미리 방지하고, 조직의 지식재산을 보호하는 데 필수적이다. 이러한 사전 대응은 비즈니스의 연속성을 보장하고, 전략적 목표 달성에 집중할 수 있는 환경을 제공한다.

### (3) IP와 R&D의 통합 관리

R&D 과정에서 생성되는 기술 아이디어가 IP로 보호될 수 있도록 연구 초기부터 IP 팀과의 협업을 강화한다. 연구개발 담당자들이 지식재산의 중요성을 인식할 수 있도록 IP 교육을 정기적으로 진행한다. R&D와 IP가 긴밀하게 연계되면 연구 성과가 지식재산으로 보호될 가능성이 높아지고, 조직의 전략적 목표를 위한 기술적 경쟁력을 강화할 수 있다. 이를 통해 R&D 투자에 대한 가치를 극대화할 수 있는 것이다.

### (4) IP 활용을 통한 수익화 전략

특허 라이선싱 및 기술 이전을 통해 IP를 수익화하고, 전략적 목표에 부합하는 기술의 비즈니스 기회를 탐색한다. 예를 들어, 기존 기술을 관련 산업에 라이선싱하여 수익을 창출하거나, 협력사와의 IP 공유를 통해 파트너십을 강화한다.

IP 수익화는 조직의 지속 성장에 기여하며, 조직의 전략적 목표와 일치하는 수익을 창출할 수 있는 기회를 제공한다. 또한, 외부 파트너와의 협력은 IP를 활용한 시장 확장을 도모할 수 있다.

이러한 실행 방안들은 조직의 전략적 목표와 IP 정책이 일치하도록 하여 지식재산을 활용한 경쟁력 확보와 지속 성장을 가능하게 할 수 있다.

### 3) 지식재산 창출 및 대응 전략

지식재산 창출 전략은 기업이 경쟁력을 강화하기 위해 IP 자산을 개발하고 이를 활용할 수 있는 기반을 마련하는 것이다. 이에 대한 주요 내용을 살펴보면 다음과 같다.

#### (1) 기술 혁신 및 연구 개발(R&D) 강화

혁신적인 기술을 개발하고 새로운 제품과 서비스를 출시하기 위해서는 무엇보다도 지속적인 R&D 투자가 필요하다. 최신 기술 트렌드와 시장 요구를 파악하여, 경쟁사와 차별화된 독창적인 IP를 창출해야 한다. 이를 위해서는 내부 연구 개발 외에도 산학 협력, 오픈 이노베이션 등을 통해 외부 자원을 적극 활용할 수 있어야 한다.

#### (2) 지식재산 포트폴리오 관리

IP 포트폴리오 관리는 특허, 상표, 디자인, 저작권 등의 자산을 체계적으로 관리하여 중복성을 제거하고, 창출한 IP의 가치를 극대화하는 데 도움이 된다. 기존 IP 포트폴리오와의 연계성을 검토하여 시너지 효과를 극대화하고, 새로운 지식재산이 포트폴리오에 잘 추가되도록 전략을 마련하는 것이 중요하다.

#### (3) 지식재산 권리화 전략

창출된 지식재산을 출원 및 등록하여 권리화하는 과정이 필요하다. 이는 향후 지식재산의 침해 발생 시 법적 보호를 받기 위한 기반이 된다. 이러한 권리화 과정에서는 출원 국가와 IP 유형을 신중히 선택하여 전략적 시장에 필요한 IP를 권리화하는 것을 목표로 한다.

#### (4) IP 대응 전략

경쟁사의 지식재산 창출과 신규 출원에 대한 모니터링을 지속하여 대응 전략을 마련하는 것은 매우 필요한 일이다. 경쟁사와의 IP 침해나 분쟁 상황에 대비해 미리 협상, 중재 등의 대응 방안을 구상하고, 필요 시 법적 대응을 할 수 있도록 대비해야 한다.

위에서 살펴본 것과 같이 지식재산 창출 및 대응 전략은 혁신과 창의성을 바탕으로 IP를 지속적으로 창출하고, 경쟁사의 IP와 차별화할 수 있는 포트폴리오를 구축하여 시장에서의 경쟁 우위를 확보하는 것을 목표로 한다.

### 4) 지식재산 보호 및 대응 전략

지식재산(IP) 보호는 기업이 혁신을 통해 얻은 기술적 우위를 유지하고, 무형자산을 보호하는 것으로 매우 중요하다. 이를 위해 지식재산 관리체계 구축, 침해 감시 및 모니터링 시스템 운영, 지식재산 침해 대응, 지식재산 리스크 관리가 필요하다. 따라서, 기술 및 시장의 변화를 모니터링하는 것은 IP 보호를 위한 핵심 전략 중 하나이며, 이를 위해 기업은 체계적이고 단계적인 접근 방식을 통해 대응할 수 있다.

#### (1) 지식재산 관리 체계 구축

IP 경영시스템을 통해 지식재산의 상태를 지속적으로 점검하고, 갱신 시기를 관리하며 만료일을 모니터링한다. 특허, 상표, 디자인 등 IP 자산에 대한 관리 프로세스를 정립하고, IP 라이프사이클 전반을 체계적으로 관리할 수 있도록 시스템을 구축한다.

### (2) 침해 감시 및 모니터링 시스템 운영

경쟁사의 IP 등록 현황과 자사 IP와 유사한 특허, 상표의 출원 여부 등을 지속적으로 모니터링한다. 침해가 예상되는 IP 사용이 발견될 경우 즉각적인 조치를 취할 수 있도록 시스템을 구축한다. IP 침해가 발생할 경우, 침해 상황에 따라 민사, 형사 소송을 검토하고, 필요한 경우 조정, 중재를 통해 해결한다.

### (3) 지식재산 침해 대응 및 법적 보호

침해에 대한 법적 대응 방안을 마련하고, 자사의 IP가 침해되는 경우 즉각적인 대응을 할 수 있는 체계를 갖춘다. 침해 대응을 위한 법적 지원, 예산 할당, 그리고 필요한 경우 외부 전문가 네트워크를 활용하여 IP를 적극 보호한다.

### (4) 지식재산 리스크 관리

IP와 관련된 잠재적 리스크를 분석하고, 이에 대응하기 위한 리스크 관리 전략을 마련한다. 이를 위해서 IP 라이선스 계약, 기술 이전 계약, NDA(비밀유지계약) 등을 통해 IP 리스크를 최소화한다.

그밖에, 국내외 IP 규제 변화와 관련 법령을 파악하여 자사의 IP 전략을 조정할 수 있도록 한다.

이와 같은 지식재산 보호 및 대응 전략은 창출한 IP 자산을 안전하게 보호하고, 외부로부터의 침해 및 리스크로부터 자산을 방어하기 위한 체계를 구축하는 것을 중점으로 한다. 특히, 다음과 같은 지식재산 보호의 실무적 접근을 이용해 대응 전략을 대비한다.

### ① 기술 및 시장 변화를 모니터링하는 방법

기업이 IP 보호를 위해 기술 및 시장의 변화를 모니터링할 수 있는 다양한 방법을 모색한다. 이는 정보 수집, 분석, 예측의 과정으로 나누어 생각할 수 있다.

• 기술 트렌드 모니터링

최신 기술 트렌드를 파악하기 위해 주기적으로 관련 산업 내 특허 출원 동향을 분석한다. 특허데이터베이스(예: WIPO, Google Patents, KIPRIS)를 활용하여 경쟁사, 협력사, 업계 전반에서 새롭게 출원된 특허를 추적한다. 이와 아울러, 학계와 산업계에서 발표된 최신 연구 논문과 기술 보고서를 분석하여 신기술의 등장 여부를 모니터링한다. 이는 기업이 연구 개발 방향을 설정하는 데 유용하다.

• 시장 동향 모니터링

시장 조사 기관(예: Gartner, IDC, Statista)의 보고서를 분석해 시장 수요, 소비자 선호도, 경쟁사의 시장 진입 등을 파악한다. 뿐만 아니라, 경쟁사 웹사이트, 보도자료, 공개 재무 보고서, 제품 출시 이벤트 등을 통해 그들의 전략 변화를 모니터링한다. 그 외, 고객 리뷰, 소셜 미디어 플랫폼에서의 반응을 통해 소비자 동향과 기대치를 모니터링할 수 있다.

• 법적 환경 변화 모니터링

국가별, 지역별로 IP 관련 법과 규제 변화(예: 저작권, 특허 보호기간, 상표 등록 절차) 등을 추적한다. 특히, IP 보호를 위한 신규 법안이 있을 경우 이러한 법안이 어떻게 영향을 미칠지 분석한다. 특히, WIPO, WTO 등 국제 협약에서 IP 관련 정책이 어떻게 변하는지 모니터링하여 글로벌 시장에서의 IP 보호 전략을 강화한다.

### ② 대응 전략 수립 단계

기업이 기술 및 시장 변화에 대응하여 IP 보호 전략을 수립하는 과정은 주로

다음의 단계를 따른다.

| | |
|---|---|
| 1단계 | 사전 분석 및 정보 수집 |
| 2단계 | 위험 평가 및 우선순위 설정 |
| 3단계 | IP 보호 강화 및 관리 전략 수립 |
| 4단계 | 침해 대응 및 법적 조치 |
| 5단계 | 모니터링 시스템 구축 및 지속적 관리 |

**[그림 11-1]** IP 보호 전략 수립 과정

- 사전 분석 및 정보 수집

먼저, 기술 및 시장 변화에 대한 정보를 체계적으로 수집한다. 이때 기술적 변화, 경쟁사의 특허 활동, 산업별 트렌드를 종합적으로 분석하여 위협 요인과 기회 요인을 식별한다.

- 예시: AI 기술을 다루는 기업이라면, AI 관련 특허의 증가와 주요 기업들의 연구 논문 발표 빈도를 파악할 수 있다.

- 위험 평가 및 우선순위 설정

수집된 정보를 바탕으로 자사 IP가 직면한 위험 요인과 그에 따른 대응 필요성을 평가한다. 이때, 기술 발전이 빠른 영역과 경쟁사의 특허 침해 가능성이 있는 영역에 우선순위를 두어 전략을 구체화한다.

- 예시: 경쟁사가 유사한 특허를 지속적으로 출원하는 경우, 이에 대응하기 위한 자체 특허 강화 전략을 수립하거나, 필요할 경우 조기에 법적 조치를 검토한다.

• IP 보호 강화 및 관리 전략 수립

위험 평가가 끝난 후, 구체적인 IP 보호 전략을 수립한다. 이 단계에서는 법적, 기술적 조치를 통해 IP를 보호할 방안을 마련한다. 이를 위해서는 특허포트폴리오를 강화하여 자사가 개발 중인 기술의 특허를 조기에 확보하고, 경쟁사의 특허와 겹치지 않도록 기존 기술을 분석한다. 또한, 자사의 기술을 다른 기업에 라이선싱하거나 기술 이전을 통해 보호 범위를 넓힌다. 이는 경쟁사가 침해를 시도할 때 법적 조치와 동시에 수익성을 극대화하는 방법이다.

• 침해 대응 및 법적 조치

만약 기술이 침해된 정황이 포착되면, 신속하게 법적 대응을 준비한다. 법적 소송이나 협상 등을 통해 경쟁사와의 IP 침해 문제를 해결하며, 이 과정에서 손해 배상이나 라이선싱 계약을 통해 자사의 권리를 보호한다.

법적 절차 준비의 경우 관련 전문가를 통해 침해 소송 절차를 준비하고, 자사 특허의 법적 보호 능력을 검토한다.

• 모니터링 시스템 구축 및 지속적 관리

IP 보호 전략은 일회성으로 끝나는 것이 아니라 지속적으로 모니터링되고, 시장 변화에 따라 적응해야 한다. 이를 위해 주기적인 특허 분석, 법률 변화 추적, 경쟁사 동향 파악을 통한 모니터링 시스템을 구축한다.

### ③ 실제 사례: 퀄컴(Qualcomm)의 대응 전략

퀄컴은 반도체와 통신 기술 분야에서 세계적으로 유명한 기업으로, IP 보호와 관련해 매우 적극적인 전략을 사용한 사례이다. 퀄컴은 5G, CDMA 기술 등에서 핵심적인 특허포트폴리오를 보유하고 있으며, 이를 통해 경쟁 우위를 확보하고 IP 침해를 방지하는 데 성공했다.

• 특허포트폴리오 확장 및 집중

퀄컴은 이동통신 기술에 관련된 핵심 특허들을 대거 출원하면서, 기술 발전에 발맞춰 특허포트폴리오를 확장했다. 특히, 5G와 같은 신기술 분야에서는 선도적인 특허 출원을 통해 주요 기술에 대한 독점적 권리를 확보했다.

• 라이선스 전략

퀄컴은 자사의 핵심 기술에 대해 라이선스 계약을 맺어 다수의 통신 및 IT 기업들로부터 로열티를 받는 방식으로 수익을 창출하고 있다. 이는 경쟁사가 자사의 기술을 무단으로 사용하는 것을 방지하는 동시에, 자사의 IP 가치를 최대화하는 방식이다.

• 법적 소송 및 침해 대응

퀄컴은 자사의 IP를 침해하는 기업에 대해 법적 소송을 제기하여 강력한 대응을 해왔다. 예를 들어, 애플과의 법적 분쟁에서 퀄컴은 자사의 통신 기술 특허가 애플의 제품에 사용되었다고 주장하며 소송을 걸었고, 결국 합의를 통해 라이선스 비용을 받아내는 데 성공했다.

• 지속적인 시장 및 기술 변화 모니터링

퀄컴은 신기술 및 시장 변화에 발맞춰 특허 분석 및 경쟁사 모니터링을 지속적으로 수행했다. 이는 그들이 새로운 기술 도입 시 미리 대비할 수 있도록 도왔고, 주요 특허를 적시에 출원하여 경쟁 우위를 유지할 수 있었다.

위에서 살펴본 것과 같이, 기업이 IP 보호를 위해 기술 및 시장 변화를 모니터링하고, 대응 전략을 수립하는 과정은 정보 수집, 위험 평가, 전략 수립, 법적 조치 및 지속적 관리의 단계로 이루어진다는 것을 알 수 있다. 퀄컴과 같은 기업은 이러한 대응 전략을 성공적으로 구현하여 자사의 IP를 보호하고, 이를 통해 글로벌 시장에서 경쟁력을 유지하는 것이다.

## 5) 지식재산 활용 및 대응 전략

지식재산(IP)을 효과적으로 활용하는 전략은 기업의 수익성을 높이고 경쟁우위를 확보하는 데 중요한 역할을 한다. 지식재산을 단순한 보호 대상으로 보는 것을 넘어 이를 비즈니스 자산으로 적극 활용하고, 필요시 외부로부터의 활용 요구에 대응하는 방안을 마련하는 것이 핵심이다. 이와 관련하여 다음과 같이 생각해 볼 수 있다.

### (1) 지식재산 상용화 전략

우선적으로, 창출된 지식재산을 제품이나 서비스로 전환하여 상업화하는 것이 중요하다. 이는 제품 등으로 출시하여 시장에서 큰 기대 수익을 창출할 수 있으며, 이러한 상용화 전략은 근본적으로 IP의 가치를 극대화할 수 있다. 다음으로, 기술이전 또는 IP 라이선싱을 통해 지식재산을 타 기업에 제공하여 로열티 수익을 창출하는 방법도 있다.

### (2) IP 라이선싱 및 기술 이전

라이선싱(특허, 상표, 디자인) 계약을 통해 타 기업이 자사의 IP를 사용할 수 있도록 하고, 이를 통해 안정적인 수익원을 확보한다. 기술 이전은 IP를 필요로 하는 기업이나 연구기관에 기술을 이전하고, 이에 대한 대가로 로열티 또는 일시금을 받을 수 있는 좋은 전략이다. 라이선싱 모델에는 독점 라이선스, 비독점 라이선스, 부가 라이선스 등이 있으며, 비즈니스 목표에 맞는 적절한 방식을 선택한다.

### (3) IP 기반 협력 및 공동 개발

자사의 IP를 활용하여 타사와 협력하여 공동 개발이나 제품 협업을 추진하는 방식이다. 특히, R&D 협력에서는 IP 공유 협정(MOU, NDA 등)을 통해 자사 IP가 외부로 유출되지 않도록 보호 장치를 마련하고 협력 프로젝트를 진행한다.

공동 개발의 경우, 개발 중 발생하는 신규 IP에 대한 소유권과 수익 배분에 대한 협정을 미리 설정하여 리스크를 줄이고 성과를 극대화한다.

#### (4) 브랜드 및 마케팅 전략과의 연계

지식재산은 브랜드 가치를 강화하고, 마케팅 활동과 연계하여 고객의 신뢰도를 높이는 데 활용될 수 있다. 상표와 디자인 IP를 통해 제품의 차별성과 브랜드 아이덴티티를 강조하며, 마케팅 메시지와 연계하여 IP 기반의 브랜드 자산을 강화할 수 있다. 궁극적으로는, IP 자산을 활용한 홍보 캠페인, 인증 마크, 상표 활용으로 시장 인지도를 높이고 고객 충성도를 증대시킨다.

#### (5) 지식재산 활용 리스크 대응

IP 활용 과정에서 발생할 수 있는 법적 분쟁 및 리스크를 사전 분석하고 관리할 필요가 있다. IP 라이선싱 시 발생할 수 있는 계약 위반, 로열티 미지급, 기술 유출 등의 리스크를 대비하기 위해 계약서에 명확한 조건과 조항을 삽입한다.

위에서 설명한 것과 같이 지식재산 상용화와 라이선싱/기술이전을 통해 지식재산을 수익원으로 활용하고, 브랜드 가치를 높이며, 협력을 통한 신제품 개발을 촉진한다. 리스크 대응 전략은 IP 활용 과정에서 발생할 수 있는 잠재적 리스크를 최소화하여 안정적인 지식재산 활용을 도모하는 데 초점을 맞춘다.

## 2. 전사적 인프라 구축

### 1) 조직 내 IP 문화의 조성

조직 내에서 IP 문화가 자리 잡을 수 있도록 적극적인 노력이 필요하다. 직원들이 자신의 발명과 창의적 활동을 통해 조직의 성과에 기여할 수 있음을 인식하도록 하고, 이를 장려하는 보상 체계와 교육 프로그램을 도입하여 IP 문화를 강화해야 한다.

이러한 사내 발명문화를 고취하기 위해 발명 평가 제도를 실시할 필요가 있다. 이를 효과적으로 설계하려면 다음과 같은 요소들을 고려하여 체계화해야 한다.

#### (1) 발명 평가 기준 수립

예를 들어, 다음과 같은 평가 기준을 둘 수 있다.

- 발명의 창의성(기술적 독창성, 문제 해결력 등)
- 경제적 가치(시장성, 비용 절감 효과, 상업적 수익성)
- 실현 가능성(기술적 실행 가능성, 자원 요구 수준)
- 장기적 영향(기술 포트폴리오에의 기여도, 지속 가능성)

#### (2) 평가 절차의 단계화

다음과 같은 평가를 단계별로 실시한다.

- **초기 심사:** 발명의 개념을 검토하고 평가 요건에 부합하는지 확인
- **심층 평가:** 전문가 패널이 기술적, 상업적 측면을 깊이 검토
- **최종 평가 및 보상 결정:** 평가 결과에 따라 보상 수준 결정

### 2) 처우 및 보상

지식재산(IP) 창출에 기여한 인재들에게 적절한 처우와 보상을 제공하는 것은 인재 유치와 유지, 그리고 조직의 혁신 성과를 지속적으로 창출하는 데 중요한 역할을 한다. 효과적인 처우 및 보상 시스템은 직원의 동기부여를 높이고, 창의성과 생산성을 촉진하여 장기적으로 기업의 경쟁력을 강화하는 데 기여한다.

보통 보상은 금전적 보상과 비금전적 보상으로 나누어 생각해 볼 수 있다.

### (1) 금전적 보상

- **직접 보상:** IP 창출과 관련한 구체적인 성과에 따라 지급되는 보상으로, 성공적으로 등록된 특허, 상표, 디자인 등에 대해 일정한 금액을 보상금으로 지급한다.
- **성과급 및 인센티브:** 일정 기간 동안의 성과를 기준으로 지급하는 보상으로, IP 창출, 매출 기여도, 특허 수익 등에 따라 연간 성과급 또는 인센티브를 제공한다.
- **지분 및 주식 옵션:** IP 창출에 중대한 기여를 한 인재에게 회사의 지분 또는 주식 옵션을 제공하여, 성과에 따른 보상을 제공함과 동시에 장기적인 회사 가치 창출에 대한 동기부여를 유도한다.

### (2) 비금전적 보상

- **경력 개발 기회 제공:** 성과를 낸 직원에게 연구 개발과 관련된 추가 교육 기회를 제공하거나, 해외 지사 파견 등 경력 개발을 위한 기회를 제공한다.
- **포상 및 표창 제도:** 성과가 탁월한 직원에게 상장, 감사패 등을 수여하고, 사내에서 공개적으로 표창하여 직원들의 자긍심을 고취한다.
- **추가 휴가 및 복리후생 혜택:** IP 창출에 기여한 직원에게는 추가 휴가, 건강 관리 지원, 가족 지원 혜택 등의 복리후생 혜택을 제공한다.

### (3) 지식재산 관련 성과 보상 시스템

- **특허 성과금 제도:** 연구자들이 출원한 특허가 등록되거나 상용화될 경우, 성과에 따라 일정 비율의 보상금을 지급한다.
- **라이선싱 수익 공유:** IP의 라이선싱으로 발생한 수익의 일부를 창출한 팀 또는 개인과 공유하여 성과에 따른 직접적인 보상을 제공한다.
- **아이디어 제안 보상제:** IP가 출원될 만큼 구체적이지 않더라도, 혁신적인 아

이디어를 제안한 직원에게도 소정의 보상을 지급하여 창의적인 아이디어 발굴을 장려한다.

## 3) 제도 운영 방법

### (1) 성과 기준 설정 및 평가 시스템

IP 창출 성과를 평가할 때는 양적 지표(특허 수, 상표 수, 매출 기여도)와 질적 지표(기술 수준, 혁신성)를 모두 고려하여 보상 기준을 설정한다. 지식재산의 중요도와 가치를 사전에 평가하고, 이러한 평가 결과를 보상 체계에 반영하여 투명하고 공정한 보상 시스템을 구축한다.

### (2) 지식재산 성과 배분 비율 관리

특허, 상표, 디자인 등 IP 유형에 따라 성과 배분 비율을 구체화하여 설정하고, 등록 성공률, 상업적 기여도를 고려하여 차등 지급한다. 상용화 이후 매출 기여도가 큰 IP의 경우 창출자에게 지급되는 보상 비율을 높여 장기적인 동기 부여를 제공한다.

### (3) 내부 커뮤니케이션 및 피드백 시스템

보상 시스템에 대한 직원의 이해와 수용도를 높이기 위해 보상 기준과 절차를 명확히 전달하고, 성과에 대한 피드백을 주기적으로 제공한다. 또한, 투명한 커뮤니케이션을 통해 성과 평가와 보상 절차에 대한 신뢰도를 높이고, 직원들의 의견을 반영하여 보상 제도를 개선할 수 있는 피드백 루프를 운영한다.

### (4) 기술성과 기반 보상

지식재산 창출이 연구개발팀 내에서 상시적으로 이루어질 수 있도록 목표 성과를 명확히 하고, 성과가 목표에 도달했을 때 보상이 지급되도록 설정한다. 기술성과 기반 보상을 통해 기술 혁신과 성과를 장려하고, 도전적인 목표를 설정함으로써 창의적인 기술 개발을 유도할 수 있다.

예를 들어, 다음과 같은 처우 및 보상의 체크리스트를 사용해 보는 것도 매우 합리적이라고 할 수 있다.

- **보상 기준 설정:** 성과 측정 기준이 명확하게 설정되었는가?
- **성과 배분 비율:** 특허와 상표 등 IP 유형에 따라 배분 비율이 차별화되어 있는가?
- **보상 평가 주기:** 보상은 주기적으로 평가되고 있는가? 연간 성과 평가 시스템이 마련되어 있는가?
- **직원 이해도:** 보상 시스템에 대해 직원들이 충분히 이해하고 있는가? 관련 교육이나 설명이 제공되는가?
- **피드백 절차:** 성과 평가 후 직원들에게 피드백을 제공하고 있는가?
- **경력 개발 지원:** 우수한 성과를 낸 직원에게 경력 개발 기회가 주어지고 있는가?
- **복리후생 혜택:** 지식재산 창출에 기여한 직원에게 추가적인 복리후생 혜택이 제공되는가?

요약하면, 금전적 보상과 비금전적 보상이 조화를 이루어 직원의 동기를 높이면 지속적인 지식재산 창출을 촉진할 수 있다. 또한, 성과 기준 설정과 내부 커뮤니케이션을 통해 투명하고 공정한 처우 및 보상 시스템을 유지하며, 실무적으로 사용할 수 있는 체크리스트를 통해 보상 제도를 체계적으로 관리해야 소정의 성과를 달성할 수 있을 것이다.

### 4) IP 경영 유지에 필요한 자원 제공

지속적인 IP 경영을 위해서는 적절한 자원의 투자가 필수적이다. 기술적, 법적 전문가들을 지원하기 위한 시스템을 구축하고 유지하기 위해 인적, 물적 자원을 충분히 제공해야 하며, 이를 통해 효율적인 IP 보호 및 관리가 이루어질 수 있다.

### (1) IP 전략 수립 및 전문가 확보

IP 경영의 장기적인 목표와 전략을 설정할 때에는 기업의 비즈니스 전략과 일치시켜야 한다. 이를 위해 IP 보호와 활용을 위한 법적 및 기술적 전문가를 채용하거나 외부 자문을 활용하여 지속적인 지원을 받는다.

### (2) 기술 및 법적 인프라 구축

IP 경영에 필요한 법령 및 연혁 정보를 체계적으로 구축하는 데이터베이스(DB)를 마련한다. 이를 통해 법적 이슈에 신속히 대응하고 IP의 개정 이력을 관리할 수 있다. 또한, 보안이 강화된 네트워크와 서버 인프라를 구축하여 데이터 손실을 방지해야 한다.

### (3) 자원 확보 및 효율적 활용

IP 경영 자원의 효율적 사용을 위해, 사내 IP 지원자를 발굴하고 이에 대한 재정적 지원 방안을 모색하여 IP 자원 확보를 강화한다. 뿐만 아니라, 관리 시스템의 유지보수를 위한 기술적 지원을 주기적으로 받아 인프라가 항상 최적의 상태를 유지할 수 있도록 한다.

### (4) IP 자산 활용 및 수익화

IP의 라이선싱 및 기술 이전 등을 통해 직접적인 수익 창출 기회를 탐색한다. 이를 위해 로열티 계약과 같은 재정적 지원 체계를 마련하고, IP 자산을 적극적으로 상업화한다.

### (5) 정기적인 성과 모니터링 및 개선

IP 경영시스템의 기능을 주기적으로 평가하고 문제점을 개선한다. 또한, 최신 트렌드와 법적 환경 변화를 반영해 관리 방식을 지속적으로 업데이트한다.

이와 같은 단계적 접근을 통해, 기업의 IP 자산을 체계적으로 보호하고 이를 통해 안정적인 수익 창출을 도모할 수 있다.

## 3. 전문가 육성 및 협업

### 1) 내부 및 외부 커뮤니케이션

내부 전문가(직원)와 외부 전문가(변리사, 변호사 등) 간의 원활한 커뮤니케이션은 IP 경영의 성공적인 수행에 필수적이다. IP 경영의 각 단계에서 내부 및 외부 전문가들의 협력이 원활하게 이루어져야 하며, 이를 통해 기업의 IP 자산이 적절하게 보호되고, 법적 분쟁이나 리스크를 최소화할 수 있어야 한다.

이를 위해서 내외부 전문가로 구성된 협의체를 구성하고 정기적인 미팅을 통해 현안 및 앞으로 도래할 수 있는 리스크를 사전에 점검하는 것은 매우 중요하다.

또한, 규모가 어느 정도 큰 기업의 경우는 가능하면 외부 전문가 그룹(특허사무소 등)을 다수의 네트워크로 구성하는 것이 바람직하다. 일반적으로 기업은 자사의 지식재산권에 문제가 발생되면 자체로 해결하기가 매우 어렵다. 이를 대비하여 다양한 외부 전문가를 확보하는 것은 문제 해결을 보다 용이하게 할 수 있다.

### 2) IP 리스크 관리 및 성과 평가

IP 경영에서 발생할 수 있는 리스크를 관리하고 성과를 체계적으로 평가하는 것도 필수적이다. 경쟁사의 특허 침해 위험, 새로운 기술 개발에 따른 IP 포트폴리오 관리, 그리고 시장 변화에 따른 대응 전략이 리스크 관리의 중요한 부분이다. 또한, 성과 평가는 IP 자산이 기업에 얼마나 기여하고 있는지를 명확히 파악하는 데 도움이 되며, 이를 바탕으로 향후 전략을 조정할 수 있다.

이러한 지식재산 경영 전략은 기업이 기술적 우위를 유지하고, 혁신적인 성장을 이루는 데 중요한 역할을 한다. IP 경영의 성공 여부는 최고 경영진의 리더십, 직무발명 활성화, 그리고 내부 및 외부 전문가의 협력에 달려 있으며, 이를 통해 기업은 IP 리스크를 효과적으로 관리하고 장기적인 성과를 거둘 수 있다.

IP 리스크 관리에 대한 사례로 다음을 예로 들 수 있다.

#### ① 삼성전자 vs. 애플 특허 소송 사례

삼성전자와 애플은 스마트폰 관련 기술 특허를 두고 수년에 걸쳐 글로벌 특허 분쟁을 겪었다. 이 사례는 지식재산 리스크가 기업의 수익성 및 이미지에 큰 영향을 미칠 수 있음을 보여준다. 리스크 관리 측면에서 애플은 독창적 기술을 보호하기 위해 다양한 특허를 출원했고, 삼성은 이에 대응하는 전략으로 다른 특허를 반소로 제기하여 리스크를 분산시켰다. 양사는 소송을 통해 기술 우위를 확보하는 동시에, 시장 경쟁력을 유지하는 전략을 선택했다. 이러한 사례를 통해 적극적인 IP 경영과 포트폴리오 강화가 중요하며, 법적 리스크를 사전 관리하고 분쟁 상황에 대응하는 프로세스가 필요함을 보여준다.

#### ② Kodak의 특허포트폴리오 매각 사례

필름카메라 산업의 붕괴로 위기를 겪은 Kodak은 자사의 특허포트폴리오를 정리 및 매각하여 재정적 어려움을 극복하는 전략을 선택했다. 핵심 기술 특허 매각을 통해 단기적 현금을 확보하고, 기존 IP 자산의 가치 창출을 위해 리스크 관리 차원에서 라이선싱 모델을 적극 도입했다. 이러한 방법은 지식재산이 비즈니스 전환 및 생존에 중요한 역할을 하며, 위기 상황에서는 IP를 활용해 유동성을 확보하는 방안이 유효할 수 있음을 시사한다.

### 3) IP 리스크 관리 방법

#### (1) IP 리스크 관리 기법

- **SWOT 분석:** IP와 관련한 내부 강점과 약점, 외부 기회와 위협을 분석하여 전략적 우위를 확립하고, IP 관련 리스크를 최소화할 수 있다.
- **RAPID 평가:** Relevance(관련성), Applicability(적용성), Protectability(보호성), Impact(영향), Durability(내구성)의 요소를 평가하여 특정 IP의 전략적 중요성과 리스크 요소를 분석한다.
- **FMEA(Failure Mode and Effect Analysis):** 각 IP가 실패할 수 있는 요인(예: 침해 소송, 기술 혁신 부족)을 예측하고, 그로 인해 발생할 수 있는 영향을 분석하여 미리 대응할 수 있다. 이를 위해서는, 선행기술조사와 함께 경쟁사 비교분석이 선행되어야 한다.

#### (2) 성과 평가 기법

- **IP 가치평가:** IP 자산의 가치를 평가하여 비즈니스 기여도를 파악하는 방법으로, 로열티 등을 적용해 IP의 금전적 가치를 산출한다.
- **ROIP(Return on Intellectual Property):** IP 관련 투자 대비 수익을 평가하는 지표로, 특정 IP에 대한 직접적인 수익(특허 사용료, 라이선스 계약 수익 등)을 측정하여 성과를 정량화한다.
- **KPI(Key Performance Indicators):** IP 관련 성과를 측정하기 위한 KPI로는 출원 및 등록 특허 수, 라이선싱 수익, IP 기반 신제품 출시 건수 등이 있으며, IP 활용 성과를 구체적으로 파악할 수 있다.

#### (3) 실무적으로 사용할 수 있는 도구

국내 IP 전문업체들의 플랫폼이나 소프트웨어 외에 다음과 같은 해외 관련 업체들의 지원도구도 참고할 만 하다.

- Anaqua[5]: IP 경영과 리스크 평가를 위한 통합 플랫폼으로, 특허와 상표, 디자인 등의 IP 포트폴리오를 체계적으로 관리할 수 있으며, 법적 리스크를 사전에 예측하고 대응할 수 있다.
- PatSnap[6]: IP 연구와 분석, 가치평가를 위한 도구로, IP 트렌드를 시각화하고, 경쟁사의 IP 현황을 모니터링하여 리스크 대응에 유용하다.
- Thomson Reuters/Innovation[7]: 특허와 관련된 대규모 데이터베이스와 분석 툴을 제공하여, IP의 시장 내 가치와 법적 리스크를 평가하고 IP 경영을 지원한다.

### (4) IP 리스크 관리 주요 체크리스트

- IP 포트폴리오 내 중복 IP나 비효율적인 IP가 있는가?
- 경쟁사와의 IP 충돌 가능성을 사전에 평가하고 있는가?
- 주요 IP 자산의 만료일, 갱신일을 주기적으로 모니터링하고 있는가?
- IP 침해 시 대응할 법적 절차와 비용 예산을 마련해 두었는가?
- 라이선싱, 기술 이전 등 IP 활용 시 계약서에 리스크 대응 조항이 포함되어 있는가?

### (5) IP 성과 평가 체크리스트

- IP로부터 발생한 매출, 로열티 등 수익을 주기적으로 평가하고 있는가?
- IP 활용에 따른 신규 제품 출시, 매출 증가 등의 KPI를 측정하고 있는가?
- IP 포트폴리오의 가치를 주기적으로 재평가하여 비즈니스에 반영하고 있는가?
- IP 관련 비용(등록, 유지, 방어 비용 등)을 파악하고 적정 비용 대비 수익을 관리하고 있는가?

IP 리스크 관리 방법에서는 선제적인 리스크 예측과 법적 대응 방안 마련이

---

5) https://www.anaqua.com 참조
6) https://www.patsnap.com 참조
7) https://innovation.thomsonreuters.com/en.html 참조

중요하며, 예를 들어 Anaqua, PatSnap 같은 도구를 활용해 IP를 관리하고 리스크를 평가할 수 있다. IP 성과 평가에서는 IP 가치평가, ROIP와 KPI 등을 통해 IP 활용 성과를 측정하고, 지식재산 관리의 효과를 파악하여 지속적으로 개선해야 한다. 또한, 체크리스트를 활용하여 IP 리스크와 성과 평가 요소를 체계적으로 점검하고 실무에 적용할 수 있어야 한다.

CHAPTER 12

# 지식재산 경영정보시스템(IPMIS)

1. IP 경영정보시스템의 의의
2. 구축 방안

# CHAPTER 12 지식재산 경영정보시스템(IPMIS)

## 1. IP 경영정보시스템의 의의

지식재산 경영정보시스템(Intellectual Property Management Information System, IPMIS)은 기업의 지식재산 자산을 체계적으로 관리하고 전략적으로 활용하기 위한 도구로 IT에 의한 정보시스템을 의미한다. 이는 기업의 IP 수명주기 전반에 걸쳐 IP 데이터와 프로세스를 효율적으로 관리하며, 경쟁력을 강화하고 지속 가능한 성장을 지원하는 역할을 한다. IPMIS는 특허, 상표, 저작권 등의 자산을 포함하며, 이를 보호하고 상업화하는 과정을 최적화한다. 이 장에서는 IP 경영정보시스템의 의의와 구축 방안에 대해 살펴보도록 한다.

### 1) 기업 내 정보시스템의 연계

지식재산 경영정보시스템(IPMIS)은 다른 기업정보시스템과의 원활한 연계를 통해 통합적이고 전략적인 IP 관리를 가능하게 할 수 있다. 이에 대해 다음과 같은 주요 연계 방안에 대해 먼저 생각해 본다.

• ERP(Enterprise Resource Planning)와의 연계

IP 자산의 비용과 수익 데이터를 ERP 시스템과 연결하여 재무적 관점에서 IP 가치를 평가할 수 있다. 또한, IP 관련 비용(특허 출원 비용, 유지 비용 등)을

통합 관리하여 재정 투명성을 증대한다.

- **PLM(Product Lifecycle Management)과의 연계**

제품 개발 단계에서 생성되는 IP 데이터를 PLM 시스템과 연동하여 R&D 단계부터 IP 보호를 강화한다. 신제품 개발 과정에서는 필요한 IP 분석 및 라이선싱 정보를 제공할 수 있다.

- **CRM(Customer Relationship Management)과의 연계**

고객 피드백을 분석하여 IP 개발 방향성을 설정하고, 시장 요구에 부합하는 혁신을 촉진한다. 상업화된 IP의 고객 반응 및 활용도를 측정하여 지속적인 개선 방안을 도출한다.

- **HR 시스템과의 연계**

직원의 발명 기여도를 관리하고 보상 체계를 투명하게 운영할 수 있다. 지식재산 관련 교육 및 전문가 네트워크를 강화하여 내부 역량을 증대한다.

## 2) 시스템의 고려사항

IPMIS를 성공적으로 구현하고 운영하기 위해 다음과 같은 사항들을 고려해야 한다.

- **시스템 통합성:** 기존 정보시스템과의 기술적 통합성을 확보해야 하며, 데이터 표준화를 통해 효율적인 데이터 교환이 가능해야 한다.
- **보안 및 접근 권한 관리:** IP 데이터는 고도로 민감한 정보를 포함하므로 강력한 보안 체계를 구축하고, 사용자 권한 관리를 철저히 해야 한다.
- **프로세스 최적화:** IP 관리의 전 과정(출원, 유지, 상업화 등)에 대한 명확한 프로세스를 정의하고, 이를 시스템화하여 효율성을 극대화해야 한다.

- **사용자 중심 설계:** 사용자 친화적인 인터페이스와 워크플로우를 제공하여 직원들이 쉽게 활용할 수 있어야 한다. 직원 교육과 지원을 통해 시스템 도입 초기의 저항을 최소화한다.
- **지속적인 업그레이드 및 유지보수:** 법적, 기술적 환경 변화에 대응하기 위해 시스템을 지속적으로 개선하고 업데이트해야 한다.
- **데이터 분석 및 시각화:** IP 데이터의 분석 및 시각화를 통해 의사결정을 지원하고, 잠재적 기회를 식별할 수 있는 기능을 제공해야 한다.

이러한 지식재산 경영 정보시스템은 기업의 핵심 자산인 IP를 전략적으로 활용하기 위한 매우 필요한 도구로, 이를 성공적으로 구현하고 운영하려면 다양한 시스템 간의 연계성과 체계적인 고려사항을 반영해야 한다.

### 3) 국내외 사용 사례

IP 경영 소프트웨어 플랫폼 활용의 사례를 살펴보자. IBM IP Management System[8](NetView® program[9]), CPA Global[10] 등의 플랫폼은 특허와 상표를 통합 관리하고 법적 상태를 추적하는 기능을 제공한다. 이와 같은 시스템을 통해 특허분석은 물론 글로벌 지적 자산을 한 곳에서 관리하고, 전략적 결정을 지원한다.

CPA Global의 경우는 Innography[11]를 예로 들 수 있으며, 이는 특허 검색과 분석, 경쟁사 모니터링, 기술 혁신에 도움을 주는 기업용 IP 경영 소프트웨어이다. 또 다른 예로 Anaqua[12]가 있으며, 글로벌 IP 경영 솔루션으로 기업의 지식

8) https://www.ibm.com/kr-ko/products/ims

9) https://www.ibm.com/docs/en/SSZJDU_6.2.0/com.ibm.itnetviewforzos.doc_6.2/cnmimst.pdf

10) https://www.cinven.com/portfolio/cpa-global;
https://clarivate.com/intellectual-property/cpa-global-is-now-clarivate

11) https://clarivate.com/intellectual-property/patent-intelligence/innography/;
https://app.innography.com

12) https://www.anaqua.com

재산 자산을 통합적으로 관리할 수 있다.

국내외 다수 기업들이 Innography와 같은 툴을 사용하여 자사의 특허포트폴리오를 관리하고, 경쟁사의 특허 동향을 분석하여 지식재산 전략을 세우고 있다. 물론 국내 기업에도 대표적으로 윕스의 윈텔립스[13]나 워트인텔리전스의 키워트[14]도 있어서 사용의 편의성은 사용자가 판단하여 이용하면 될 것이다.

## 2. 구축 방안

지식재산 경영시스템(IPMS)을 소프트웨어로 구축하는 과정은 체계적인 접근이 필요하다. 다음은 단계별 개발 과정과 중요 요소, 실제 프로그램 및 사용 예시를 살펴보기로 한다.

### 1) 요구사항 분석

기업의 지식재산 관리 요구사항을 정의하고, 관련 기능(특허 관리, 상표 보호, 저작권 등록 등)을 명확히 한다. 또한, 지식재산 관련법과 기업의 지식재산 보호 전략에 따라 시스템 요구사항을 결정한다.

#### (1) 요구사항 정의 및 분류

지식재산 보호 목적과 종류에 따라 주요 관리 항목을 정의한다. 예를 들어, 특허 관리, 상표 보호, 저작권 등록, IP 모니터링 등이 포함될 수 있다. 각 항목에 필요한 데이터(출원 정보, 만료일, 연장 요건 등)를 식별하고, 이를 효과적으로 저장하고 검색할 수 있는 구조를 설계한다.

13) https://www.wintelips.com/service/mai/main.wips

14) https://www.keywert.com

#### (2) 법적 요구사항 및 보호 전략 반영

국내외 IP 관련법을 준수하도록 시스템을 설계한다. 왜냐하면 IP는 전세계가 공유하기 때문이다. 예를 들어, 미국과 유럽의 특허법을 모두 반영하여 글로벌 자산을 통합 관리할 수 있도록 해야 한다.

또한, IP 보호 전략에 맞춘 접근 권한 설정을 통해 직원들의 정보 접근을 제한하거나 로깅 기능을 통해 감사 추적을 가능하게 해야 한다.

#### (3) 자동화 기능 도입

만료 예정 알림 및 갱신 관리 자동화, 법적 상태 변화 자동 업데이트 기능을 포함해 관리의 효율성을 높여야 한다. 예를 들어 특허 갱신 알림 시스템을 통해 특허 만료에 대비할 수 있고, 상표 보호를 위해 유사 상표 등록을 자동으로 모니터링한다.

#### (4) 보안 및 데이터 보호

IP 데이터의 중요성을 고려해 이중 인증, 암호화, 접근 권한 제한 등 강력한 보안 방안을 생각할 수 있다. 기업 자산 보호를 위해 주기적으로 보안 상태를 점검하고, 데이터 손실 방지를 위한 백업 및 복구 기능도 추가해야 한다.

이와 같은 방식으로, 기업의 특성에 맞는 맞춤형 지식재산 경영시스템을 구축할 수 있다.

### 2) 설계

요구사항을 기초로 하여 지식재산의 구조적 데이터를 관리하기 위한 데이터베이스를 설계한다. 특허, 상표, 저작권 등의 정보를 저장하고 추적하는 기능을 구현한다. 각 지식재산권을 관리하는 모듈(특허, 상표, 디자인 등)별로 나누어 독립적으로 동작하지만 서로 연동될 수 있도록 설계한다. 다음은 기본적인 주요 내용을 설명한 것이다.

### (1) 기능 요구사항 정의

특허, 상표, 저작권 등 IP 종류별로 필요한 데이터 항목을 정의한다. 예를 들어, 특허의 경우 출원일, 등록일, 만료일 등이 있으며, 상표는 등록 국가, 갱신 주기 등이 필요하다. 기업의 IP 전략과 법적 요구사항을 반영하여 각 모듈의 기능 요구사항을 명확히 한다.

### (2) 데이터베이스 구조 설계

각 IP 유형(특허, 상표, 저작권 등)별 테이블을 설계하고, 공통 데이터(출원인 정보, 등록일 등)를 기준으로 관계형 데이터베이스(RDBMS)를 구축한다. 각 테이블이 독립적으로 관리되면서도 서로 연동될 수 있도록 외래키(foreign key) 관계를 설정한다. 이를 통해 다른 모듈 간 데이터 참조가 용이하도록 만든다.

### (3) 모듈 설계 및 인터페이스 정의

각 IP 모듈(특허, 상표, 저작권 등)은 독립적으로 동작할 수 있도록 개별 모듈로 설계하되, 공통 기능(예: 검색 및 보고서 생성)은 API를 통해 다른 모듈과 통신할 수 있도록 한다. 각 모듈이 접근할 수 있는 데이터의 권한을 설정하고, IP 보호를 위해 보안 접근 제어를 강화한다.

### (4) 데이터 입력 및 추적 기능 구현

사용자 인터페이스(UI)를 통해 신규 IP 데이터의 입력, 수정, 삭제가 용이하게 한다. 데이터의 변경 내역을 추적할 수 있는 기록 기능을 추가하여 IP 변경 히스토리를 관리한다.

### (5) 자동화된 갱신 및 알림 시스템 구축

각 IP의 만료일을 기준으로 자동 갱신 알림을 제공하여 중요한 만료 이벤트를 관리한다. 예를 들어, 상표 갱신 주기에 따라 사용자에게 알림을 전송한다. 갱신이 완료되면 데이터베이스에 자동으로 업데이트되어 최신 상태를 유지할 수 있도록 설정한다.

(6) 테스트 및 유지보수

다양한 시나리오를 기반으로 데이터베이스와 각 모듈 간의 연동 및 성능을 테스트한다. 또한, 유지보수 계획을 마련하여 정기적인 데이터 백업과 보안 업데이트를 수행해 시스템의 안정성을 확보한다.

### 3) 개발

직관적이고 쉬운 UI를 제공하여, 사용자들이 간편하게 지식재산을 등록하고 추적할 수 있도록 해야 한다. 구체적인 방안으로는 지식재산권에 대한 정보 조회, 등록, 수정 기능을 포함한 비즈니스 로직을 용이하게 해야 한다. 다음의 방법을 생각해 볼 수 있다.

(1) 사용자 중심 UI/UX 디자인

사용자가 특허, 상표, 저작권 등의 상태를 한눈에 확인할 수 있도록 대시보드에 요약 정보를 제공한다. 또한, 사용자가 원하는 기능에 빠르게 접근할 수 있도록 지식재산 조회, 등록, 수정 등의 주요 기능을 직관적인 메뉴와 버튼으로 구성한다.

(2) 데이터 조회 및 검색 기능 최적화

지식재산권의 상태, 유형, 등록일 등 다양한 기준으로 검색할 수 있도록 필터링 기능을 추가한다. 아울러, 사용자가 입력한 키워드에 맞는 관련 정보를 추천하는 AI 기능을 통해 사용자의 편의성을 높인다.

### (3) 등록 및 수정 기능 구현

등록 절차를 여러 단계로 나누어 사용자가 쉽게 이해하고 입력할 수 있도록 한다. 예를 들어, 필수 입력 항목을 안내해 주는 툴팁을 추가한다.

이와 함께 사용자가 입력하는 데이터를 실시간으로 자동 저장하고, 불완전한 데이터 입력 시 오류 메시지를 제공하여 데이터의 정확성을 높인다.

### (4) 비즈니스 로직 구축

각 기능이 실시간으로 데이터베이스와 연동되어 최신 정보를 제공할 수 있도록 API 기반 아키텍처를 사용한다. 이와 더불어, 데이터 수정이 발생할 때마다 관련자에게 알림을 제공하고, 만료일이 가까운 경우 자동으로 갱신 알림을 전송하는 기능을 포함한다.

### (5) 테스트 및 피드백 수집

개발 단계에서 사용자 피드백을 반영하여 UI 개선 및 기능성을 점검한다. 사용자의 이해도가 낮은 부분을 개선해 사용성 높은 UI를 완성한다. 또한, 각 모듈의 기능이 정상적으로 동작하는지 검증하고, 법적 요구사항을 충족하는지 확인한다. 아울러, 지식재산권 보호를 위한 암호화, 접근 제어 등의 보안 기능을 철저히 검증한다.

### (6) 배포 및 유지보수

실제 운영 환경에 시스템을 배포하고, 사용자가 원활히 사용할 수 있도록 교육과 지원을 제공한다. 그 외에, 지속적인 법률 변화에 맞춰 시스템을 업데이트하고 새로운 지식재산 관련 기능을 추가한다.

## 4) 사용 예시

위에서 설명한 지식재산 경영정보시스템(IPMIS)을 구축할 때 주요 구성요소와 정보화 방법, 그리고 이를 엑셀에서 구현하는 방법을 요약하여 간단히 살펴보도록 한다.

### (1) 주요 구성요소

IPMIS는 특허뿐만 아니라 상표, 디자인, 저작권 등 다양한 지식재산(IP)을 포괄적으로 관리하고 분석할 수 있도록 구성된다. 주요 구성요소는 다음과 같다.

#### ① 지식재산 데이터베이스(DB)

특허, 상표, 디자인, 저작권 등 지식재산 정보를 저장하는 기본 데이터베이스이다. 주요 정보에는 IP 번호, 유형, 출원일, 등록일, 만료일, 소유자 정보 등이 포함된다.

#### ② 검색 및 필터링 모듈

IP 유형, 출원일, 권리자, IP 상태(출원중, 등록됨, 만료 등) 등을 기준으로 지식재산을 검색하고 필터링할 수 있다.

#### ③ IP 현황 모니터링

등록 상태, 갱신 필요 여부, 만료일 등 지식재산의 상태 변화를 모니터링하고 갱신해야 할 시점에 알림을 제공한다.

#### ④ 분석 및 보고 도구

지식재산 포트폴리오 분석, 경쟁사 IP 현황 분석, 시장/기술 트렌드 분석 등 지식재산과 관련된 다양한 데이터를 시각화하고 리포트를 생성한다.

#### ⑤ 비용 관리 모듈

지식재산의 출원, 등록, 유지 비용을 관리하여 지출 현황을 모니터링하고 예산을 계획할 수 있도록 한다.

#### ⑥ 알림 및 알림 설정

IP 만료일, 갱신일, 등록 상태 변경 시 사용자에게 알림을 제공하여 중요한 이벤트를 관리한다.

#### ⑦ 사용자 관리 및 접근 통제

권한 설정을 통해 사용자별 접근 권한을 통제하여 데이터 보안을 강화한다.

### (2) 정보화 방법

IPMIS를 정보화하기 위해서는 데이터베이스와 사용자 인터페이스를 구축하여 지식재산 정보를 입력, 조회, 분석할 수 있도록 설계해야 한다. 여기서는 엑셀을 통해 어떻게 구현할 수 있는지 간단히 살펴보도록 한다.

#### ① 주요 요소의 구성

엑셀은 사용이 용이하며 다양한 기능을 통해 지식재산 데이터를 체계적으로 관리할 수 있어 소규모 IPMIS 구축에 적합하다.

- 데이터 입력 및 정리

지식재산 정보를 엑셀 워크시트에 표 형태로 정리한다. 예를 들어, IP 번호, 유형, 출원일, 만료일, 권리자, 등록 상태, 비용 등의 열을 생성하여 데이터를 입력한다.

- 검색 및 필터링

필터 기능을 활용하여 지식재산 데이터를 특정 조건에 따라 쉽게 검색할 수 있다. 예를 들어, 특정 출원인 또는 특정 IP 유형에 대해 필터를 설정하여 데이터를 조회할 수 있다.

- 분석 및 차트 생성

피벗 테이블을 이용해 IP 유형별 등록 수, 비용 분포 등을 분석할 수 있다.

또한, 차트 기능을 활용하여 IP 포트폴리오 현황, 비용 추이를 시각화할 수 있다. 예를 들어, IP 유형별 비율을 원형 차트로 표현하거나 비용 데이터를 막대형 차트로 표현한다.

- 비용 관리

IP 비용 관리 탭을 별도로 생성하여 출원, 유지 및 기타 비용을 계산하고, 연도별 예산 현황을 모니터링할 수 있다. 간단한 비용 합계 및 예산 차트를 생성하여 지식재산 관련 예산을 시각적으로 관리할 수 있다.

- 리포트 생성 및 알림 설정

엑셀 매크로를 사용하여 주기적으로 IP 데이터를 정리하고 자동 리포트를 생성할 수 있다. 만료일이 다가온 IP에 대해 조건부 서식을 사용하여 경고 색상을 설정함으로써 시각적 알림을 제공한다.

### ② 프로그램 구성을 위한 예시

<엑셀로 구현된 IPMIS 프로그램 구성>

엑셀에서 IP 경영정보시스템(IPMIS)을 구현하려면 아래의 단계를 따라 데이터를 구성하고 기능을 추가한다. 각 단계는 엑셀에서 기본 기능 및 간단한 매크로나 VBA를 통해 구현 가능하다.

#### [1] 데이터베이스 구축

- 시트 구성

– "IP Database" 시트 생성

– 열 이름: IP 번호, 유형, 상태, 출원일, 만료일, 권리자

– 데이터 입력: 데이터를 테이블 형식으로 입력

– 예시:

| IP 번호 | 유형 | 상태 | 출원일 | 만료일 | 권리자 |
|---|---|---|---|---|---|
| IP001 | 특허 | Active | 0000-00-00 | 0000-00-00 | Company A |
| IP002 | 상표 | Expired | 0000-00-00 | 0000-00-00 | Company A |
| IP003 | 특허 | Expired | 0000-00-00 | 0000-00-00 | Company A |
| IP004 | 상표 | Active | 0000-00-00 | 0000-00-00 | Company A |
| | | | | | |
| … | | | | | |
| … | | | | | |

- 테이블의 검색 준비

– 위에서 형성한 엑셀 테이블에서 맨 위 1행의 열 중 어느 하나를 선택하고 다음을 실행한다.

– 메뉴에서 데이터 〉 필터를 선택한다.

| IP 번호 | 유형 | 상태 | 출원일 | 만료일 | 권리자 |
|---|---|---|---|---|---|
| IP001 | 특허 | Active | 0000-00-00 | 0000-00-00 | Company A |
| IP002 | 상표 | Expired | 0000-00-00 | 0000-00-00 | Company A |
| IP003 | 특허 | Expired | 0000-00-00 | 0000-00-00 | Company A |
| IP004 | 상표 | Active | 0000-00-00 | 0000-00-00 | Company A |
| | | | | | |
| … | | | | | |
| … | | | | | |

### [2] 검색 및 필터링 기능 구현

- 필터 기능 활성화

– 형성된 테이블 상단의 필터 옵션을 사용해 특정 유형, 상태 등을 조건으로 검색한다.

- 고급 필터

– 데이터 〉 고급 필터를 사용하여 복잡한 조건으로 데이터를 검색한다.

- 예시: 유형이 '상표'이고 상태가 'Active'인 데이터만 필터링한다.

▶ 우선, 메뉴 데이터 〉 고급 필터를 선택하면 고급 필터의 별도 창이 보이고 목록범위를 맨 위의 표 전체로 지정하고, 조건범위는 상단 우측의 기준을 표시한 내용 중 유형은 상표, 상태는 Active 부분을 지정한다.

▶ 다음으로, 복사위치를 여기서는 B16에 지정하고 확인 클릭하면 위의 전체 목록 하단에 표시된다.

• 일반 필터에서 고급 필터 기능

- 일반 필터에서 나타난 각 열의 필터 기능을 이용해 고급 필터 기능을 손쉽게 활용할 수도 있다. 엑셀 서적을 참고하기 바란다.

## [3] 분석 및 시각화

• 피벗 테이블 사용

- 삽입 〉 피벗 테이블을 클릭하여 데이터를 요약 및 분석한다.

▶피벗 테이블 필드에서 다음 예시와 같이 입력한다.

- 예시: IP 유형별 상태 요약

행: 유형

열: 상태

값: IP 번호(개수)

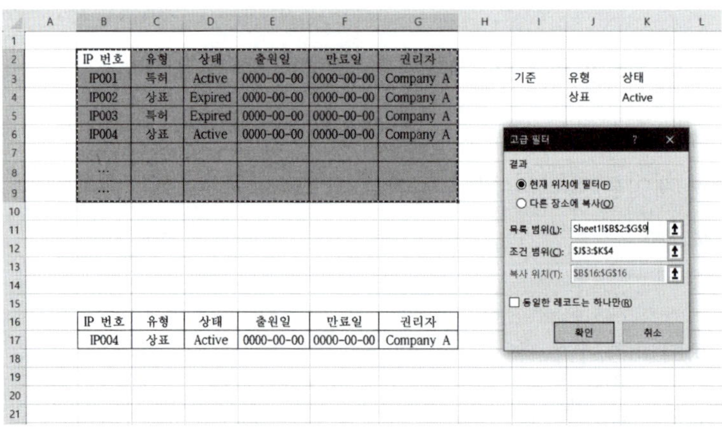

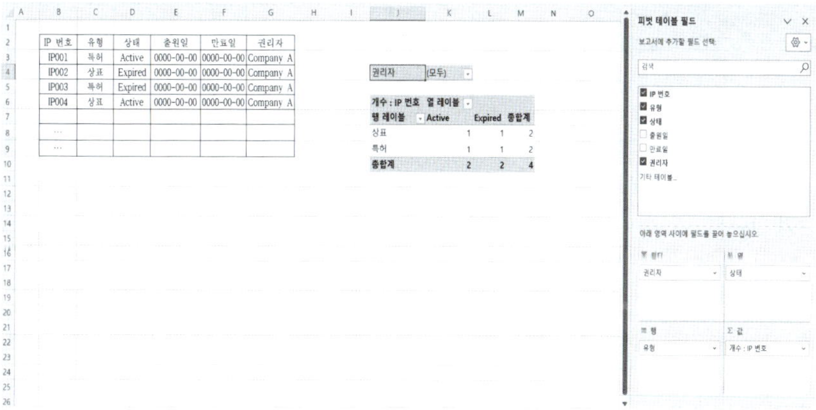

• 차트 추가

– 피벗 테이블 결과를 선택한 후 삽입〉차트를 사용해 막대그래프나 원형 차트로 시각화한다.

▶ 다음은 막대그래프로 표시된 예이다.

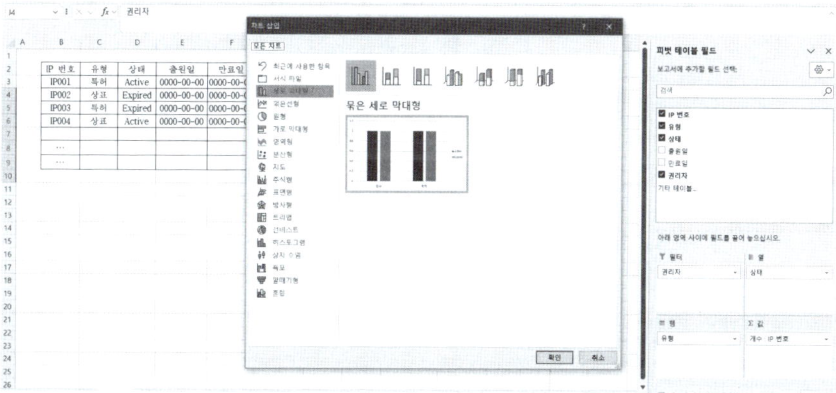

## [4] 비용 관리 기능 구현

• 비용 데이터 추가

– 새로운 시트 "Cost Management"를 생성.

– 열 이름: 연도, 출원비용, 유지비용

– 예시:

| 연도 | 출원비용 | 유지비용 |
|---|---|---|
| 2021 | 5000 | 2000 |
| 2022 | 7000 | 2500 |

- 합계 계산

– 각 연도의 비용 합계를 계산

▶ 이를 위해 아래와 같이 우측셀(E3)에 = SUM(출원비용+유지비용)을 사용[실제입력: = SUM(C3:D3)]하여 비용 합계를 계산할 수 있다.

– 삽입 〉 라인 차트를 사용해 연도별 비용 추이를 시각화

▶ 먼저 아래와 같이 표 전체를 선택하고 메뉴에서 삽입 그리고 추천차트를 선택한다.

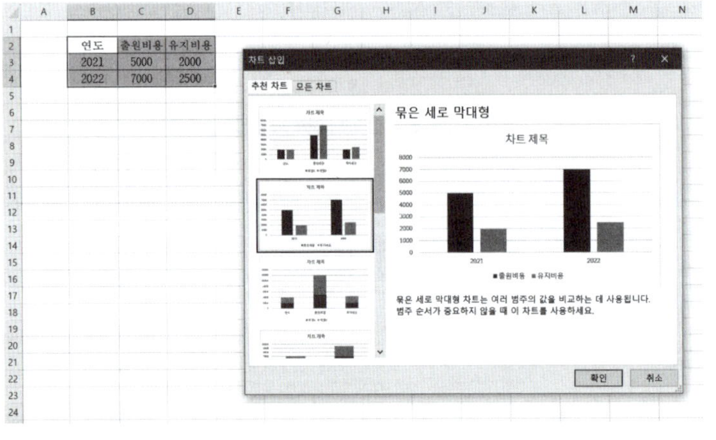


### [5] 리포트 생성

- "Report" 시트를 생성

– 피벗 테이블, 차트, 특정 데이터 요약 등을 삽입하여 리포트 형태로 구성한다.

- 자동 업데이트

– 데이터를 업데이트하면 피벗 테이블 및 차트도 자동으로 갱신된다.

## [6] 알림 기능 구현

- 조건부 서식 사용

– 만료일이 오늘 기준으로 30일 내 도래하는 것을 특정의 색상으로 강조 표시하는 방법을 알아본다.

– “IP Database” 시트에서 만료일 열(데이터가 들어가 있는 부분)을 선택

– 홈 〉 조건부 서식 〉 셀 강조 규칙 〉 “보다 작음(L)...”

– 오늘 날짜를 기준으로 만료일이 30일 내로 다가 온 셀을 특정 색상을 설정하여 강조 표시

– 조건부 서식을 통해 다양한 복합적인 조건의 강조를 나타낼 수 있으므로 필요할 경우 관련 서적인 “엑셀”을 참고하길 바란다.

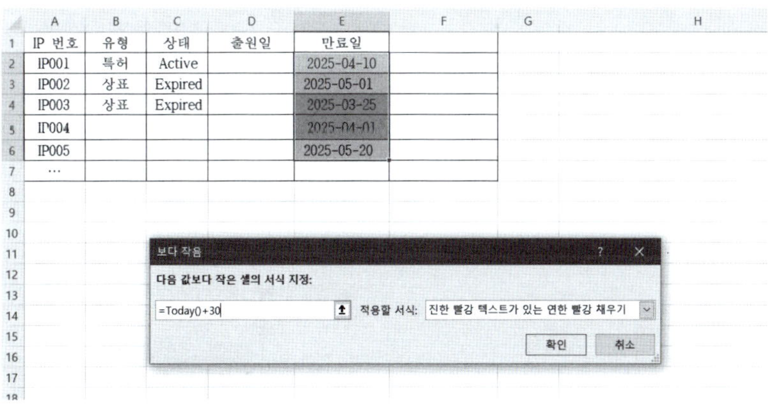

• VBA를 통한 알림 구현

ALT + F11로 VBA 편집기 열기

– 새 모듈에 붙이기

▶ 아래 코드를 복사하여 새 모듈에 붙여 넣는다.

```
Sub CheckExpiry()
  Dim ws As Worksheet
  Set ws = ThisWorkbook.Sheets("IP Database")

  Dim lastRow As Long
  lastRow = ws.Cells(ws.Rows.Count, "A").End(xlUp).Row

  Dim i As Long
  For i = 2 To lastRow ' Assuming headers are in row 1
      If ws.Cells(i, 5).Value <= Date + 30 Then
          MsgBox "IP 번호" & ws.Cells(i, 1).Value & "만료일이 다가오고 있습니다!", vbExcla-
mation
      End If
  Next i
End Sub
```

이는 매크로 실행 시 만료일이 30일 이내로 다가온 IP에 대해 알림을 표시하는 것이다. 이때 확인 버튼을 누르면 해당되는 IP 번호를 계속 볼 수 있다.

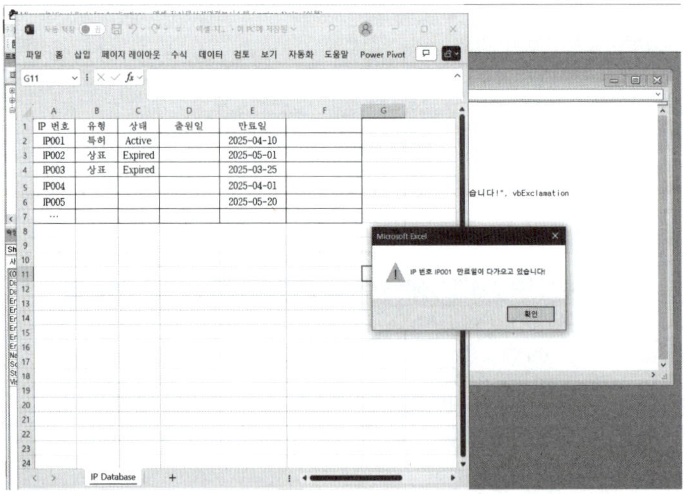

위 단계를 통해 엑셀에서 기초적인 IP 경영정보시스템을 간단하게 구현하는 방법을 살펴보았다. 물론 IP 경영정보시스템을 쉽게 이해할 수 있도록 설명한 것이나, 필요에 따라 추가적인 자동화(VBA)나 외부 데이터를 가져오는 기능 등을 통해 시스템의 기능을 더욱 확장할 수 있다.

중소기업의 경우 IP 담당자(IP 경영 매니저)가 IP 경영정보시스템 관련 주요 요소를 엑셀로 구현할 수 있다면 기본적인 관리를 할 수 있으므로 구태여 IP 경영정보시스템을 따로 구축할 필요는 없다. 중요한 것은 IP 경영시스템을 제대로 운영하고 있느냐고 기업의 형편에 따라 엑셀로도 훌륭하게 동일한 효과를 얻을 수도 있다. 더욱이 엑셀에 능숙한 사람의 도움을 받는다면 훨씬 수월할 것이다.

### 5) DIN77006의 엑셀로 구성하는 IPMIS

엑셀로 DIN77006에 따른 9개 주요 프로세스에 의한 IPMIS를 구축할 경우 주요 구성요소와 엑셀의 활용 가능한 기능은 다음과 같이 생각해 볼 수 있다.

#### (1) 9개 프로세스

##### ① IP 전략

[구성요소]

- 목표 설정: IP 전략 목표 정의
- 주요 기술 영역: 핵심 기술 및 관련 IP 선정
- 경쟁 분석: 시장 및 경쟁사 분석 데이터
- 실행 계획: IP 확보 및 활용 계획

[Excel 활용]

- 전략 템플릿 시트: SWOT 분석, 기술 로드맵
- 데이터 필터: 경쟁사별 IP 포트폴리오 분석

② IP 리스크 관리

[구성요소]

- 리스크 식별: IP 분쟁 가능성, 라이선스 만료 등
- 평가: 리스크의 심각도 및 발생 가능성
- 대응 계획: 리스크 완화 방안 수립
- 모니터링: 지속적인 추적 및 평가

[Excel 활용]

- 리스크 매트릭스: 심각도와 발생 가능성 점수화
- 조건부 서식: 리스크 상태(예: 적색, 황색, 녹색 표시)

③ IP 인식

[구성요소]

- 교육 계획: 내부 직원 대상 IP 교육
- KPI 설정: 직원들의 IP 기여도 측정
- 커뮤니케이션 채널: IP 정책 공유

[Excel 활용]

- 교육 현황 시트: 직원별 교육 기록
- 차트 생성: 교육 완료율 및 KPI 달성률 시각화

④ IP 관리

[구성요소]

- IP 데이터베이스: 특허, 상표, 디자인 등의 관리
- 갱신 및 만료 관리: 기간 모니터링
- 라이선스 관리: 계약 조건 및 상태 추적

[Excel 활용]

- 마스터 데이터 시트: 모든 IP 목록 저장
- 알림 시스템: 만료일 기준으로 자동 알림 생성(조건부 서식 및 날짜 계산 활용)

⑤ IP 창출

[구성요소]

- 아이디어 수집: R&D 및 직원 제안
- 평가: 특허 가능성 및 경제적 가치
- 출원 프로세스: 작성 및 제출 상태 관리

[Excel 활용]

- 아이디어 관리 시트: 아이디어 상태(접수, 검토, 출원) 기록
- 데이터베이스 연결: 출원 상태 추적(예: 특허청 웹사이트 데이터)

⑥ IP 권리화

[구성요소]

- 침해 감지: 시장 모니터링 및 경쟁사 활동 분석
- 대응 전략: 법적 조치, 중재 또는 합의
- 실행 결과 기록: 집행 성과 추적

[Excel 활용]

- 침해 사례 시트: 침해 이슈, 상태 및 결과 기록
- 타임라인 시각화: 실행 진행 상태를 그래프로 표시

⑦ IP 방어

[구성요소]

- 방어 전략: 방어형 IP 구축 및 활용

- 분쟁 관리: 분쟁 시나리오 대응 계획
- 법적 지원: 변호사 및 법률 자료 관리

[Excel 활용]

- 분쟁 기록 시트: 사건별 주요 데이터 정리
- 대시보드: 방어 비용 및 진행 상태 요약

### ⑧ IP 거래

[구성요소]

- 거래 후보 선정: 라이선싱, 판매 또는 협력 기회
- 계약 관리: 거래 조건 및 실행 상태
- 수익 분석: 거래 성과 측정

[Excel 활용]

- 거래 후보 시트: 후보별 평가 점수 기록
- 계약 관리 시트: 주요 조건 및 만료일 추적

### ⑨ IP 보고

[구성요소]

- 정기 보고: 경영진 및 투자자를 위한 IP 상태 보고
- 성과 평가: IP 활용 및 수익 기여 분석
- 지표 관리: KPI 및 보고 기준 설정

[Excel 활용]

- 보고서 템플릿: 요약 데이터 자동 업데이트
- 시각화: 성과 데이터를 차트와 그래프로 표시

### (2) 엑셀에서의 통합 설계

위에서 예시된 엑셀 활용을 이용하여 다음과 같은 요소를 포함한 통합적 설계를 생각해 볼 수 있다.

#### ① 메인 대시보드

모든 프로세스 상태를 한눈에 볼 수 있는 요약 시트로 각 프로세스별 KPI, 알림, 차트를 포함한다.

#### ② 자동화

매크로 또는 VBA를 통해 특정 작업을 자동화(예: 알림 이메일 발송)하고 또한 중요 데이터를 검색하기 위한 조건부 서식 및 필터링을 이용한다.

#### ③ 데이터 연결

외부 데이터 소스(예: 특허청 웹사이트) 등과의 연계가 필요하고 이를 위해 CSV 파일 또는 데이터베이스로 '불러오기/내보내기'를 이용한다.

엑셀을 이용한 이러한 대략적인 구상과 사용은 초기 설계 및 파일럿 단계에서 적합하지만, 장기적으로는 데이터베이스와 연동되는 ERP(Enterprise Resource Planning) 시스템으로 확장하는 것을 고려해 볼 수 있다.

CHAPTER 13

# IP 경영시스템과 IP 경영 매니저

1. IP 경영 매니저의 필요성
2. IP 경영 매니저의 과제
3. IP 경영 매니저의 위치

CHAPTER

# 13 IP 경영시스템과 IP 경영 매니저

이 장에서는 지식재산 경영시스템을 유지 및 관리하면서 지식재산 경영 전반의 핵심적 역할을 할 IP 경영 매니저에 대해 살펴보도록 한다.

## 1. IP 경영 매니저의 필요성

기업 환경이 점점 더 글로벌화되고 기술 중심으로 전환됨에 따라 지식재산(IP)은 기업의 중요한 자산으로 자리 잡았다. IP 경영 매니저는 지식재산 경영에서 다음과 같은 목적과 내용을 달성하기 위해 매우 필요하다.

- **IP 자산 보호:** 특허, 상표, 저작권 등 기업의 IP 자산을 체계적으로 관리하여 침해를 방지하고, 경쟁 우위를 유지한다.
- **기술 혁신 지원:** 연구개발(R&D)과 IP 전략을 연계해 기업의 기술적 혁신을 촉진한다.
- **시장 경쟁력 강화:** IP를 활용한 차별화된 제품/서비스를 통해 시장에서 경쟁력을 확보한다.
- **비용 절감 및 수익 창출:** IP 라이선싱, 로열티 수익 등을 통해 기업의 재무적 성과를 증대시키고, 불필요한 소송 비용을 예방한다.
- **규제 및 법률 대응:** 지식재산 관련 법률 및 규제를 준수하며 글로벌 비즈니

스 환경에 적응한다.

## 1) IP 경영 매니저의 활동

IP 경영(IPM)은 회사 내에서 지식재산의 창출, 관리, 보호 등을 위한 종합적인 활동을 의미한다. 이는 일련의 프로세스로 이루어지며, 보호권을 창출하고 관련 권리를 설정하는 결과로 이어진다.

독일 DIN77006 표준에 따르면, IP 경영 매니저는 이러한 과정이 체계적이고 높은 품질로 수행될 수 있도록 보장하는 역할을 한다. 이 과정에서 IP 경영 매니저는 품질 높은 IP 경영을 실행할 수 있어야 하며, 이는 단순한 지침서 이상의 것이 요구된다. IP 경영 매니저는 프로세스 기반의 사고와 시스템적 접근을 통해 이 역할을 수행하며, 완전한 자율성을 가지고 일해야 한다. 또한, 독립적인 개별 관리가 아닌 통합적 관리의 필요성을 인식해야 한다. 예를 들어, 회사의 물류 관리가 체계적이지 못하면 손실을 입을 수 있는 것 처럼, IP 경영의 경우도 체계적 운영이 없을 경우 잠재적 손실이 발생할 수도 있다는 것이다.

### (1) IP 경영 매니저의 핵심 역할

IP 경영 매니저는 회사의 지식재산을 관리하여 가치와 경쟁력을 높이는 역할을 한다. 이를 위해 제품 및 브랜드 보호, 특허 및 상표권 관리와 관련한 전략적 결정을 내리며, 회사의 여러 부서 및 외부 자문들과 긴밀히 협력한다.

#### ① IP 경영의 기본 개념의 이해 필요

지식재산의 각 영역은 별개의 규정과 보호 메커니즘을 가지고 있기 때문에 이를 구별하여 관리하는 것이 오히려 법적 명확성과 안정성을 보장한다. IP 경영 매니저는 IP의 각 영역에 대해 깊은 전문 지식을 가질 필요는 없으나, 중요한 결정을 내릴 수 있는 기본적인 이해가 필요하다.

IP 경영의 목표는 강력한 배타적 권리를 확보하여 기업의 경쟁력을 높이고,

가치 있는 보호권을 통해 기업 자산을 증대하는 것이다.

이를 위해 IP 경영을 위한 시스템(IP 경영시스템)은 다양한 보호 방법(특허, 상표, 디자인, 저작권 등)을 통해 기업의 필요한 보호를 최대한 충족하도록 구성해야 한다. 이러한 보호권이 기업의 비즈니스 모델에 맞추어 활용된다면, 경쟁력을 높이고 기업 가치를 증대시키는 데 기여할 수 있다.

따라서 IP 경영 매니저는 기업의 지식재산에 영향을 미치는 변화와 혁신을 모니터링하고, 이를 바탕으로 향후 보호 및 배타적 권리의 필요성을 평가한다. 뿐만 아니라 IP 경영 매니저는 법적 전문가의 도움을 받으며, 법적 보호 요건에 대한 기본적인 이해와 평가 능력을 가져야 한다.

### ② 기업 자산의 구성과 지식재산의 중요성 이해

• 기업 자산에서의 지식재산의 위치

기업의 자산은 금융 자산, 실물 자산(고정 자산), 그리고 비물질 자산(지식재산)으로 구성된다. IP의 가치는 전체 자산에서 차지하는 비율이 계속 증가하고 있으며, 향후에도 증가할 가능성이 크다. 기업들은 전통적으로 금융 자산과 고정 자산 관리에 많은 노력을 기울여 왔지만, IP 경영은 상대적으로 소홀히 해왔다. IP 경영은 이러한 관점을 변화시켜 IP를 보다 전략적으로 관리할 수 있도록 한다.

• IP 경영의 목적은 사업 모델, 가치 창출, 프로세스에 기반한 관리

IP 경영은 기업의 사업 모델을 실현하는 데 기여해야 한다. IP전략은 사업 모델에서 파생되어야 하며, IP 경영 활동이 이 모델에 맞춰져야 한다. 기업의 목적은 법과 공공의 이익을 준수하면서도 수익을 창출하고 자산을 증대하는 것이다. IP 경영은 이러한 목표를 지속적으로 지원하는 프로세스에 집중해야 한다. 아울러, IP 경영은 기업 내 가치 창출 프로세스에 초점을 맞추고, 이를 법적으로 보호할 수 있는 방안을 모색한다. 이 과정에서 IP 경영 자체 프로세스의 효율성을 높이는 것도 중요하다.

#### ③ 주요 전략적 목표로서의 배타적 권리 확보

배타적 권리의 확보는 IP 경영의 핵심 목표 중 하나이다. 이러한 권리는 경쟁자가 특정 활동을 수행하지 못하도록 막는 역할을 하며, 기업에 중요한 FTO(freedom to operate)를 제공한다. 보호 범위는 기업의 필요에 맞게 설정되어야 하며, 이는 출원 과정에서 충분히 고려해야 할 요소이다.

#### ④ 고객 가치 보호로서의 배타적 권리

고객 가치 보호는 배타적 권리가 지향하는 또 다른 중요한 목표이다. 고객이 구매 결정을 내리는 순간에 보호 권리가 발휘되도록 설정하여 경쟁 우위를 확보하는 것이 IP 경영의 전략적 목표이다.

#### ⑤ 커뮤니케이션 및 협업 능력

IP 경영 매니저의 성공적인 역할 수행을 위해 내부 및 외부 정보에 대한 접근이 필수적이다. IP 경영 매니저는 기업의 주요 정보 흐름에 참여하여 프로젝트에 대한 보호 조치를 신속하게 취할 수 있어야 하며, 이러한 정보 공유는 IP 경영을 효과적으로 활성화하는 데 필수적이다. 또한, 경쟁사의 상표 및 특허 정보를 파악하고 분석하여 전략적인 통찰력을 얻을 수 있어야 하며, IP 경영의 장점을 조직 내에 홍보함으로써 협력과 수용을 이끌어낸다.

### (2) IP 경영 매니저의 기본 활동

IP 경영 매니저의 과제는 현황 파악, IP 관련 프로세스 및 구조 파악, 보호권의 품질 평가, 예산 계획, IP 경영의 루틴 설정 및 점검이 포함된다.

이와 관련하여 실행할 핵심적 내용은 다음과 같다.

#### ① 기업에 맞춤형 IP 경영을 설계하고 구현하기

기업에 적합한 IPM(Intellectual Property Management, 지식재산경영)은 그 기업의 현재 필요와 상황을 반영하여 설계되고 구현되어야 한다. IPM은 기업의 고유한 제품 특징을 보호해 시장에서 경쟁 우위를 확보할 수 있는 방법을 제공해야 한다.

#### ② IPM 설계 시의 출발점으로서의 IP 경영 매니저의 역할 인식

IP 경영 매니저는 기업이 IPM에 대해 어떤 이력과 정책을 가지고 있으며, 현재의 IP 보호권(특허, 상표, 디자인 등)을 어떻게 활용하고 있는지 조사한다. 또한, 회사의 경영진 및 중간 관리자가 IPM의 가치를 얼마나 이해하고 지원하는지를 평가한다. 이와 함께, 기업의 기존 구조가 IPM에 얼마나 적합한지, 그리고 필요시 이를 개선할 수 있는 방법을 고민한다.

## 2) IP 경영 매니저에 의한 IPM 구축

### (1) IPM 구축을 위한 고려 사항

IP 경영 매니저는 맞춤형 IP 경영 구축 시 다음의 주요 질문을 고려하여 초기 개념을 구상해야 한다.

- 현재의 제품군과 미래의 제품군이 적절하게 보호되고 있는가?
- IPM의 도입이 제품, 브랜드, 디자인 등에 부여할 수 있는 경쟁 우위는 무엇인가?
- IPM이 경영진, 중간 관리자, 직원들의 인식을 얼마나 변화시킬 수 있는가?

이러한 질문에 대한 답을 기반으로 IPM 실행 계획을 마련하고, 기업 내 관련 부서와의 대화와 협력을 통해 이 계획을 더욱 구체화한다.

### (2) IPM 성공을 위한 조직 문화 조성

IPM의 성공적인 도입을 위해서는 조직 내 협업이 필수적이다. IP 경영 매니저는 다음과 같은 방법을 통해 IPM에 대한 내부 이해를 높이고 협력 문화를 구축해야 한다.

- **기본 교육과 이해 공유:** IPM이 기업에 가져올 이점을 동료들에게 설명하고, 그들이 공감할 수 있도록 돕는다.
- **협업 환경 조성:** IPM이 각 부서와 직원들에게도 이득이 될 수 있도록 설명하여, 그들이 적극적으로 참여하도록 유도한다.
- **부서 간 대화 활성화:** IPM을 통해 조직 내 모든 부서가 효과적으로 협력할 수 있는 환경을 조성한다.

결국, IP 경영 매니저는 IPM 도입 및 실행이 경쟁력 강화, 독창성 보호, 수익성 증대에 기여하도록 해야 한다. 또한 IPM의 성공적 도입을 위해 기업 내 이해관계자의 협조와 적극적 참여를 유도하고, 구체적인 실행 방안을 경영진에게 제안하여 경영진의 기본 결정을 유도하는 역할을 해야 한다.

## 2. IP 경영 매니저의 과제

IP 경영 매니저는 기본적으로 기업의 전략적 목표에 맞춰 IP를 관리하고 활용하는 다양한 역할과 기능을 수행한다. 다음은 위에서 설명한 내용을 바탕으로 실행할 주요 역할과 기능을 예시적으로 요약한 것이다.

### 1) 주요 역할과 기능

#### (1) 주요 역할

- IP 전략 수립
  - 기업의 장기적 비즈니스 목표와 연계된 IP 포트폴리오를 개발
  - 기술 트렌드와 경쟁사 IP 분석을 통한 전략 방향 설정

- IP 자산 관리
  - 특허, 상표, 디자인, 저작권 등의 등록 및 유지
  - IP 포트폴리오의 가치 평가 및 관리

- IP 활용 및 수익화
  - 기술 라이선싱, IP 매각, 크로스 라이선싱 등을 통해 수익 창출
  - IP를 기반으로 한 공동 개발 또는 파트너십 촉진

- IP 리스크 관리
  - IP 침해 소송 방지 및 대응
  - 협력사 또는 경쟁사와의 IP 분쟁 예방 및 해결

- 교육 및 내부 의사소통 주도
  - 내부 구성원들에게 IP의 중요성을 교육하고, R&D 부서와 긴밀히 협력

(2) 주요 기능

- **리더십 제공:** IP 관련 의사결정에서 경영진에 전략적 조언 제공
- **지식재산(IP) 경영시스템 운영:** 사내 적합한 지식재산 경영시스템 기획운영
- **감시와 분석:** 경쟁사 특허 및 기술 동향을 모니터링
- **계약 검토:** 라이선싱 계약, 공동 연구 계약, 비밀유지 계약(NDA) 등의 IP 관련 조항 점검

### 2) IP 경영의 기본 결정 준비와 유도

기업의 최고 경영진은 최소한 초기의 구체적인 IPM 도입 및 실행 계획에 대해 내적 동의와 함께 승인을 내려야 한다. 이에 따라, IPM의 기본 결정을 준비하고 유도하는 과정에서 다음의 목표가 달성되어야 한다.

① IPM과 관련된 모든 구성원들이 IPM 도입이 수반하는 변화와 회사에 가져올 이점, 그리고 이러한 변화가 초래할 부담에 대해 인식하고, 필요성과 유익성을 인정하여 전반적으로 이에 동의한다.
② IPM을 구현하고 그 목표를 달성하는 데 필요한 조치와 프로세스가 명확히 설정된다.
③ 필요한 예산과 자원이 승인된다.

위와 같은 기본 결정 후 IP 경영 매니저는 비로소 IPM의 도입과 실행을 본격적으로 시작할 수 있다. 특히, IP 기본 결정은 IPM을 어떤 범위에서 도입할지를 명확히 해야 한다. 이상적인 경우는 전체 도입이지만, 회사의 핵심 영역이거나 시급히 필요한 영역, 혹은 IPM이 가장 큰 이점을 제공하거나 가장 빠른 개선이 기대되는 분야에 대해서만 제한적으로 도입할 수도 있다.

모든 경우에 있어서, IPM은 인적·재정적 자원, 권한, 책임 할당, 인프라 등의 지원을 받아야 한다. 또한, IPM을 중심으로 한 기업 내부의 원활한 커뮤니케이션이 보장되어야 한다.

이 모든 것은 IP 경영 매니저에게 요구되는 자질을 분명히 보여주고 있다. 무엇보다 중요한 것은 높은 커뮤니케이션 능력과 이를 향한 의지이다. 이는 IPM 및 그 과정에 참여하는 다른 사람들과의 상호작용에 대한 그의 의지와 연결되며, 팀워크와 협업 능력 역시 요구된다. 또한 경제적, 법적 연관성에 대해서도 어느 정도의 이해가 필요하며, 개방적이고 유연하며 독립적이면서도 때로는 상당한 추진력을 발휘할 수 있어야 한다. 또한, 변화하는 외부 환경에 대한 대응 논리도 있어야 한다.

그러나 기업의 최고 경영진이 IPM을 도입함으로써 기업에 어떤 변화가 생기고, 무엇이 유지되며, 무엇이 새로 생겨날 것인지, 그리고 이를 위해 어떤 비용이 들고 어떤 이익이 발생할지에 대해 이해할 때 비로소 IPM의 기본 결정을 내릴 수 있을 것이다.

### 3) 최근 IP 경영의 고려사항

#### (1) 유럽 등 외부 환경 고려

최근 EU 공급망 실사지침(CSDDD)에 따른 대응과 전세계적으로 대두되고 있는 ESG 규제에 대한 대응이 매우 중요해지고 있다.

##### ① EU 공급망 실사지침(CSDDD)

다음은 EU 공급망 실사지침의 주요 내용을 요약한 것이다.

〈표 13-1〉 EU 공급망 실사지침 주요 내용

| 항목 | 설명 |
|---|---|
| 제도명 | Corporate Sustainability Due Diligence Directive(CSDDD) |
| 시행 | 2027~2029년부터 단계적 적용 예정 |
| 대상 | EU 역내·역외 기업 중 일정 매출 및 고용 기준 이상 |
| 핵심 요구사항 | 공급망 전반에 걸친 인권·환경 리스크 사전 예방, 시정, 공시 |
| 위반 시 | 과징금(매출액 최대 5%), 위반 기업 공개 등 제재 |

중요한 것은 IP도 공급망의 일부 자산으로 간주될 수 있으며, IP 기반 사업구조, 보호 체계, 가치평가 및 운영이 책임경영 기준에 직접적 영향을 미칠 수 있다는 것이다. 이는 DIN77006를 ISO9001의 연장선으로 본다면 유럽 내 IP 경영시스템의 국제화와 일맥할 수도 있다.

##### ② ESG 대응과 IP 경영시스템의 연결

EU 공급망 실사지침 시행에 따르면, 공급망 내 협력 중소기업도 ESG 실사 대상으로 간접적으로 포함시키고 있다. 다시 말해, ESG 대응에 대한 역량 부족 시에는 대기업과 거래 중단 및 EU 진입의 제한 위험이 따를 수 있다. 따라서 중소기업 대상 ESG 진단·정보공시·인증·컨설팅 등이 필요할 수 있으며, 이런 측면에서 DIN77006은 “IP 경영시스템에 대한 ESG형 경영관리 프레임워크”

로 기능할 수 있다.

#### ③ DIN77006의 핵심 구조와 ESG 실사 대응 연계성

다음과 같이 DIN77006의 IP 경영시스템은 ESG 및 공급망 실사와 연계해 볼 수 있다.

〈표 13-2〉 DIN77006과 ESG 및 유럽 공급망 연계

| DIN77006 프로세스 | ESG 및 공급망 실사와의 연계 기능 |
|---|---|
| IP 전략수립 | 공급망 내 핵심 IP 자산 및 ESG 연계 가치사슬 구조화 |
| 조직 및 책임 | IP 관련 인권, 환경, 윤리적 책임 명확화 |
| IP 리스크 관리 | ESG 리스크와 연결된 IP 보호, 분쟁, 오용 방지 관리 체계 |
| 성과평가 및 개선 | ESG KPI와 연계한 IP 활용/보호 성과 측정 및 보고 |

### (2) 기업 실무에서의 기대 효과

미국 및 유럽, 중국 등을 중심으로 국제적 이해관계가 점점 복잡해지고 급변하는 기업의 국제환경의 변화를 고려하면, DIN77006에 의한 IP 경영시스템 구축은 다음과 같은 기대 효과를 통해 국제적 기업 리스크를 줄일 수 있는 방법이 될 수 있다.

〈표 13-3〉 DIN77006에 의한 IP 경영시스템의 기대효과

| 측면 | 효과 |
|---|---|
| ESG 대응 | ESG 기준에 따른 IP 경영 요소 정비 → 신뢰 확보 |
| 법적 리스크 회피 | EU 실사 요구사항에 사전 대응 → 규제 위반 방지 |
| 대외 경쟁력 | 글로벌 기업/파트너사 대상 IP 기반 전략 제안 가능 |
| IP 가치 극대화 | 기술·브랜드의 지속가능한 자산화 및 ESG 스토리텔링 도구 활용 |

결론적으로 말하면, IP 경영시스템은 단순한 특허 관리 프레임워크를 넘어, 지속가능한 글로벌 공급망 거버넌스와 ESG 대응의 핵심 인프라로 인식해야 한다.

## 3. IP 경영 매니저의 위치

IP(Intellectual Property) 경영 매니저는 기업에서 지식재산권의 전략적 관리 및 활용을 담당하는 핵심 역할을 한다. 기업 내에서 IP 경영 매니저의 위치는 기업의 규모와 산업에 따라 달라질 수 있지만, 일반적으로 다음과 같은 부서 또는 역할과 관련된다.

### 1) IP 경영 매니저의 사내 지위

#### ① R&D 부서와의 협력

IP 경영 매니저는 연구개발(R&D) 팀과 긴밀히 협력하여 새로운 아이디어나 기술이 특허, 상표, 디자인 등으로 보호될 수 있도록 지원한다. 이를 통해 경쟁사와의 차별화를 유지하고, 기업의 혁신적인 성과를 보호한다.

#### ② 법무팀 또는 외부 전문가와 경영진과의 연결고리

IP 경영 매니저는 법무팀이나 외부전문가와 협력하여 지식재산권 관련 법적 분쟁을 예방하고, 필요시 대응 전략을 수립한다. 또한 경영진과 협력하여 지식재산 전략을 기업의 비즈니스 목표와 일치시키는 역할을 한다.

#### ③ 마케팅 및 영업 부서와의 협력

IP 경영 매니저는 제품 또는 서비스의 브랜딩과 관련된 상표 관리, IP를 통한 차별화 전략, 라이선싱 기회 발굴 등에서 마케팅 및 영업 부서와 협력한다.

#### ④ 위치와 조직도

IP 경영 매니저는 일반적으로 R&D 부서, 법무 부서, 또는 전략 기획 부서에 속하거나, 독립적인 지식재산권 리더로 활동할 수 있다.

IP 경영 매니저의 역할을 고려하면 기업 규모에 따라 IP 경영 매니저는 팀으로 구성하는 것이 바람직하다. 더욱이, 그 팀의 리더는 경영진의 이사 중에서 맡는 것이 바람직하며 적어도 부장급 이상이 요구된다.

### 2) IP 경영 매니저의 실무적 접근 방법

IP 경영 매니저는 기업 내 지식재산권의 창출, 관리, 보호, 활용, 그리고 모니터링에 이르기까지 다양한 실무적 접근 방법을 사용한다. 주요 실무 영역은 다음과 같다.

#### (1) 주요 실무 영역

- **특허 전략 수립 및 보호:** 신규 발명 및 기술의 특허 출원 과정을 주도한다. 경쟁사의 특허 동향을 모니터링하여 기업이 특허 분쟁에 휘말리지 않도록 사전 조치를 취한다.
- **지식재산 위험 관리:** IP 분쟁을 예방하기 위해 사전 조사를 실시한다(FTO 분석). IP 소송 발생 시 내부 및 외부 법률 전문가와 협력하여 대응한다.
- **IP 포트폴리오 관리:** 기업의 기존 특허, 상표, 저작권 등의 IP 자산을 체계적으로 관리한다. IP 갱신, 유지 비용 최적화, 불필요한 IP의 포기 등 전략적 결정을 내린다.
- **라이선싱 및 협상:** 기술 라이선싱 기회를 발굴하고 협상 과정을 주도한다. 크로스 라이선싱 또는 기술 이전을 통해 기업의 수익성을 극대화한다.
- **내부 교육 및 인식 제고:** 임직원 대상 IP 관련 교육을 실시하여 기업 전반에 IP 관리의 중요성을 알린다. 연구자 및 개발자가 IP의 가치와 중요성을 인지하고 이를 적극적으로 활용하도록 지원한다.
- **데이터 및 툴 활용:** IP 관리 소프트웨어 및 데이터베이스를 활용해 효율적인 IP 관리 프로세스를 구축한다. IP 경영 매니저는 이러한 툴을 어떻게 잘 활용할 것인가가 중요하지 이를 직접 개발할 필요는 없다. 이러한 툴을 이용

한 특허 정보 분석 및 트렌드 예측을 통해 기업의 R&D 방향을 제안한다.

### (2) IP 경영 인증제 관련 업무의 필요성

이미 언급된 우리나라의 지식재산 경영 인증제와 관련하여 다음과 같이 심사 항목과 연계하여 제시된 DIN77006의 관련 내용을 매칭하는 것은 현실적으로 유익할 것으로 생각한다. 왜냐하면, ISO를 지향하면서 현재 우리나라 특허청이 요구하는 IP 경영 인증을 위한 세부 심사 내용에 상당 부분이 부합될 수 있기 때문이다. 따라서 이러한 인증을 준비하기 위해서 DIN77006의 다음의 관련성을 업무적으로 잘 수행하면 인증 확보는 물론 IP 경영의 지속성을 유지할 수 있어서 매우 바람직하다.

예를 들어, 다음의 표를 참고하길 바란다.

〈표 13-4〉 IP 경영 인증제와 독일 DIN77006과의 연계성

| 인증제 심사항목 | 배점 | DIN77006의 관련성 |
|---|---|---|
| 지식재산 담당 조직 및 인력 | 10점 | IP 전략 및 지배구조 |
| 직무발명 활성화 | 5점 | IP 인식 및 행동 |
| 국내외 산업재산권 출원 실적 | 8점 | IP 라이프사이클 관리 |
| 국내외 산업재산권 보유 건수 | 16점 | IP 포트폴리오 및 리스크 관리 |
| 지식재산권 교육 | 5점 | IP 역량 개발 및 교육 |
| 연구개발 인력 및 금액 | 12점 | IP 관련 연구개발 관리 |
| 지식재산권 동향 파악 및 활용 | 21점 | IP 데이터 및 정보 관리 |
| 지식재산권 적용 제품 매출 비중 | 8점 | IP 가치평가 및 경제적 활용 |
| 지식재산권의 실시권 등 활용 | 8점 | IP 계약 및 협력 관리 |

### (3) 인증제 심사 항목별 연계 설명

#### ① 지식재산 담당 조직 및 인력 → DIN77006: IP 전략 및 지배구조

- 기업 내 IP(지식재산) 관련 조직의 구성 및 역할을 평가하는 항목이며, 이는 DIN77006의 "IP 전략 및 지배구조"와 연결된다.
- IP 전략이 기업의 전체 경영 전략과 정렬되도록 체계를 구축하는 것이 핵심이다.

- 명확한 IP 관리 조직과 책임자를 두고, 의사결정 프로세스를 수립하여 지식재산 경영을 지속적으로 개선해야 한다.

### ② 직무발명 활성화 → DIN77006: IP 인식 및 행동

- 직원들의 발명 활동을 장려하고 보상 체계를 마련하는 항목으로, 이는 IP 인식 및 행동 프로세스와 연계된다.
- IP의 중요성을 직원들이 인식할 수 있도록 내부 캠페인, 인센티브 제공, IP 관련 지침을 제공해야 한다.
- 조직 내부에서 직무발명을 적극적으로 장려하고, 지식재산의 창출을 촉진하는 환경을 조성해야 한다.

### ③ 국내외 산업재산권 출원 실적 → DIN77006: IP 라이프사이클 관리

- 기업이 국내외에서 출원한 특허, 상표, 디자인 등의 실적을 평가하는 것으로, IP 라이프사이클 관리와 연계된다.
- IP 라이프사이클 관리 프로세스에서는 IP의 기획, 출원, 등록, 유지, 폐기까지 전 주기를 체계적으로 관리해야 한다.
- 기술 및 제품 개발과 연계하여 효율적인 출원 전략을 수립하는 것이 중요하다.

### ④ 국내외 산업재산권 보유 건수 → DIN77006: IP 포트폴리오 및 리스크 관리

- 기업이 보유한 산업재산권 수량과 관리 수준을 평가하는 항목으로, IP 포트폴리오 및 리스크 관리 프로세스와 연계된다.
- 기업이 보유한 특허 및 기타 지식재산의 가치, 전략적 중요도, 유지 비용 등을 분석하여 최적의 포트폴리오를 구성해야 한다.
- 무효화, 침해소송 등의 법적 리스크를 줄이기 위해 철저한 모니터링 및 방어 전략을 수립해야 한다.

### ⑤ 지식재산권 교육 → DIN77006: IP 역량 개발 및 교육

- 기업 내 연구개발자, 엔지니어, 경영진을 대상으로 한 지식재산 교육 프로

그램을 평가하는 항목으로, 이는 IP 역량 개발 및 교육과 연결된다.

- 기업 내 모든 직군이 IP의 가치를 이해하고 활용할 수 있도록 지속적인 교육과 훈련을 제공해야 한다.
- 특히 연구개발 인력에게는 기술과 특허의 연계성을 높이기 위한 맞춤형 교육이 필요하다.

**⑥ 연구개발 인력 및 금액 → DIN77006: IP 관련 연구개발 관리**

- 기업이 연구개발(R&D)에 투입하는 인력과 예산을 평가하는 항목으로, 이는 IP 관련 연구개발 관리 프로세스와 관련된다.
- 연구개발 과정에서 IP 창출을 고려해야 하며, R&D 전략과 IP 전략이 조화를 이루도록 해야 한다.
- 연구개발 결과물을 효과적으로 보호하고, IP 출원을 연구 프로젝트 초기 단계에서부터 고려해야 한다.

**⑦ 지식재산권 동향 파악 및 활용 → DIN77006: IP 데이터 및 정보 관리**

- 기업이 산업 내 IP 동향을 모니터링하고 분석하는 역량을 평가하는 항목으로, IP 데이터 및 정보 관리 프로세스와 연결된다.
- 최신 특허데이터, 기술 트렌드, 경쟁사의 IP 전략을 체계적으로 분석하고 활용하는 시스템을 구축해야 한다.
- 이를 통해 기업의 IP 전략을 정교화하고, R&D 방향성을 효과적으로 설정할 수 있다.

**⑧ 지식재산권 적용 제품 매출 비중 → DIN77006: IP 가치평가 및 경제적 활용**

- 기업이 보유한 지식재산이 실제 제품에 적용되어 매출에 기여하는 정도를 평가하는 항목으로, IP 가치평가 및 경제적 활용과 연결된다.
- 보유한 IP가 기업의 매출 및 이익에 미치는 영향을 분석하고, IP의 경제적 가치를 극대화하는 전략을 마련해야 한다.

- 특허 라이선스, 기술 이전, IP 기반 비즈니스 모델 등을 통해 수익을 창출하는 방안을 검토해야 한다.

#### ⑨ 지식재산권의 실시권 등 활용 → DIN77006: IP 계약 및 협력 관리

- 지식재산권의 실시권(Licensing), 공동 연구개발(R&D), IP 협력 계약 등의 활용도를 평가하는 항목으로, IP 계약 및 협력 관리 프로세스와 연결된다.
- 기술이전 계약, 특허 라이선싱, 공동개발 계약 등을 체계적으로 관리하여 IP의 활용도를 극대화해야 한다.
- 계약 조건을 명확히 하고, IP 관련 협력 파트너와의 관계를 지속적으로 개선해야 한다.

결론적으로 말하면, IP 경영 인증에 대한 지속성을 확보하려면, IP 경영에 대한 양적 평가보다도 지식재산(IP) 경영시스템을 통한 질적 관리에 대한 평가가 더 중요하다. 종합적으로 살펴 볼 때, 우리나라의 지식재산 경영 인증제 평가 항목과 독일의 DIN77006의 IP 관리 프로세스는 상호 연계될 수 있으며, 이를 통해 체계적인 IP 경영이 가능해진다.

우리 기업이 DIN77006을 준수하면 지식재산 경영 인증 평가에서도 높은 점수를 받을 가능성이 높아지며, 글로벌 표준에 부합하는 IP 관리 역량을 확보할 수 있다. 각 프로세스를 기업 내에 도입하여 IP 창출 → 보호 → 활용 → 가치 극대화의 선순환을 이루는 것이 중요하다.

## 3) IP 경영 인증제와 DIN77006의 연계 활동

### (1) IP 경영 인증을 위한 준비

DIN77006의 구조는 체계적인 IP 관리 프로세스를 위한 프레임워크로 구성된다. 이 표준은 기업이 IP 리스크를 최소화하고, 효과적으로 IP를 관리하며, 이를 비즈니스 전략과 통합하도록 돕는다.

DIN77006의 주요 내용을 재구성하면 다음과 같이 정리할 수 있다.

〈표 13-5〉 DIN77006의 관련 내용의 재구성

| DIN77006의 관련성 | 관련 내용 |
|---|---|
| 1. IP 전략 및 지배구조 | 1.1 IP 경영 정책(IP Management Policy)<br>1.2 IP 전략과 기업 전략 연계<br>1.3 IP 책임 조직 및 보고 체계<br>1.4 IP 목표 설정 및 성과 관리 |
| 2. IP 인식 및 행동 | 2.1 직무발명 정책 및 절차<br>2.2 직원 IP 인식 제고<br>2.3 내부 IP 보고 및 등록 프로세스<br>2.4 IP 관련 행동규범 및 윤리 가이드라인 |
| 3. IP 라이프사이클 관리 | 3.1 IP 창출 단계(출원 전략)<br>3.2 IP 유지 및 포기 기준<br>3.3 IP 활용 및 사업화 계획<br>3.4 IP 폐기 및 이관 프로세스 |
| 4. IP 포트폴리오 및 리스크 관리 | 4.1 IP 포트폴리오 전략<br>4.2 IP 리스크 평가 및 대응<br>4.3 침해 대응 및 방어 전략<br>4.4 지식재산 소송 및 법적 분쟁 관리 |
| 5. IP 역량 개발 및 교육 | 5.1 IP 교육 체계 수립<br>5.2 연구개발 부서 대상 IP 교육<br>5.3 경영진 및 법무팀 대상 IP 교육<br>5.4 외부 전문가 연계 및 네트워크 구축 |
| 6. IP 관련 연구개발 관리 | 6.1 연구개발과 IP 창출 연계<br>6.2 연구 결과물의 IP 보호 전략<br>6.3 R&D 단계별 IP 관리 기준<br>6.4 IP 중심 R&D 투자 평가 |
| 7. IP 데이터 및 정보 관리 | 7.1 산업 내 IP 동향 모니터링<br>7.2 경쟁사 및 시장 IP 분석<br>7.3 IP 데이터베이스 및 통합 관리 시스템<br>7.4 특허정보 분석 및 사업전략 연계 |
| 8. IP 가치평가 및 경제적 활용 | 8.1 IP 가치평가 기준 설정<br>8.2 IP 기반 비즈니스 모델 개발<br>8.3 IP 수익 창출 전략(라이선싱, 매각 등)<br>8.4 IP 투자 및 재무적 활용 |
| 9. IP 계약 및 협력 관리 | 9.1 IP 라이선싱 계약 체계<br>9.2 공동연구개발 및 IP 공유 전략<br>9.3 IP 협력 및 파트너십 계약 관리<br>9.4 계약 리스크 분석 및 대응 방안 |

이를 다시 DIN77006 및 본서와의 연계가 될 수 있는 부분을 표시하면 다음으로 정리될 수 있다.

〈표 13-6〉 본서 및 DIN77006의 해당 부분

| DIN77006의 관련 내용 | 본서 및 DIN77006의 해당 부분 |
|---|---|
| 1.1 IP 경영 정책 (IP Management Policy) | #4.1, #4.2, #4.3, #4.3, #5.2, 본11-1 |
| 1.2 IP 전략과 기업 전략 연계 | #5.1.2, 본9 |
| 1.3 IP 책임 조직 및 보고 체계 | #5.1, #5.3, #6.4, 본13-1-1 |
| 1.4 IP 목표 설정 및 성과 관리 | #6.2, #6.3, #8.1, #8.2, #9. |
| 2.1 직무발명 정책 및 절차 | 본11-2 |
| 2.2 직원 IP 인식 제고 | #7.3 |
| 2.3 내부 IP 보고 및 등록 프로세스 | #4.4, #8.5, #8.6, #9.3 |
| 2.4 IP 관련 행동규범 및 윤리 가이드라인 | #8.6.3, #9.2 |
| 3.1 IP 창출 단계 (출원 전략) | #8.4.2, 본3-3 |
| 3.2 IP 유지 및 포기 기준 | #8.4.3, #8.4.4 |
| 3.3 IP 활용 및 사업화 계획 | #8.4.5, 본3-4, 본5-2 |
| 3.4 IP 폐기 및 이관 프로세스 | 본5-1 |
| 4.1 IP 포트폴리오 전략 | 본5-1 |
| 4.2 IP 리스크 평가 및 대응 | #6.1, 본2-1, 본11-3-2, 본11-3-3 |
| 4.3 침해 대응 및 방어 전략 | #6.1.2, 본2-1, 본7, 본8, 본9-1-6 |
| 4.4 지식재산 소송 및 법적 분쟁 관리 | 본7 |
| 5.1 IP 교육 체계 수립 | #7.2, #7.3, 본13-1-1 |
| 5.2 연구개발 부서 대상 IP 교육 | #7.2, #7.3, 본13-1-1 |
| 5.3 경영진 및 법무팀 대상 IP 교육 | #7.2, #7.3, 본13-1-1 |
| 5.4 외부 전문가 연계 및 네트워크 구축 | #7.4, 본11-3 |
| 6.1 연구개발과 IP 창출 연계 | #8.4.2, 본3-1-4, 본3-3-1 |
| 6.2 연구 결과물의 IP 보호 전략 | 본3.1.1, 본3-1-4 |
| 6.3 R&D 단계별 IP 관리 기준 | 본3-3-2 |
| 6.4 IP 중심 R&D 투자 평가 | 본3 4 1 |
| 7.1 산업 내 IP 동향 모니터링 | 본3-1-2 |
| 7.2 경쟁사 및 시장 IP 분석 | 본3-1-2 |
| 7.3 IP 데이터베이스 및 통합 관리 시스템 | 본12 |
| 7.4 특허정보 분석 및 사업전략 연계 | 본4-4 |
| 8.1 IP 가치평가 기준 설정 | 본6 |
| 8.2 IP 기반 비즈니스 모델 개발 | 본5-2-2 |
| 8.3 IP 수익 창출 전략 (라이선싱, 매각 등) | 본5-2-2 |

| | |
|---|---|
| 8.4 IP 투자 및 재무적 활용 | 본9-1-5 |
| 9.1 IP 라이선싱 계약 체계 | 본5-2-2, 본9-1-7 |
| 9.2 공동연구개발 및 IP 공유 전략 | 본5-2-2 |
| 9.3 IP 협력 및 파트너십 계약 관리 | 본5-2-2 |
| 9.4 계약 리스크 분석 및 대응 방안 | 본13-3-3 |

참고 #: DIN77006 목차, 본: 본서 목차

### (2) IP 경영시스템에서의 IP 경영 매니저

우리나라의 IP 경영 인증제와 관련된 IP 경영시스템을 위한 IP 경영 매니저는 다음과 같은 일을 주도해야 한다.

#### ① IP 전략 및 지배구조

- 기업의 IP 관리 체계를 구축하고, IP 전략을 기업 경영 전략과 일치시키는 것이 핵심이다.
- 책임 조직을 명확히 하고, IP 성과를 지속적으로 평가해야 한다.

#### ② IP 인식 및 행동

- 직원들이 발명을 장려받을 수 있는 환경을 조성하고, IP 관련 행동규범을 설정해야 한다.
- 직무발명 보상 및 내부 신고 시스템을 통해 IP 창출을 촉진하도록 한다.

#### ③ IP 라이프사이클 관리

- 출원부터 유지, 활용, 폐기까지 IP의 전체 생애주기를 전략적으로 관리해야 한다.
- 불필요한 특허 유지 비용을 줄이고, 필요한 IP를 보호하는 전략을 수립해야 한다.

#### ④ IP 포트폴리오 및 리스크 관리

- IP 포트폴리오를 최적화하고, 침해 리스크를 관리해야 한다.

- 기업이 보유한 IP의 가치를 극대화하고, 불필요한 법적 분쟁을 최소화하는 전략을 구사해야 한다.

### ⑤ IP 역량 개발 및 교육

- 연구개발자뿐만 아니라 경영진과 법무팀도 IP 교육을 받을 수 있도록 체계적인 교육 프로그램을 수립하고 실행해야 한다.
- 외부 전문가와의 네트워크를 구축하여 지속적인 학습과 협업이 이루어지도록 해야 한다.

### ⑥ IP 관련 연구개발 관리

- 연구개발 단계에서부터 IP를 고려하는 체계를 도입해야 한다.
- 연구개발이 끝난 후 특허 출원을 고려하는 것이 아니라, R&D 초기부터 IP 전략을 수립해야 한다.

### ⑦ IP 데이터 및 정보 관리

- 산업 및 경쟁사의 IP 동향을 파악하고, 이를 기업 전략에 반영해야 한다.
- 특허정보를 활용하여 사업 기회를 분석하는 시스템을 구축해야 한다.

### ⑧ IP 가치평가 및 경제적 활용

- 기업이 보유한 IP를 평가하고, 이를 수익으로 전환하는 방안을 마련해야 한다.
- 라이선싱, 기술 매각, 공동 연구개발 등을 활용하여 IP의 경제적 가치를 극대화해야 한다.

### ⑨ IP 계약 및 협력 관리

- 기업이 IP 협력 계약을 체결할 때 법적 리스크를 최소화하는 전략을 수립해야 한다.
- 공동 연구개발 계약에서 IP 권리를 명확히 하고, 라이선싱 정책을 정리해야 한다.

특히 IP 경영 매니저는 다음과 같은 DIN77006에 따른 IP 경영시스템의 전주기 과정에 참여하고 때로는 통제해야 한다.

〈표 13-7〉 IP 경영시스템 전주기 과정

| | 1. IP 전략 | 2. IP 창출 | 3. IP 관리 | 4. IP 리스크관리 | 5. IP 권리화 | 6. IP 방어 | 7. IP 거래 | 8. IP 보고 | 9. IP 인식 교육 |
|---|---|---|---|---|---|---|---|---|---|
| 목표설정 | • 목표와 방법설정<br>• 비즈니스 모델에 적합한 IP(지적 재산) 전략 수립<br>• IP 전략을 기업 전략에 통합 | • 창의적 과정 식별<br>• 창의적 과정에서 발생하는 IP 보호 및 관리<br>• 기술 및 시장의 변화 모니터링 | • IP 상태 확인<br>• 필요한 IP 권리 보장<br>• 법률 및 규제 준수 | • 위험인식 및 평가<br>• 타사 IP 침해 방지<br>• IP 보호를 위한 예방 조치<br>• 법적 보호 보장 | • IP 침해 식별 및 처리<br>• 적절한 법적 대응 조치 시행 | • 공격적인 타사 IP 방어 전략 수립<br>• 법률 및 특허 관련 분쟁 대응 | • IP라이선스 및 판매를 통한 가치 창출<br>• 계약 및 협상 관리 | • 투명한 정보 제공<br>• IP 포트폴리오의 최적화 | • 회사 내 IP 인식을 위한 교육 및 프로그램 제공 |
| 주요과정 | • 기업 목표와 관련된 IP 필드 식별<br>• 기술 및 시장의 변화 모니터링<br>• IP 포트폴리오 관리<br>• 가치 분석을 통한 IP 전략개발 | • 혁신적 IP 솔루션 창출<br>• 적절한 IP 보호 방법 평가 및 결정<br>• IP 포트폴리오 관리 및 확장 | • IP 데이터베이스 관리<br>• 법률준수 관리<br>• IP 비용 모니터링 | • 잠재적 위험 요소 식별<br>• IP 위반방지 조치<br>• 타사 침해 예방 관리 | • 제품 및 서비스 관련 침해 식별<br>• 내부/외부 자문과 협력하여 법적 대응 | • 타사 공격 식별 및 방어 조치<br>• IP 보호를 위한 대응 전략 수립 | • 라이선스 및 계약 검토<br>• 법적문서 관리 | • IP 포트폴리오 및 가치 평가<br>• 내부 보고 및 전략 조정 | • 관련 직원 대상 교육 프로그램 제공<br>• IP 전략에 대한 회사 전반의 인식 제고 |
| 주요 관련 문서 | • IP 전략 계획서<br>• SWOT 분석 보고서<br>• 시장 및 경쟁사 분석 보고서 | • 발명 신고서<br>• IP 창출 평가보고서<br>• 특허출원 문서 | • IP 포트폴리오 관리 이력<br>• IP 자산 현황 보고서 | • IP 리스크 평가보고서<br>• 리스크 관리 계획서 | • IP 권리화 보고서(침해대응 매뉴얼)<br>• 소송 및 경고장 | • IP 방어 전략 보고서<br>• 법적방어 기록(증거서류) | • IP 거래 계약서<br>• IP 거래 보고서 | • IP 자산 회계보고서<br>• IP 성과 보고서 | • 교육 계획서<br>• 교육 평가 보고서 |

### (3) 주요 문서의 구성과 관리

중요한 것은 IP 경영 매니저는 실무적으로 위의 표 내용중 주요 관련 문서에서 서로 연관된 문서들끼리 입력물과 출력물로서의 관계를 충분히 고려하고 실행하는 것을 늘 염두에 두어야 할 것이다. 왜냐하면 IP 경영시스템은 모든 프로세스가 입력 및 출력 관계를 전제로 지식재산의 창출과 보호 그리고 활용의 순환적 생태계를 의미하기 때문이다.

다음은 관련 문서간의 연관 관계를 나타낸 것이다.

〈표 13-8〉 관련 문서 간 연관 관계

| 구분 | 문서명 | 주요 기능 | 연관 문서 | 연관 설명 |
|---|---|---|---|---|
| ① | IP 전략계획서 | 전사 IP 정책 및 실행계획 수립 | 전체 연계 | 모든 활동의 기획 및 방향성 제시 |
| ② | IP 창출 평가보고서 | R&D 기반 신규 IP 평가 | ①③④⑧⑨⑫ | IP 전략성과, 출원 검토 및 회계·성과 문서로 연계 |
| ③ | 특허출원 검토서 | 발명출원 전 기술·법적 검토 | ②④⑤⑦ | 창출 결과 기반의 실무 심사 절차 |
| ④ | IP 리스크 평가보고서 | 권리 리스크 정량·정성 분석 | ①②③⑤⑦ | 분쟁 및 취약성 대응 정보 제공 |
| ⑤ | IP 방어 전략 보고서 | IP 침해 대응 및 전략 수립 | ①④⑦ | 리스크 대응 및 방어 시스템 구성 |
| ⑥ | IP 포트폴리오 관리 보고서 | 자산별 관리 조치 이력 정리 | ①②④⑦⑨ | 보유 IP 실시간 운영 이력 관리 |
| ⑦ | IP 자산 현황 보고서 | 전체 IP 보유현황 및 통계 | ①②③④⑤⑥⑧⑨ | IP의 물리적 현황 기반 문서 |
| ⑧ | IP 자산 회계 보고서 | 자산 평가·회계처리 보고 | ①②⑦⑨ | 가치평가 기반의 재무 전략 문서 |
| ⑨ | IP 성과 보고서 | 운영성과의 정량·정성 분석 | ①②⑦⑧⑩ | 전략 이행 결과 평가 및 보고 |
| ⑩ | IP 거래보고서 | IP 매입·매각·라이선스 보고 | ①⑦⑧⑨ | 거래 정보의 성과 및 회계 반영 |
| ⑪ | IP 교육 평가 보고서 | IP 관련 교육결과 분석 | ①⑨ | 인적 역량 강화 실적 측정 |
| ⑫ | 리스크 관리 계획서 | 프로젝트 리스크 대응계획 수립 | ①③④⑤ | 전략·방어·리스크 대응 통합 운영 근거 |

### (4) IP 경영 매니저의 업무 시나리오 예시

업무 시나리오를 출원과 기등록의 경우, 그리고 교육의 경우를 나누어 다음과 같이 예시적으로 살펴볼 수 있다.

- **출원의 경우**: 전략계획(①) 수립 → R&D 통한 IP 창출(②) → 출원 검토(③) → 리스크 평가(④) → 자산 등록(⑦)
- **기등록의 경우**: 등록 IP는 포트폴리오 관리(⑥), 회계 처리(⑧), 성과 평가(⑨), 거래 정보(⑩)로 이어짐
- **교육의 경우**: 전사 교육은 성과(⑨)에 기여하며 별도 교육 평가(⑪)로 측정되

며 리스크 관리 계획(⑫)은 리스크 평가 및 방어 전략에 유기적으로 연동됨

종합적으로 살펴보면, DIN77006의 내용은 기업이 지식재산을 효과적으로 관리하고, 전략적으로 활용하도록 돕는 시스템적 체계 기준을 제공한다.

한국의 지식재산 경영인증제 평가 항목과 매우 유사한 부분이 많으며, DIN77006을 준수하면 자연스럽게 한국의 평가 기준도 충족 가능하다.

기업이 지식재산을 "전략적 자산"으로 인식하고, 이를 경영과 연계하는 것이 무엇보다도 중요하다.

이러한 체계를 기반으로 기업이 IP 리스크를 줄이면서도, 효과적으로 IP를 창출, 보호, 활용할 수 있도록 관리하는 것이 IP 경영 매니저가 해야 할 일이다.

따라서 이러한 실무적 접근을 위해서는 앞서 기술한 특허정보, 특허포트폴리오, 지식재산 가치평가 부문은 반드시 숙지되어야 할 중요한 수단 중 하나이다. 대부분의 특허분석과 특허포트폴리오를 위해서는 특허정보가 필요하고 특허포트폴리오를 통한 특허 투자나 특허 이전의 경우는 특허기술가치평가가 필요하다. 이와 관련된 자세한 내용은『기술경영기반의 특허경영』등 관련 서적을 참고하길 권한다.

또한, IP 경영 매니저를 지식재산의 창출, 보호, 활용의 큰 틀의 측면에서 보면, 특히 특허의 경우 우선 '창출'에 있어서 근본적인 특허 침해회피를 위해 선행기술조사를 통한 중복 개발 방지를 위한 R&D의 방향 제시가 중요하며, '보호' 측면에서는 경쟁사의 경쟁분석이 중요하다. 이를 통해 자사의 핵심 사업을 지키는 것은 IP 경영 매니저의 핵심적인 직무이다. 또한, '활용' 측면에서는 기술이전, 라이선스 등과 같은 부가 수익을 위한 전문가로서의 역할이 필요하다.

따라서 IP 경영 매니저는 단순히 지식재산권을 관리하는 역할을 넘어, 기업의 핵심 사업의 지킴이이자 기업의 기술 경쟁력과 수익성을 향상시키는 전략적 파트너로서 중요한 위치로 인식되어야 한다.

INTELLECTUAL PROPERTY MANAGEMENT SYSTEM

# Appendix

# 부록

1. DIN77006 목차 원문
2. IP 경영시스템 주요 양식 샘플(예시)

## 1. DIN77006 목차 원문

**Intellectual property management systems - Requirements**

### Contents

Page

## 2. IP 경영시스템 주요 양식 샘플(예시)

# IP 전략계획서

---

부서명: 작성일: 작성자:

### 1. 전략 수립 배경 및 목적

*해당 조직이 IP 전략을 수립하게 된 배경과 목적을 간략히 서술*

### 2. IP 자산 현황 분석

*IP 유형, 등록 및 풀원 수, 주요기술 분야, 권리 보유 여부 등을 기술*

### 3. 외부 환경 분석(5Force 분석, SWOT 분석)

*외부 환경 분석을 위한 5Force, 이 외부환경과 내부 자원과의 연계된 SWOT 분석을 실시하고 이를 기술*

### 4. IP 전략 목표

*20xx년까지 핵심 기술군 특허 0건 이상 확보 등을 기술*

### 5. 전략 과제 및 실행 방안

*전략과제, 실행방안, 일정, 담당부서, 해당 주요지표 등을 기술*

### 6. 예산 계획(선택사항)

### 7. 기대 효과

### 8. 부록

*주요 IP 목록, 경쟁사 IP 분석자료, 전략 로드맵 도식화 등 관련 문서 첨부*

# IP 창출 평가보고서

부서명: 작성일: 작성자:

1. 창출 IP 개요

| 구분 | IP 유형 | 발명의 명칭 | 출원번호/ 등록번호 | 출원일 | 상태 | 비고 |
|---|---|---|---|---|---|---|
| | | | | | | |

2. IP 창출 배경 및 내용 요약

*개발 기술 개요, IP의 독창성/차별성 등을 기술*

3. 기술 및 시장성 평가

*기술 완성도, 기술 독창성, 사업화 가능성, 시장성, 경쟁우위 등을 중심으로 전문가에 의한 평가표 작성 등을 기재*

4. 향후 활용 계획

*사업화 여부 및 일정, 추가 개발 또는 출원 계획, 라이선스 및 기술이전 계획 등을 기술*

5. 종합 의견

*창출된 IP의 전체적 가치, 전략적 활용 방향, 개선 필요 사항 등을 자유롭게 기술*

6. 부록(선택사항)

*출원서 또는 등록증 사본, 기술도면 또는 제품 이미지, 회의록, 실험 결과 자료 등 첨부*

# 특허출원 검토서

---

부서명: 작성일: 작성자:

1. 발명 개요

*발명자, 발명의 명칭, 기술 분야, 기술적 배경, 발명의 구성 및 작동 원리 등을 기술*

2. 기술적 검토

*선행기술 대비 신규성, 진보성, 산업상 이용 가능성, 기술 완성도, 기술 구현 가능성 등을 기재*

3. 사업성 검토

*시장성, 제품화 가능성 등을 기술*

4. 법적 이슈 검토

*출원 가능성, 직무발명 여부, 타인의 권리 침해 우려 등을 기술*

5. 종합 의견

*검토자의 출원 권고 여부, 추가 조치 필요 사항 등을 기술*

6. 첨부 문서

*발명 설명서, 선행기술 조사 결과, 참고 도면 및 설계안, 기타(직무발명 확인서 등) 등을 첨부*

# IP 리스크 평가 보고서

---

부서명: 작성일: 작성자:

1. IP 리스크 개요

*평가 대상 IP 또는 프로젝트: [기술명 / 과제명 / 제품명 등]*

*평가 범위: [특허/상표/디자인/저작권 등]*

*리스크 항목, 내용 서술, 영향도, 발생 가능성, 평가 의견 등을 기술*

2. 리스크 분석 및 대응 전략

*리스크 항목, 위험 요인, 대응 방안, 담당부서, 일정 등을 기술*

3. 종합 평가 의견

4. 참고 자료(선택사항)

*FTO(자유 실시) 분석 결과, 경쟁사 특허 맵 분석, 등록 거절 이유서 사본, 연차료 납부 이력 등 첨부*

# IP 방어 전략 보고서

---

부서명: 작성일: 작성자:

1. 보고서 개요

*목적, 작성 배경, 보고 대상 등을 기재*

2. 기업의 IP 현황

*보유 IP 목록: 특허(건수, 주요 기술)/상표/디자인, 핵심 기술 설명, IP 포트폴리오 SWOT 분석 등을 기술*

3. 외부 위협 분석

*경쟁사 IP 동향, 위협 기술영역, 위험 요소 등을 기술*

4. IP 방어 전략

 4.1 사전 대응 전략

 4.2 사후 대응 전략

5. 실행 계획 및 로드맵

6. 결론 및 제언

부록

*참고 문서, 용어 정의, 관련 법령 요약 첨부*

# IP 포트폴리오 관리 보고서

부서명: 작성일: 작성자:

1. 보고서 개요

*보고 목적, 보고 범위 및 기간, 작성자 및 보고 대상, 조직 개요 및 IP 전략 등을 기술*

2. 포트폴리오 현황 요약

*초기 보유 IP 현황, 전략적 자산 분류(핵심/방어/유지 등) 등을 기술*

3. 주요 관리 활동 이력

4. 전략적 조정 사례

*자산 정비 사례, 분쟁 회피/대응, 기술/사업 전환 대응, 라이프사이클 기반 조정 등을 기술*

5. 포트폴리오 가치 평가 변화

*규모 및 금액 변화, 활용률 추이, 핵심 자산 변화 등을 기술*

6. 결론 및 향후 계획

*전략 실행 평가, 향후 계획 및 대응 방향 등을 기술*

부록

*조치 증빙 자료, 내부 전략회의 자료, IP 가치평가 결과, 관리표(Excel 등) 등을 첨부*

# IP 자산 현황 보고서

부서명: 작성일: 작성자:

## 1. 보고서 개요

*보고 목적, 기준일, 보고 대상, 관련 조직 정보 등을 기재*

## 2. IP 자산 분류 개요

*자산 구분, 기술/제품/서비스 분류, 국내/국외 분포 등을 기술*

## 3. IP 자산 목록

| 자산명 | 종류 | 등록번호 | 출원일 | 등록일 | 유효기간 | 상태 | 부서 | 중요도 |
|---|---|---|---|---|---|---|---|---|
| | | | | | | | | |

## 4. 통계 요약

*총 보유 건수, 자산 종류별 통계, 국가별 통계, 기술/제품별 통계 등을 기술*

## 5. 현황 분석 및 전략적 시사점

*자산 운영 문제점, 권리 만료 예정 자산, 활용성 분석, 전략적 방향 제언 등을 기술*

## 6. 결론 및 향후 계획

*종합 평가, 재정비/활용 계획, 정책 제안 등을 기술*

## 부록

*세부 목록 원본(엑셀 등), 관련 정책자료, 권리 유지비 내역 등을 첨부*

# IP 자산 회계 보고서

부서명: 작성일: 작성자:

1. 보고서 개요

*보고 목적, 회계 기준, 기준일, 보고 대상 등을 기재*

2. IP 자산 개요

*IP 자산 종류, 등록 현황, 보유 기간, 자산별 기능 및 사업적 가치 등을 기술*

3. 평가 방식 및 기준

*평가 기준일, 평가 방식: 원가법 / 수익접근법 / 시장접근법, 회계 처리 기준, 감가상각 방법 등을 기술*

4. 자산 목록 및 세부 평가 내역

*자산명, 등록번호, 취득일자, 장부가액, 감가상각 누계, 순자산가액, 평가 방식 등을 기술*

5. 재무적 영향 분석

*자산 인식/제외 영향, 감가상각 내역, 세무 조정 내역 등을 기술*

6. 결론 및 제언

*자산 활용 방안, 향후 회계 처리 전략 등을 기술*

부록

*평가자료 및 계산 내역, 관련 회계 기준 발췌, 용어 설명 등을 첨부*

# IP 거래보고서

부서명: 작성일: 작성자:

1. 보고서 개요

*보고 목적, 거래 배경, 보고 대상 등을 기재*

2. 거래 개요

*거래 일자, 거래 유형, 거래 대상 IP, 거래 상대방 정보 등을 기술*

3. IP 상세 정보

*IP 종류, 등록번호, 출원/등록일, 권리 범위, 유효기간, 기술 및 사업 내용 요약, 시장성 분석 등을 기술*

4. 거래 조건

*거래 금액, 지불 조건, 계약 조건 요약, 권리 이전/사용 조건, 제한 및 의무사항 등을 기술*

5. 전략적 의의 및 기대효과

*기술/사업적 시너지, 경쟁 우위 확보 전략, 잠재 리스크 및 대응 전략 등을 기술*

6. 결론 및 제언

*종합 평가, 향후 활용 및 관리 계획 등을 기술*

부록

*계약서 사본, 관련 도면, 용어 정의 등을 첨부*

# IP 교육 평가 보고서

---

부서명: 작성일: 작성자:

1. 보고서 개요

*보고 목적, 교육명, 교육 일시 및 장소, 교육 대상 및 인원, 작성자/보고 대상 등을 기재*

2. 교육 내용 요약

*커리큘럼 및 주요 주제, 강사 정보, 강의자료 개요, 실습/워크숍 구성 등을 기술*

3. 참가자 분석

*소속/직무 분포, 사전 지식 수준, 참여도 및 집중도 등을 기술*

4. 교육 성과 평가

*- 정량적 평가: 사전/사후 평가 비교, 시험/퀴즈 점수, 출석률 및 과제 제출률*
*- 정성적 평가: 만족도 조사 요약, 자유 의견 요약, 우수 수강자 사례 등을 기술*

5. 주요 이슈 및 개선 사항

*문제점 및 요구사항, 개선 사항 및 반영 계획 등을 기술*

6. 결론 및 제언

*교육 효과 종합 평가, 향후 계획 및 제언 등을 기술*

부록

*만족도 설문지 원본, 강의자료 목록, 사전/사후 평가 결과표, 참석자 명단 등 첨부*

# 리스크 관리 계획서

부서명: 작성일: 작성자:

## 1. 리스크 식별

*※ 예를 들어, 리스크 ID는 지식재산권의 출원(또는 등록) 번호를 기재*

| *리스크 ID* | *리스크 항목* | *리스크 설명* | *리스크 발생 시 영향* |
|---|---|---|---|
| *R-01* | *기술 실패* | *핵심 기술의 구현 실패 가능성* | *개발 일정 지연, 품질 저하* |
| | | | |

## 2. 리스크 분석

| *리스크 ID* | *발생 가능성 (H/M/L)* | *영향도 (H/M/L)* | *리스크 수준 (고/중/저)* | *비고* |
|---|---|---|---|---|
| R-01 | M | H | 고 | |
| | | | | |

## 3. 대응 계획

| *리스크 ID* | *대응 전략* | *대응 조치* | *책임 부서* | *일정* |
|---|---|---|---|---|
| R-01 | 회피 | 기술 대안 확보 및 백업 설계 | R&D팀 | 2025.2월까지 |
| | | | | |

## 4. 모니터링 및 보고 체계

*리스크 점검 주기, 보고 체계, 리스크 변경 사항 반영 절차 등을 기술*

## 5. 첨부 자료

*리스크 분석표(Excel 또는 보고서 기반), FTO 분석 보고서, 예산계획 및 예비비 배분표 등을 첨부*

# 참고문헌


- 국가정보원, 중소벤처기업부, 중소기업 기술 유출 방지 IT 보안 가이드라인(실무자편), 2013
- 과학기술정책원구원, 기술혁신이론 개관, 2005. 5.
- 김흥수, DCF를 이용한 특허가치평가에 관한 연구, 디지털정책연구, 제10권 제7호, 2012
- 신영수, 장성근, 양손잡이 R&D 경영, 새로운 제안, 2010
- 신용하, 신기술경영, 2001
- 정선양, 전략적 기술경영, 박영사, 2007
- 관세청, 2023 지식재산권 침해단속 연간통계보고서, 2024
- 한국지식재산연구원, 지식재산지표개발을 통한 국가별 지식재산경쟁력 평가, 2006
- 한국지식재산연구원, IP(지식재산) 경쟁력지표 개발 및 적용, 2010
- 한국지식재산연구원, 지식재산 경쟁력 및 특성지표 개발, 2012
- 김성호, 기술가치평가 및 기술사업화실무 교육자료, 한국생산성본부, 2016
- 김성호, 기술경영기반의 특허경영, 한티미디어, 2013
- 김성호, 기술료(로열티) 산출 및 지급, 한국생산성본부, 2015
- 김성호, 기술사업화의 성공전략, 기술경영(MOT) 자료, 한국생산본부 · 농협은행, 2015
- 김성호, 기업분석을 위한 기술마케팅의 이해, 한국생산성본부 · 농협은행, 2015
- 김성호 · 김지표, QFD를 이용한 우수 특허선별에 관한 연구, 기술혁신연구, 2019
- 김성호 · 김지표, 주성분분석을 활용한 주요 기업의 특허경쟁력 분석, 산업혁신연구, 2020
- 김현수, DCF의 확장과 리얼옵션, Korea investors service, 2001. 10.
- 대한변리사회 부설 지식재산연구소, 중소기업을 위한 지식재산관리 매뉴얼, 2006. 3.
- 대한상공회의소, 유럽연합(EU) 수출 기업을 위한 EU 공급망 실사지침 가이드북, 2024
- 독일 DIN77006 “지적 재산 경영시스템 - 요구사항”, 2020
- 박성수, 특허 침해로 인한 손해배상액의 산정, 2007, 경인문화사
- 배대헌, 특허권침해와 손해배상, 세창출판사, 1997
- 백광현, 김성호, 창의적 스타트업, 진샘미디어, 2023
- 산업통상자원부, 보도참고자료, 2024. 4. 24.
- 손승우, 지식재산권의 이해, 농방분화사, 2023
- 신영수, 장성근, 양손잡이 R&D 경영, 새로운 제안, 2010
- 이국환, 김성호, 유치영, 제품개발과 기술사업화전략, 한티미디어, 2009
- 이국환, 김성호, 제품 · 서비스 플랫폼 개발전략, 2022
- 이문섭, 특허발명의 보호범위와 회피설계, 실무통신 제47호
- 장만철, 특허권 침해에 따른 손해배상액 산정 방법, 2008

- 전국경제인연합회, 기업의 전략적 기술관리, FKI미디어, 2009
- 정보통신연구진흥원, IT 기술가치평가가이드, 2007
- 중소벤처기업부, 보도자료, 2024. 2. 24.
- 특허경영전략, www.cheric.org/ippage/p/ipdata/2006/10/file/p200610-601.pdf
- 특허전략에서의 공백기술과 주변기술의 차이, www.cheric.org/ippage/p/ipdata/2006/10/file/p200610-2001.pdf
- 특허청 외, 기술로드맵 작성을 위한 특허분석방법론
- 특허청, 지식재산가치평가 실무가이드, 2013
- 특허청, 창업을 부르는 발명과 특허, 2014
- 특허청, 특허기술평가 활용안내서, 2012
- 한국지식재산연구원, 산업별 특허통계 산출방법론에 대한 논의와 제언, 2019
- 허재관, ROYALTY 이지로얄티, 이지펙스, 2012
- 한국특허청, www.kipo.go.kr
- 유럽특허청, www.epo.org
- Axel Mittelstaedt, Das Intellectual Property Management(IPM) unter Berück-sichtigung der DIN77006
- Ernst, H., Omland, N., Patentmanagement junger Technologieunternehmen, Zeitschrift füer Betriebswirtschaft, 2003
- Ernst, H., Patentinformationen füer die strategische Planung von Forschung und Entwicklung, Gabler: Wiesbaden, 1996
- Ernst, H., Patentmanagement, Gabler: Wiesbaden, 2002
- Gerpott, T. J. Strategisches Technologie-und Innovationsmanagement, Schäffer-Poeschel: Stuttgart, 1999
- Hofinger, Patentmanagement, 1999
- Moser, U., Patentmanagement, Folie 2, 2004
- Oliver Gassmann, Martin A. Bader, Patentmanagement, Springer, 2011
- Reitzig, M., Die Bewertung von Patentrechten, DUV-Verlag: Wiesbaden, 2002
- EU Corporate Sustainability Due Diligence Directive (2024)
- Vivian Niche, Patentmanagement, 2007
- Wurzer, A. Wertorientiertes Patent-Porfolio, 2005
- 林カー, 渋谷高弘, 最強の 知財経営, 日本経済新聞出版, 2024
- 西尾泰和, エンジニアの知的生産術―(効率的に学び゛ 整理し´ アウトブットする) 式会社技術評論社, 2018
- www.highsnobiety.com/p/nike-rtfkt-cryptokicks-nft-sneaker-mnltlh/
- app.innography.com
- innovation.thomsonreuters.com/en.html

- www.ibm.com/kr-ko/products/ims
- www.ibm.com/docs/en/SSZJDU_6.2.0/com.ibm.itnetviewforzos.doc_6.2/cnmimst.pdf
- www.cinven.com/portfolio/cpa-global
- clarivate.com/intellectual-property/patent-intelligence/innography
- www.wintelips.com/service/mai/main.wips
- www.keywert.com
- www.netminer.com/kr/index.php

# 찾아보기

## 저자 약력

**김성호(金成鎬, Kim Sung-Ho)**

독일 베를린공과대학교 기계체정보공학(학부석사통합) 수료
아주대 경영대학원 경영학석사(e-business전략)
서울과학기술대학교 IT정책전문대학원 공학박사(산업·정보시스템: 특허경영)

현) 대진대학교 지식재산창업융합전공 교수
현) 유망특허발굴사업화 협동조합 이사
현) 서울경제진흥원(SBA) 기업지원센터 전문자문위원

전) 김&장 법률사무소 기계특허부 특허엔지니어
전) ㈜일흥/기술연구소 설계부 과장(특허기술도입)
전) 대구테크노파크/부천산업진흥원/용인시산업진흥원 팀장(특허기술이전)
전) ㈜특허와사업 대표
전) 계명문화대학교/덕성여자대학교 산학협력교수(특허평가 및 기술이전)

저서: 제품개발과 기술사업화전략, 2008
기술경영기반의 특허경영, 2013
기술경영, 2015, 2020, 2022 기술거래사 교재
제품·서비스플랫폼 개발전략, 2022
창의적 스타트업, 2023

아래 QR코드를 보시면 저자의 대외 활동 이력을 보실 수 있습니다.

기업경쟁력 강화를 위한

# 지식재산(IP) 경영시스템

**초판발행** 2025년 9월 5일 1판 1쇄 인쇄 | 2025년 9월 10일 1판 1쇄 발행

지은이 김성호
**펴낸이** 최용구 | **펴낸곳** 도서출판 **이프레스**
**주소** (04316) 서울시 용산구 원효로 89길 19 (원효로1가)
**전화** 02) 537-1720(영업부), 537-1721(편집부), 537-1711(팩스)
**이메일** epress01@naver.com | **홈페이지** www.epress1.com
**등록** 2009년 12월 10일 제16-2710호
**기획마케팅** 최용구 장만동 최충구 송대용 | **책임편집** 석기은 황가연

ISBN 979-11-91348-99-6 93320
정가 28,000원